A VONTADE RADICAL

SUSAN SONTAG

A VONTADE RADICAL

Estilos

Tradução
João Roberto Martins Filho

1ª reimpressão

Copyright © 1966, 1967, 1968, 1969 by Susan Sontag

*Grafia atualizada segundo o Acordo Ortográfico da Língua Portuguesa de 1990,
que entrou em vigor no Brasil em 2009.*

Título original
Styles of Radical Will

Capa
Jeff Fisher

Atualização ortográfica
Verba Editorial

Revisão
Renato Potenza Rodrigues
Julia Barreto

Dados Internacionais de Catalogação na Publicação (CIP)
(Câmara Brasileira do Livro, SP, Brasil)

Sontag, Susan
    A vontade radical : estilos / Susan Sontag ; tradução João
Roberto Martins Filho. — São Paulo : Companhia das
Letras, 2015.

    Título original: Styles of Radical Will.
    ISBN 978-85-359-2598-2

    1. Ensaios norte-americanos I. Título.

15-03655   CDD-814

Índice para catálogo sistemático:
1. Ensaios : Literatura norte-americana 814

2021

Todos os direitos desta edição reservados à
EDITORA SCHWARCZ S.A.
Rua Bandeira Paulista, 702, cj. 32
04532-002 — São Paulo — SP
Telefone: (11) 3707-3500
www.companhiadasletras.com.br
www.blogdacompanhia.com.br
facebook.com/companhiadasletras
instagram.com/companhiadasletras
twitter.com/cialetras

A Joseph Chaikin

SUMÁRIO

PARTE I
A estética do silêncio *10*
A imaginação pornográfica *44*
"Pensar contra si próprio": reflexões sobre Cioran *84*

PARTE II
Teatro e filme *108*
Persona, de Bergman *133*
Godard *156*

PARTE III
O que está acontecendo na América (1966) *202*
Viagem a Hanói *214*

Sobre a autora *289*

Parte I

A ESTÉTICA DO SILÊNCIO

1

Toda época deve reinventar seu próprio projeto de "espiritualidade". (*Espiritualidade* = planos, terminologias, noções de conduta voltados para a resolução das penosas contradições estruturais inerentes à situação do homem, para a perfeição da consciência humana e a transcendência.)

Na era moderna, uma das mais ativas metáforas para o projeto espiritual é a Arte. As atividades do pintor, do músico, do poeta, do bailarino, uma vez reunidas sob essa designação genérica (um gesto relativamente recente), mostraram-se um lugar particularmente propício à representação dos dramas formais que assediam a consciência, tornando-se cada obra de arte individual um paradigma mais ou menos perspicaz para a regulamentação ou a reconciliação de tais contradições. Por certo, o lugar exige contínua renovação. Seja qual for o objetivo colocado à arte, ele afinal se revela restritivo, se comparado às metas muito mais amplas da consciência. A arte, ela própria uma forma de mistificação, sofre uma sucessão de crises de desmistificação; antigas metas artísticas são atacadas e, ostensivamente, substituídas; mapas usados da consciência são refeitos. Mas o que dá a todas essas crises a sua energia — uma energia usufruída em comum, por assim dizer — é a própria unificação de numerosas e díspares atividades em um gênero único. No momento em que a Arte vem à luz, começa a nova etapa da arte. Daí em diante, qualquer das atividades aí reunidas passa a ser uma atividade profundamente *problemática*, com todos os seus procedimentos e, em última instância, com o seu próprio direito de existir sendo passíveis de questionamento.

É da promoção das artes à Arte que provém o mito dominante sobre a arte, o do caráter absoluto da atividade do artista. Na sua versão inicial e menos refletida, o mito tratava a arte como uma *expressão* da consciência humana, da consciência que busca conhecer a si mesma. (Os padrões valorativos gerados por essa versão do mito foram facilmente alcançados: algumas expressões eram mais completas, mais dignificantes, mais informativas ou ricas que outras.) A versão mais recente do mito postula uma relação mais complexa e trágica entre arte e consciência. Negando que a arte seja simples expressão, o mito mais novo relaciona a arte à necessidade ou capacidade da mente para a autoalienação. A arte deixa de ser entendida como a consciência que expressa e, portanto, implicitamente afirma a si própria. Ela não é a consciência *per se*, mas, ao contrário, seu antídoto, que deriva do âmago da própria consciência. (Os padrões valorativos gerados por tal versão do mito mostraram-se muito mais difíceis de ser alcançados.)

O mito mais recente, derivado de uma concepção pós-psicológica de consciência, instala no seio da atividade artística muitos dos paradoxos envolvidos na aquisição de um estado de ser absoluto, descrito pelos grandes místicos religiosos. Assim como a atividade do místico deve culminar em uma *via negativa*, em uma teologia da ausência de Deus, em uma ânsia da névoa de desconhecimento além do conhecimento, e do silêncio além do discurso, a arte deve tender à antiarte, à eliminação do "tema" (do "objeto", da imagem), à substituição da intenção pelo acaso e à busca do silêncio.

Na primeira e linear versão da relação da arte com a consciência, discernia-se uma luta entre a integridade "espiritual" dos impulsos criativos e a "materialidade" perturbadora da vida comum, que tantos obstáculos coloca à trajetória da sublimação autêntica. Porém a versão mais recente, em que a arte é parcela de uma transação dialética com a consciência, apresenta um conflito mais profundo e frustrante. O "espírito" que busca a corporificação na arte choca-se com o caráter "material" da própria arte. A arte é desmascarada como gratuita e a própria concretude dos instrumentos do artista (e, em particular, no

11

caso da linguagem, sua historicidade) aparece como um ardil. Praticada em um mundo provido de percepções de segunda mão e especificamente confundida pela traição das palavras, a atividade do artista é amaldiçoada com a mediação. A arte torna-se a inimiga do artista, pois nega a realização — a transcendência — que ele deseja.

Portanto a arte passa a ser considerada como algo que deve ser superado. Um novo elemento ingressa na obra de arte individual e se torna parte constitutiva dela: o apelo (tácito ou aberto) à sua própria abolição — e, em última instância, à abolição da própria arte.

2

A cena converte-se para uma sala vazia.

Rimbaud partiu para a Abissínia a fim de fazer fortuna no comércio de escravos. Wittgenstein, após um período como mestre-escola de aldeia, escolheu um trabalho servil como empregado de hospital. Duchamp voltou-se para o xadrez. Como acompanhamento dessas renúncias exemplares a uma vocação, cada um deles declarou que via suas realizações prévias na poesia, na filosofia ou na arte como fúteis, insignificantes.

Contudo a opção pelo silêncio permanente não nega a sua obra. Pelo contrário, de modo retroativo confere e acrescenta força e autoridade ao que foi interrompido — o repúdio à obra tornando-se uma nova fonte de sua vitalidade, um certificado de incontestável seriedade. Essa seriedade consiste em não encarar a arte (ou a filosofia praticada como uma forma de arte: Wittgenstein) como algo cuja seriedade persiste para sempre, um "fim", um veículo permanente para a ambição espiritual. A atitude verdadeiramente séria é a que encara a arte como um "meio" para alguma coisa que talvez só possa ser atingida pelo abandono da arte; num julgamento mais impaciente, a arte é um falso caminho ou (na expressão do artista dadá Jacques Vaché) uma estupidez.

Embora não seja mais uma confissão, a arte é mais do que nunca uma libertação, um exercício de ascetismo. Através dela o artista torna-se purificado — de si próprio e, por fim, de sua arte. O artista ainda está envolvido num progresso em direção ao "bem". Mas, enquanto anteriormente o bem do artista era o domínio e o pleno desempenho de sua arte, agora o seu bem mais elevado é atingir o ponto onde tais metas de excelência tornam-se insignificantes para si, emocional e eticamente, e ele fica mais satisfeito por estar em silêncio que por encontrar uma voz na arte. O silêncio nesse sentido, como término, propõe um estado de espírito de ultimação antitético àquele que informa o uso sério tradicional do silêncio pelo artista autoconsciente (descrito de maneira magistral por Valéry e Rilke): como uma zona de meditação, de preparação para o aprimoramento espiritual, uma ordália que finda na conquista do direito de falar.

Na medida em que é sério, o artista é continuamente tentado a cortar o diálogo que mantém com um público. O silêncio é a mais ampla extensão dessa relutância em se comunicar, dessa ambivalência quanto a fazer contato com o público, que constitui um tema fundamental da arte moderna, com seu infatigável compromisso com o "novo" e/ou com o "esotérico". O silêncio é o último gesto extraterreno do artista: através do silêncio ele se liberta do cativeiro servil face ao mundo, que aparece como patrão, cliente, consumidor, oponente, árbitro e desvirtuador de sua obra.

Todavia não se pode deixar de perceber nessa renúncia à "sociedade" um gesto altamente social. As pistas para a libertação final do artista, diante da necessidade de praticar sua vocação, provêm da observação de seus companheiros artistas e da comparação de si próprio com eles. Uma decisão exemplar dessa espécie só pode ser efetuada após o artista ter demonstrado que possui gênio e tê-lo exercido com autoridade. Uma vez suplantados seus pares pelos padrões que reconhece, há apenas um caminho para seu orgulho. Pois ser vítima de ânsia de silêncio é ser, ainda num sentido adicional, superior a todos os demais. Isso sugere que o artista teve a sagacidade de levantar mais indagações que as outras pessoas, e que possui nervos mais fortes e padrões mais elevados de excelência. (Parece desnecessário demonstrar que o artista *pode* persistir na inquirição de sua arte até que ele ou esta estejam exaustos. Como escreveu René Char: "Nenhum pássaro tem ânimo para cantar num matagal de indagações".)

3

A exemplar opção do artista moderno pelo silêncio raramente é levada a tal ponto de simplificação final, de forma que se torne literalmente silencioso. O mais usual é que continue a falar, mas de uma maneira que seu público não pode ouvir. A maioria da arte de valor de nosso tempo tem sido experimentada pelo público como um movimento em direção ao silêncio (ou à ininteligibilidade, à invisibilidade, à inaudibilidade); como um desmantelamento da competência do artista, de seu sentido responsável de vocação — e, portanto, como uma agressão contra eles.

O hábito crônico da arte moderna de desagradar, provocar ou frustrar o seu público pode ser encarado como uma participação limitada e vicária no ideal de silêncio que foi elevado como modelo máximo de "seriedade", na estética contemporânea.

Porém é ao mesmo tempo uma forma contraditória de participar do ideal de silêncio — não apenas porque o artista continua a realizar obras de arte, mas também porque o isolamento da obra em relação a seu público nunca perdura. Com a passagem do tempo e a intervenção de obras novas e mais difíceis, a transgressão do artista torna-se agradável e, afinal, legítima. Goethe acusou Kleist de ter escrito suas peças para um "teatro invisível". Contudo, posteriormente, o teatro invisível torna-se "visível". O feio, discordante e sem sentido, passa a ser "belo". A história da arte é uma sucessão de transgressões bem-sucedidas.

O alvo característico da arte moderna — ser *inaceitável* para seu público — afirma de maneira inversa a inaceitabilidade para o artista da própria presença de um público (no sentido atual, um conjunto de espectadores voyeuristas). Pelo menos desde que Nietzsche observou, em *O nascimento da tragédia*, que um público de espectadores como o conhecemos, aquelas pessoas presentes que os atores ignoram, era desconhecido entre os gregos, uma boa parcela da arte contemporânea parece movida pelo desejo de eliminar o público da arte, uma empresa que, com frequência, se apresenta como uma tentativa de eliminar a própria Arte. (Em benefício da "vida"?)

Comprometida com a ideia de que o poder da arte se localiza em seu poder de *negar*, a última arma na inconsistente guerra do artista com seu público é inclinar-se cada vez mais ao silêncio. A lacuna sensorial ou conceitual entre o artista e seu público, o espaço do diálogo perdido ou rompido podem também constituir os fundamentos para uma afirmação ascética. Beckett fala de "meu sonho de uma arte resignada com sua insuperável indigência e demasiado orgulhosa para a farsa de, dar e receber". Mas não se pode abolir uma transação mínima, um intercâmbio mínimo de dons — da mesma forma que não existe nenhum ascetismo talentoso e rigoroso que, seja qual for a sua intenção, não produza um ganho (ao invés de uma perda) na capacidade para o prazer.

E nenhuma das agressões cometidas intencional ou inadvertidamente pelos artistas modernos foi bem-sucedida, seja ao tentar abolir o público, seja ao tentar transformá-lo em alguma outra coisa, numa comunidade engajada em uma atividade comum. Eles são incapazes disso. Até onde a arte é entendida e valorizada como uma atividade "absoluta", será uma atividade separada e elitista. As elites pressupõem as massas. Na medida em que a melhor arte define-se por objetivos essencialmente "clericais", ela pressupõe e confirma a existência de uma laicidade voyeurista relativamente passiva, jamais plenamente iniciada, que é com regularidade convocada para assistir, ler ou escutar, sendo depois dispensada.

O máximo que o artista faz é modificar os termos diferentes nessa situação *vis-à-vis* com o público e ele próprio. Discutir a ideia do silêncio na arte é discutir as várias alternativas no interior dessa situação em essencial inalterável.

4

Quão literalmente o silêncio figura na arte?

O silêncio existe como uma *decisão* — no suicídio exemplar do artista (Kleist, Lautréamont), que desse modo testemunha que foi "demasiado longe", e nas já mencionadas renúncias modelares à vocação artística.

O silêncio também existe como uma *punição* (autopunição) — na loucura exemplar de artistas (Hölderlin, Artaud) que demonstram que a própria sanidade pode ser o preço da violação das fronteiras aceitas da consciência e, com certeza, nas penalidades (que vão da censura e da destruição física das obras de arte às multas, ao exílio, à prisão do artista) impostas pela "sociedade" face ao inconformismo espiritual ou à subversão da sensibilidade do grupo, por parte do artista.

O silêncio não existe, porém, num sentido literal, como a *experiência* de um público. Isso significaria que o espectador não tinha ciência de nenhum estímulo ou que era incapaz de elaborar uma resposta. Mas tal não pode acontecer; tampouco pode ser induzido programaticamente. A não ciência de nenhum estímulo e a incapacidade para elaborar uma resposta somente podem resultar de uma presença deficiente da parte do espectador, ou de uma má compreensão de suas próprias reações (induzidas em erro por ideias restritivas sobre qual deveria ser uma resposta "relevante"). Sendo o público, por definição, constituído por seres sensíveis em uma dada "situação", é-lhe impossível não ter resposta alguma.

Nem pode o silêncio, em seu estado literal, existir como a *propriedade* de uma obra de arte — mesmo de obras como os *ready-mades** de Duchamp ou o *4'33"* de Cage, nas quais o artis-

---

* Objetos manufaturados promovidos à condição de objetos artísticos por escolha do artista. (N. T.)

ta visivelmente nada mais fez para satisfazer qualquer critério estabelecido de arte que colocar um objeto em uma galeria ou situar uma execução em um palco de concertos. Não há superfície neutra, discurso neutro, tema ou forma neutras. Uma coisa é neutra apenas com relação a algo mais — como uma intenção ou uma expectativa. Enquanto propriedade da obra de arte em si, o silêncio pode existir apenas num sentido arquitetado ou não literal. (Colocando-se de outro modo: se uma obra de arte existe de alguma forma, seu silêncio é apenas um elemento nela.) Em lugar do silêncio puro ou alcançado encontram-se vários movimentos no sentido de um sempre retrocedente horizonte de silêncio — movimentos que, por definição, jamais podem ser plenamente consumados. Um dos resultados é um tipo de arte que muitas pessoas caracterizam, de modo pejorativo, como taciturna, deprimida, submissa e fria. No entanto essas qualidades privativas existem no contexto da intenção objetiva do artista, que é sempre discernível. Cultivar o silêncio metafórico sugerido por temas convencionalmente sem vida (como em boa parcela da arte Pop) e construir formas "mínimas" que parecem carecer de ressonância emocional são em si opções vigorosas e com frequência estimulantes.

Por fim, mesmo sem atribuir intenções objetivas à obra de arte, persiste a verdade inescapável sobre a percepção: a positividade de toda experiência em todos os momentos dela. Como insistiu Cage: "Não existe o silêncio. Sempre há alguma coisa acontecendo que provoca um som". (Cage descreveu como, mesmo numa câmara silenciosa, ainda ouvia dois sons: a batida de seu coração e o fluxo do sangue em suas têmporas.) Da mesma forma, não existe o espaço vazio. Na medida em que o olho humano está observando, sempre há algo a ser visto. Olhar para alguma coisa que está "vazia" ainda é olhar, ainda é ver algo — quando nada, os fantasmas de suas próprias expectativas. Para perceber o volume, a pessoa precisa reter um agudo sentido do vazio que o destaca; inversamente, para perceber o vazio, é necessário apreender outras zonas do mundo como preenchidas. (Em *Através do espelho*, Alice encontra uma

loja "que parecia estar cheia de toda sorte de coisas curiosas —
mas a parte mais estranha de tudo isso é que sempre que ela
fixava os olhos numa prateleira, a fim de divisar exatamente o
que havia sobre ela, aquela prateleira particular estava sempre
absolutamente vazia, embora as outras ao redor dela estivessem
tão abarrotadas quanto podiam".)

O "silêncio" nunca deixa de implicar seu oposto e depender
de sua presença: assim como não pode existir "em cima" sem
"embaixo" ou "esquerda" sem "direita", é necessário reconhecer
um meio circundante de som e linguagem para se admitir o
silêncio. Este não apenas existe em um mundo pleno de discurso e outros sons, como ainda tem em sua identidade um espaço
de tempo que é perfurado pelo som. (Assim, grande parte da
beleza do mutismo de Harpo Marx deriva do fato de ele estar
cercado de conversadores maníacos.)

Um vazio genuíno, um puro silêncio não é exequível — seja
conceitualmente ou de fato. Quando nada, porque a obra de
arte existe em um mundo preenchido com muitas outras coisas, o artista que cria o silêncio ou o vazio deve produzir algo
dialético: um vácuo pleno, um vazio enriquecedor, um silêncio
ressoante ou eloquente. O silêncio continua a ser, de modo ine-
lutável, uma forma de discurso (em muitos exemplos, de protesto ou acusação) e um elemento em um diálogo.

5

Os programas em defesa de uma redução radical de meios e
efeitos na arte — incluindo a exigência recente de uma renúncia à própria arte — não podem ser tomados por seu valor
nominal, de forma não dialética. O silêncio e ideias afins (como
vazio, redução, "grau zero") são noções-limite com uma série
de usos muito complexa, termos dominantes de uma retórica
espiritual e cultural específica. Descrever o silêncio como um
termo retórico não significa, obviamente, condenar tal retórica como fraudulenta ou de má-fé. Os mitos do silêncio e do

vazio são quase tão férteis e viáveis quanto se podia imaginar em uma época doente — que é, necessariamente, uma era em que estados psíquicos "doentios" fornecem as energias para a maior parte das obras superiores nas artes. Todavia não se pode negar o *pathos* desses mitos.

Esse *pathos* aparece no fato de que a ideia de silêncio possibilita, no essencial, apenas dois tipos de desenvolvimentos valiosos. Ou ela é tomada até o ponto da total autonegação (como arte), ou é praticada de uma forma que é heroica e engenhosamente inconsistente.

6

A arte de nosso tempo é ruidosa, com apelos ao silêncio.

Um niilismo coquete e mesmo jovial. Reconhece-se o imperativo do silêncio, mas continua-se a falar da mesma forma. Quando se descobre que não se tem nada a dizer, procura-se uma maneira de dizer *isso*.

Beckett expressou o desejo de que a arte deveria renunciar a todos os projetos adicionais por questões problemáticas no "plano do exequível", de que a arte deveria aposentar-se, "farta de explorações insignificantes, farta de simular ser capaz, de ser capaz, de fazer um pouco melhor a mesma velha coisa, de dar um passo a mais em uma estrada melancólica". A alternativa é uma arte que consiste na "expressão de que nada há a expressar, nada do que expressar, nenhum poder a expressar, nenhum desejo de expressar, além da obrigação de expressar". De onde então provém essa obrigação? A própria estética do desejo de morte parece fazer desse desejo alguma coisa incorrigivelmente viva.

Apollinaire diz: "J'ai fait des gestes blancs parmi les solitudes". Contudo ele *está* gesticulando.

Uma vez que o artista não pode literalmente abraçar o silêncio e permanecer um artista, o que a retórica do silêncio indica é uma determinação em perseguir suas atividades de forma mais errática que antes. Uma maneira é indicada pela noção da "margem plena" de Breton. O artista é recomendado a se devotar ao preenchimento da periferia do espaço artístico, deixando em branco a área central de uso. A arte torna-se privativa, anêmica — como sugere o título do único esforço de realização cinematográfica de Duchamp, *Cinema anêmico*, um trabalho de 1924-6. Beckett projeta a ideia de uma "pintura empobrecida", que é "autenticamente infrutífera, incapaz de qualquer imagem, seja ela qual for". O manifesto de Jerzy Grotowski em defesa do Teatro Laboratório, na Polônia, é denominado "Apelo por um Teatro Pobre". Tais programas a favor de um empobrecimento da arte não devem ser compreendidos apenas como admoestações terroristas ao público, mas principalmente como estratégias para o aprimoramento da experiência do público. As noções de silêncio, vazio e redução delineiam novas receitas para os atos de olhar, ouvir etc. — as quais ou promovem uma experiência de arte mais imediata e sensível, ou enfrentam a obra de arte de uma maneira mais consciente e conceitual.

7

Considere-se a correlação entre a ordem de uma redução de meios e efeitos na arte, cujo horizonte é o silêncio, e a faculdade da atenção. Em um de seus aspectos, a arte é uma técnica para a concentração da atenção, para o aprendizado de habilidades de atenção. (Embora o conjunto do ambiente humano possa ser assim descrito — como um instrumento pedagógico —, essa descrição aplica-se particularmente às obras de arte.) A história das artes equivale à descoberta e formulação de um repertório de objetos sobre os quais dispensar atenção. É possível traçar exata e ordenadamente como o olho da arte garimpou o nosso meio ambiente, "nomeando", efetuando sua seleção limitada de coisas que as pessoas passam a perceber então como entidades significativas, agradáveis e complexas. (Oscar Wilde salientou que as pessoas não viam os nevoeiros antes que certos poetas e pintores do século XIX lhes ensinasse como fazê-lo; e pode-

-se dizer que ninguém via tanto da variedade e da sutileza do semblante humano antes da era do cinema.)

Outrora, a tarefa do artista parecia ser a simples inauguração de novas áreas e objetos de atenção. Essa tarefa ainda é admitida, mas se tornou problemática. A própria faculdade de atenção passou a ser questionada e sujeita a padrões mais rigorosos. Como diz Jaspers: "Já é muito ver alguma coisa *claramente*, pois nós não vemos *nada* claramente".

Talvez a qualidade da atenção que se aplica a alguma coisa seja melhor (menos contaminada, menos distraída) se se oferece menos. Supridos com a arte empobrecida, purificados pelo silêncio, talvez possamos então começar a transcender a frustrante seletividade de atenção, com suas inevitáveis distorções de experiência. Idealmente, seríamos assim capazes de prestar atenção a todas as coisas.

A tendência é caminhar para cada vez menos. Contudo nunca o "menos" apresentou-se de modo tão ostensivo como "mais".

À luz do mito dominante, em que a arte visa tornar-se uma "experiência total", solicitando atenção total, as estratégias de empobrecimento e redução indicam a ambição mais exaltada que a arte pode adotar. Debaixo do que parece ser uma vigorosa modéstia, senão real debilidade, deve-se discernir uma enérgica blasfêmia secular: o desejo de atingir o ilimitado, não seletivo e completo conhecimento de "Deus".

8

Linguagem parece ser uma metáfora privilegiada para expressar o caráter mediado da criação artística e da obra de arte. Por um lado, o discurso é ao mesmo tempo um meio imaterial (se comparado, digamos, às imagens) e uma atividade humana com um interesse aparentemente essencial no projeto de transcendência, de se mover além do singular e contingente (sendo todas as palavras abstrações que apenas grosseiramente se baseiam ou fazem referência a particulares concretos). Por outro lado, a linguagem é o mais impuro, contaminado e esgotado de todos os materiais de que se faz a arte.

Esse caráter dual da linguagem — sua abstração e sua "prostração" na história — serve como um microcosmo do caráter infeliz das artes de hoje. A arte está tão avançada nas trilhas labirínticas do projeto de transcendência, que dificilmente se pode conceber que ela volte atrás, a não ser pela mais drástica e punitiva "revolução cultural". Todavia a arte está também soçobrando na maré debilitante do que antes parecia ser a realização final do pensamento europeu: a consciência histórica secular. Em pouco mais de dois séculos, a consciência da história transformou a si própria de uma libertação, um abrir de portas, uma iluminação abençoada, em uma carga quase insuportável de autoconsciência. É quase impossível para o artista escrever uma palavra (ou transmitir uma imagem, ou realizar um gesto) que não o relembre de algo já efetuado.

Como diz Nietzsche: "Nossa preeminência: vivemos em uma era de comparação, podemos verificar como nunca foi verificado antes". Como consequência, "gozamos diferentemente, sofremos diferentemente: nossa atividade instintiva é comparar um número jamais ouvido de coisas".

Até certo ponto, a comunidade e a historicidade dos meios do artista estão implícitas no próprio fato da intersubjetividade: cada pessoa é um ser-no-mundo. Entretanto hoje, em particular nas artes que empregam a linguagem, esse estado comum das coisas é sentido como um problema extraordinário e esgotante.

A linguagem é experimentada não meramente como algo compartilhado, mas como uma coisa corrompida, vergada pelo peso da acumulação histórica. Assim, para cada artista que a conhece, a criação de uma obra significa enfrentar dois domínios potencialmente antagônicos de significado e suas relações. Um deles é seu próprio significado (ou ausência de); o outro é o conjunto de significados de segunda ordem, os quais, ao mesmo tempo que estendem sua própria linguagem, a oneram, a comprometem e a adulteram. O artista acaba por escolher entre duas alternativas inerentemente limitantes, forçado a tomar uma posição que é ou servil, ou insolente. Ou ele adula e satisfaz seu público, oferecendo-lhe o que este já sabe, ou comete uma agressão contra seu público, dando-lhe o que este não quer. Assim, a arte moderna transmite com plenitude a alienação produzida pela consciência histórica. Seja o que for que o artista faz está alinhado (de forma em geral consciente) com algo já feito antes, produzindo uma compulsão de estar sempre conferindo sua situação, sua própria postura, frente àquelas de seus predecessores e contemporâneos. Para compensar essa ignominiosa escravidão diante da história, o artista exalta a si próprio com o sonho de uma arte totalmente a-histórica e, portanto, não alienada.

9

A arte que é "silenciosa" constitui uma aproximação a essa condição visionária e a-histórica.

Considerem-se as diferenças entre olhar (*looking*) e fitar (*staring*). Um olhar é voluntário e também móvel, crescendo e decrescendo em intensidade à medida que seus focos de interesse são percebidos e então esgotados. O fitar tem, essencialmente, o caráter de uma compulsão: é estável, não modulado, "fixo". A arte tradicional convida a olhar. A arte silenciosa engendra o fitar. A arte silenciosa — ao menos em princípio — não permite liberar-se da atenção, porque nunca houve nenhuma solicitação dela. O fitar talvez seja o mais afastado da história e o mais próximo da eternidade que a arte contemporânea é capaz de atingir.

10

O silêncio é uma metáfora para uma visão asseada, não interferente, apropriada a obras de arte que são indiferentes antes de serem vistas, invioláveis em sua integridade essencial pelo escrutínio humano. O espectador se aproximaria da arte como o faz de uma paisagem. Uma paisagem não exige sua "compreensão", suas imputações de significado, suas angústias e suas simpatias; ao contrário, requer sua ausência, solicita que ele não acrescente nada a *isso*. A contemplação, do ponto de vista estrito, acarreta o autoesquecimento por parte do espectador: um objeto digno de contemplação é aquele que, com efeito, elimina o sujeito que a percebe.

A uma tal plenitude ideal a que o público nada pode acrescentar, análoga à relação estética com a natureza, aspira uma grande parcela da arte contemporânea — através de várias estratégias de brandura, redução, desindividualização, alogicidade. Em princípio, o público não pode sequer adicionar seu pensamento. Todos os objetos, corretamente percebidos, já são plenos. Deve ser isso o que Cage quer dizer quando, depois de explicar que não existe o silêncio pois sempre há algo ocorrendo que produz um som, acrescenta: "Ninguém pode ter uma ideia uma vez que começou realmente a ouvir".

Plenitude — experimentar todo o espaço como preenchido, de forma que as ideias não possam entrar — significa impenetrabilidade. Um indivíduo que permanece silencioso torna-se opaco ao outro; o silêncio de alguém inaugura uma série de possibilidades de interpretação desse silêncio, de imputação de discurso a ele.

O modo como essa opacidade induz à vertigem espiritual é o tema de *Persona*, de Bergman. O silêncio deliberado da atriz tem dois aspectos: considerado enquanto decisão aparentemente relacionada a ela mesma, a recusa a falar é manifestadamente a forma que ela deu ao desejo de pureza ética; mas é também, enquanto comportamento, um instrumento de poder, uma espécie de sadismo, uma posição de força de virtual inviolabilidade de onde ela manipula e confunde sua acompanhante, a quem cabe o ônus de falar.

Contudo a opacidade do silêncio pode ser concebida de forma mais positiva, enquanto livre de angústia. Para Keats, o silêncio da urna grega é um lugar de nutrição espiritual: as melodias "não ouvidas" permanecem, ao passo que as que soam como flautas ao "ouvido sensual" decaem. O silêncio é equiparado ao tempo interrompido ("câmara lenta"). Pode-se fitar eternamente uma urna grega. A eternidade, no argumento do poema de Keats, é o único estímulo interessante ao pensamento e também a ocasião exclusiva para se chegar ao término da atividade mental, que significa questões intermináveis e irrespondidas ("Tu, forma silenciosa, provoca-nos além do pensamento/ como a eternidade"), a fim de chegar a uma equação final de ideias ("a beleza é verdade, a verdade, beleza"), que é ao mesmo tempo absolutamente vazia e plena. De modo bastante lógico, o poema de Keats finda com uma alternativa que parecerá, se o leitor não acompanhou seu raciocínio, uma sabedoria oca, uma banalidade. Assim como o tempo, ou a história, é o meio do pensamento definido, determinado, o silêncio da eternidade prepara-se para um pensamento além do pensamento, que deve aparecer, da perspectiva do julgamento tradicional e dos usos correntes, como inexistência de pensamento — embora possa ser o emblema de um julgamento novo e "difícil".

11

Por trás dos apelos ao silêncio repousa o desejo de uma *tábula rasa*, perceptiva e cultural. E, em sua versão mais exortatória e ambiciosa, a defesa do silêncio expressa um projeto mítico de libertação total. O que se visa é nada menos que a libertação do artista de si próprio, da arte em relação à obra de arte particular e em relação à história, do espírito face à matéria, da mente face às suas limitações perceptivas e intelectuais.

Como algumas pessoas atualmente sabem, há modos de pensamento que ainda não conhecemos. Nada poderia ser mais importante ou precioso que tal conhecimento, embora em gestação. O sentido de urgência, a infatigabilidade espiritual que engendra não podem ser aplacados e continuam a alimentar a arte radical deste século. Através de sua defesa do silêncio e da redução, a arte comete um ato de violência contra si própria, transformando-se em uma espécie de automanipulação, de conjuração — procurando trazer à luz essas novas formas de pensamento.

O silêncio é uma estratégia para a transformação da arte, sendo ela própria a mensageira de uma antecipada transposição radical dos valores humanos. Mas o sucesso de tal estratégia deve significar o seu abandono final, ou, no mínimo, sua significativa modificação.

O silêncio é uma profecia e as ações dos artistas podem ser compreendidas como uma tentativa de, concomitantemente, cumpri-la e revertê-la.

Do mesmo modo que a linguagem aponta para sua própria transcendência no silêncio, este aponta para sua própria transcendência para um discurso além do silêncio.

Porém o conjunto da empresa não pode se tornar um ato de má-fé, se o artista também souber *disso*?

12

Uma citação famosa: "Tudo o que pode ser pensado, pode ser pensado claramente. Tudo o que pode ser dito, pode ser dito claramente. Mas nem tudo o que pode ser pensado pode ser dito".

Note-se que Wittgenstein, com seu cuidado escrupuloso de evitar a questão psicológica, não pergunta por que, quando e em que circunstâncias alguém desejaria colocar em palavras "tudo o que pode ser pensado" (ainda que pudesse), ou mesmo expressar (seja ou não claramente) "tudo o que pode ser dito".

13

De tudo o que é dito pode-se indagar: por quê? (Incluindo: por que se deveria dizer *isso*? E: por que eu deveria dizer alguma coisa, de qualquer modo?)

Além disso, falando-se em termos estritos, nada que é dito é verdadeiro. (Embora uma pessoa possa *ser* a verdade, nunca se pode dizê-lo.)

Todavia as coisas que são ditas podem às vezes ser úteis — é o que as pessoas geralmente querem significar quando enxergam alguma coisa *dita* como sendo verdadeira. O discurso pode esclarecer, liberar, confundir, exaltar, corromper, hostilizar, gratificar, afligir, aturdir ou animar. Enquanto a linguagem é regularmente empregada para inspirar a ação, certas declarações verbais, sejam escritas ou orais, são elas próprias o desempenho de uma ação (como ao se prometer, jurar, legar). Um outro uso do discurso — quando nada, mais comum que o de provocar ações — é estimular um discurso adicional. Mas o discurso pode também silenciar. Na verdade, é assim que deve ser: sem a polaridade do silêncio, todo o sistema de linguagem fracassaria. E além de sua função genérica enquanto oposto dialético do discurso, o silêncio — como o discurso — tem igualmente usos mais específicos, menos inevitáveis.

Um dos usos do silêncio: atestar a ausência ou a renúncia ao pensamento. O silêncio é com frequência empregado como um procedimento mágico ou mimético nas relações sociais repressivas, como nas normas jesuíticas sobre falar com os superiores e no disciplinamento das crianças. (Isso não deve ser confundido com a prática de certas disciplinas monásticas, como a ordem dos trapistas, nas quais o silêncio, ao mesmo tempo que é um ato ascético, atesta a condição de estar perfeitamente "pleno".)

Um outro uso, que aparenta ser oposto, do silêncio: testemunhar a perfeição do pensamento. Nas palavras de Karl Jaspers: "Aquele que tem as respostas finais não pode mais falar a outrem, rompendo a comunicação genuína em benefício daquilo em que acredita".

Ainda um outro uso do silêncio: fornecer tempo para a continuação ou a exploração do pensamento. Notavelmente, o silêncio encerra o pensamento. (Um exemplo: a empresa da crítica, na qual não parece haver alternativa para o crítico a não ser afirmar que um dado artista é *isso*, é *aquilo* etc.) Contudo se se decide que uma questão não está encerrada, ela não está. É essa, pode-se presumir, a razão que está por trás dos experimentos voluntários com o silêncio que alguns atletas espirituais contemporâneos, como Buckminster Fuller, efetuaram e do elemento de sabedoria no silêncio, de outro modo basicamente autoritário e filistino, do psicanalista freudiano ortodoxo. O silêncio mantém as coisas "abertas".

Mais um uso do silêncio: equiparar ou auxiliar o discurso a atingir sua máxima integridade ou seriedade. Todos têm a experiência de como as palavras, quando pontuadas por longos silêncios, adquirem maior peso — tornam-se quase palpáveis; ou de como, quando uma pessoa fala menos, começa-se a sentir mais plenamente a sua presença física em um espaço dado. O silêncio solapa o "discurso ruim", pelo que se pretende dizer o discurso dissociado — dissociado do corpo (e, portanto, do sentimento), o discurso não organicamente informado pela presença sensória e particularidade concreta do locutor e pela ocasião individual para o emprego da linguagem. Livre do corpo, o discurso se deteriora. Transforma-se em falso, inane, ignóbil, sem importância, O silêncio pode inibir ou se contrapor a essa tendência, proporcionando uma espécie de lastro, monitorando ou mesmo corrigindo a linguagem quando ela se torna inautêntica.

Dados esses riscos à autenticidade da linguagem (que não depende do caráter de nenhuma declaração isolada ou mesmo de uma declaração de grupo, mas da relação locutor/expressão/situação), o projeto imaginário de dizer com clareza "tudo o que pode ser dito", sugerido por Wittgenstein, parece temivelmente complicado. (Quanto tempo se deveria ter? Seria necessário dizer com rapidez?) O universo hipotético do discurso claro do filósofo (que atribui ao silêncio apenas "aquilo sobre o que não se pode falar") pareceria um pesadelo de um moralista ou de um psiquiatra — no mínimo, um lugar onde ninguém deveria ingressar despreocupadamente. Existe alguém que *queira* dizer "tudo o que pode ser dito"? A resposta psicológica plausível seria aparentemente "não". Todavia o sim também é plausível — como um ideal ascendente da cultura moderna. Não é isso que muitas pessoas *de fato* querem atualmente: dizer tudo que pode ser dito? Mas esse propósito não pode ser mantido sem conflito interno. Inspiradas em parte pela difusão dos ideais da psicoterapia, as pessoas estão ansiando dizer "tudo" (desse modo, entre outros resultados, estão minando ainda mais a desmoronante distinção entre os esforços públicos e privados, entre informação e segredos). No entanto, num mundo super--habitado e ligado pela comunicação eletrônica global e pelas viagens a jato, a um ritmo demasiado rápido e violento para uma pessoa organicamente saudável assimilá-lo sem choque, todos estão também sofrendo de uma reação súbita a qualquer proliferação adicional de discursos ou imagens. Fatores tão diferentes, como a "reprodução tecnológica" ilimitada e a difusão quase universal da linguagem e do discurso impressos, bem como das imagens (das "notícias" aos "objetos de arte"), além da degeneração da linguagem pública dentro dos domínios da política, da publicidade e dos entretenimentos, produziram, especialmente entre os habitantes mais bem educados da moderna sociedade de massas, uma desvalorização da linguagem. (Eu argumentaria, ao contrário de McLuhan, que uma desvalorização do poder e da credibilidade das imagens teve lugar de forma não menos profunda e essencialmente semelhante à que atingiu a linguagem.) À medida que o prestígio da linguagem cai, o do silêncio sobe.

Refiro-me, neste ponto, ao contexto sociológico da ambivalência contemporânea diante da linguagem. A questão, certamente, é mais profunda que isso. Além dos determinantes sociológicos específicos, deve-se reconhecer a operação de algo como um descontentamento perene com a linguagem que tem sido formulado em cada uma das principais civilizações do Oriente e do Ocidente, sempre que o pensamento atinge uma certa ordem de complexidade e de seriedade espiritual elevada e *cruciante*.

Tradicionalmente, o descontentamento com a própria linguagem tem se registrado através do vocabulário religioso, com seus "sagrado" e "profano", "humano" e "divino" meta-absolutos. Em particular, os antecedentes dos dilemas e das estratégias das artes são encontrados na ala radical da tradição mística. (Confira, entre os textos cristãos, *Teologia mística*, de Dionísio, o Areopagita, *Névoa de desconhecimento*, de autor anônimo, os escritos de Jakob Böehme e Meister Eckhart, e os paralelos em textos taoistas, sufistas e zen.) A tradição mística sempre reconheceu, na expressão de Norman Brown, "o caráter neurótico da linguagem". (De acordo com Böehme, Adão falava uma linguagem diferente de todas as linguagens conhecidas. Era o "discurso sensorial", o instrumento expressivo não mediado dos sentidos, apropriado a seres que são integralmente parte da natureza sensível — isto é, ainda empregado por todos os animais exceto esse animal doentio, o homem. Essa, que Böehme denomina a única "linguagem natural", a única linguagem livre de distorção e ilusão, é a que o homem falará outra vez quando recuperar o paraíso.) Mas, em nossa época, o desenvolvimento mais surpreendente de tais ideias foi realizado pelos artistas (e por certos psicoterapeutas), e não pelos tímidos legatários das tradições religiosas.

Em explícita revolta contra aquilo que se considera a vida classificada e dessecada da mente comum, o artista lança um apelo pela revisão da linguagem. Uma boa parcela da arte contemporânea é movida por essa busca de uma consciência purificada da linguagem contaminada e, em algumas versões, das distorções produzidas por conceber o mundo exclusivamente em termos verbais costumeiros (em seu sentido degradado, "racionais" ou "lógicos"). A própria arte torna-se uma espécie de contraviolência, que busca liberar a consciência dos hábitos da verbalização estática e sem vida, pressentindo modelos de "discurso sensorial".

Assim, o volume de descontentes aumentou desde que as artes herdaram o problema da linguagem do discurso religioso. Não se trata apenas de que as palavras, em última instância, sejam inadequadas aos propósitos mais elevados da consciência, ou mesmo de que elas fiquem no meio do caminho. A arte expressa um duplo descontentamento. Faltam-nos palavras e dispomos de palavras em demasia. Ela levanta duas reclamações sobre a linguagem: as palavras são cruas demais e também ocupadas demais — convidando a uma hiperatividade da consciência que é não apenas disfuncional, em termos das capacidades humanas de sentir e agir, como de maneira ativa debilita a mente e embota os sentidos.

A linguagem é rebaixada à condição de um evento. Alguma coisa ocorre no tempo, uma voz que fala e aponta para o que antecede e para o que sucede uma declaração: o silêncio. Este, então, é ao mesmo tempo a precondição do discurso e o resultado ou alvo do discurso adequadamente dirigido. Nesse modelo, a atividade do artista é a criação ou o estabelecimento do silêncio; a obra de arte eficaz deixa o silêncio em seu rastro. O silêncio, administrado pelo artista, é parte de um programa de terapia perceptiva e cultural, calcado frequentemente mais no modelo da terapia de choque que no da persuasão. Ainda que o meio do artista sejam as palavras, ele pode participar dessa tarefa: a linguagem pode ser empregada para conter a linguagem, para expressar mutismo. Mallarmé pensava que era tarefa da poesia, utilizando as palavras, limpar a nossa realidade atravancada de palavras — através da criação de silêncios ao redor das coisas. A arte precisa montar um ataque em ampla escala contra a própria linguagem, por meio da linguagem e seus substitutos, em benefício do modelo do silêncio.

14

No fim, a crítica radical da consciência (delineada primeiramente pela tradição mística, agora administrada pela psicoterapia não ortodoxa e pela alta arte modernista) sempre culpa a linguagem. A consciência, experimentada como um ônus, é concebida como a memória de todas as palavras alguma vez ditas.

Krishnamurti defende que precisamos renunciar à memória psicológica enquanto distinta da fatual. De outra forma, continuaremos a preencher o novo com o antigo, enclausurando a experiência ao enganchar cada experiência à anterior.

Devemos destruir a continuidade (que é assegurada pela memória psicológica), indo ao *final* de cada emoção ou pensamento.

E após o final o que advém (por algum tempo) é o silêncio.

15

Em *Elegias de Duino*, Rilke oferece na quarta elegia uma afirmação metafórica do problema da linguagem e recomenda um procedimento para o que considera a mais exequível aproximação do horizonte do silêncio. Um pré-requisito do "esvaziamento" é ser capaz de perceber do que se está "repleto", com que palavras e gestos mecânicos se está, como uma boneca, recheado; somente então, em confronto polar com a boneca, aparece o "anjo", figura que representa uma possibilidade igualmente inumana embora "mais elevada", a de uma apreensão translinguística, inteiramente não mediada. Nem boneca, nem anjo, o ser humano permanece situado nos limites do reino da linguagem. Mas, para que a natureza e, portanto, as coisas, as outras pessoas, as texturas da vida comum sejam experimentadas a partir de uma postura diversa da atitude mutilada do mero espectador, a linguagem precisa reconquistar sua castidade. Conforme descrita por Rilke na nona elegia, a redenção da linguagem (o que significa dizer, a redenção do mundo através de sua interiorização na consciência) é uma tarefa longa e infinitamente árdua. Os seres humanos estão de tal forma "decaídos", que precisam começar com o ato linguístico mais simples: a nominação das coisas. Talvez não se possa preservar mais que essa função mínima da corrupção geral do discurso. É bem provável que a linguagem tenha de continuar em um estado de redução permanente. Embora, quando este exercício espiritual de confinar a linguagem à nominação esteja completo, seja possível passar a outros e mais ambiciosos usos da linguagem, talvez nada deva ser tentado que permita à consciência se tornar realienada de si própria.

Para Rilke, é possível conceber a superação da alienação da consciência; e não, como nos mitos radicais dos místicos, por meio da ultrapassagem completa da linguagem. É suficiente reduzir drasticamente o âmbito e o uso da linguagem. Uma imensa preparação espiritual (o contrário da "alienação") é exigida para esse ato simples e enganador de nominação. Nada menos que o polimento e o harmonioso aguçamento dos sentidos (exatamente o oposto de projetos tão violentos, voltados grosso modo para o mesmo fim e informados pela mesma hostilidade à cultura verbal-racional, como "desorganização sistemática dos sentidos").

A solução de Rilke situa-se a meio caminho entre a exploração do entorpecimento da linguagem, enquanto uma instituição cultural maciça e plenamente implantada, e o abandono à vertigem suicida do puro silêncio. Contudo esse território intermediário da redução da linguagem à nominação pode ser reivindicado de uma forma bastante diversa da dele. Compare-se o nominalismo benigno proposto por Rilke (e proposto e praticado por Francis Ponge) com o nominalismo brutal adotado por muitos outros artistas. O recurso mais comum da arte moderna à estética do inventário não é efetuado — como em Rilke — com vistas a "humanizar" as coisas, mas principalmente com vistas a confirmar a sua desumanidade, sua impessoalidade, sua indiferença às preocupações humanas e seu isolamento delas. (Exemplos da preocupação "desumana" com a nominação: *Impressions d'Afrique* de Roussel; as pinturas em *silk-screen* e os filmes iniciais de Andy Warhol; os primeiros romances de Robbe-Grillet, que procuravam confinar a função da linguagem à simples descrição e localização físicas.)

Rilke e Ponge assumem que *há* prioridades: objetos ricos em oposição a objetos vazios, eventos com uma certa fascinação. (Esse é o incentivo para tentar despir a linguagem, deixando que as próprias "coisas" falem.) De modo mais decisivo, eles assumem que, se existem estados de falsa consciência (embaraçados pela linguagem), há ainda autênticos estados de consciência — que é função da arte promover. A visão alternativa nega as hierarquias tradicionais de interesse e significado, nas quais algumas coisas têm mais "importância" que outras. A distinção entre experiência falsa e verdadeira também é rejeitada: em princípio, deve-se desejar prestar atenção a todas as coisas. Tal visão, formulada de modo mais elegante por Cage (embora sua prática seja bastante difundida) é que leva à arte do inventário, do catálogo, das superfícies; e do "acaso". Não é função da arte sancionar qualquer experiência específica, com exceção do estado de estar aberto à multiplicidade de experiências — que termina, na prática, numa decidida ênfase em coisas comumente consideradas triviais ou sem importância.

A vinculação da arte contemporânea ao princípio narrativo "mínimo" do catálogo ou do inventário parece quase parodiar a visão de mundo capitalista, em que o meio ambiente é atomizado em "itens" (uma categoria que compreende coisas e pessoas, obras de arte e organismos naturais), e em que todo item é uma mercadoria — isto é, um objeto discreto e portátil. Incentiva-se um nivelamento geral do valor na arte do inventário, a qual apenas é, ela mesma, uma das aproximações possíveis a um discurso idealmente não modulado. Tradicionalmente, os efeitos de uma obra de arte têm sido distribuídos com desigualdade, a fim de induzir no público uma certa sequência de experiências: em primeiro lugar, despertar; depois, manipular e, finalmente, satisfazer as expectativas emocionais. O que se propõe agora é um discurso desprovido de ênfases no sentido tradicional. (Ainda uma vez, o princípio do fitar em oposição ao olhar.)

Tal arte também poderia ser descrita como o estabelecimento de grandes "distâncias" (entre o espectador e o objeto artístico, entre o espectador e suas emoções). Mas, do ponto de vista psicológico, a distância está com frequência vinculada ao estado mais intenso de sentimento, no qual a frieza ou a impessoalidade com que alguma coisa é tratada dão a medida do insaciável interesse que ela desperta em nós. A distância que uma boa parcela da arte "anti-humanista" propõe é na realidade equivalente à obsessão — um aspecto do envolvimento em "coisas" de que não aparece sugestão no nominalismo "humanista" de Rilke.

16

"Há algo estranho nos atos de escrever e falar", dizia Novalis em 1799. "O equívoco ridículo e divertido que cometem as pessoas é o de acreditar que empregam as palavras em relação com coisas. Elas não têm consciência da natureza da linguagem — que é ser a sua própria e única preocupação, o que faz dela um mistério tão fértil e esplêndido. Quando alguém fala somente por amor à fala, está dizendo a coisa mais original e verdadeira que pode dizer."

A afirmativa de Novalis pode auxiliar na explicação de um paradoxo aparente: que na era da defesa disseminada do silêncio da arte, um número cada vez maior de obras de arte esteja marcado pela tagarelice. A loquacidade e a repetitividade são em particular notáveis nas artes temporais da prosa de ficção, do cinema, da música, e da dança, muitas das quais cultivam uma espécie de gagueira ontológica — facilitada por sua recusa dos incentivos a um discurso claro e antirredundante, amparado pela construção linear de começo-meio-e-fim. Porém, na verdade, não há contradição. O apelo contemporâneo ao silêncio nunca indicou meramente uma rejeição hostil à linguagem. Ele também significa uma altíssima estima pela linguagem — por seus poderes, sua força passada e os perigos correntes que coloca a uma consciência livre. Dessa avaliação intensa e ambivalente procede o impulso a um discurso que parece ao mesmo tempo irreprimível (e, em princípio, interminável) e estranhamente desarticulado, penosamente reduzido. Discernível na ficção de Stein, Burroughs e Beckett há a ideia subliminar de que seria possível falar mais alto que a linguagem ou persuadir-se ao silêncio.

Não se trata de uma estratégia muito promissora, considerando os resultados que podem razoavelmente ser antecipados a partir dela. Mas talvez não seja tão estranha, quando observamos com que frequência a estética do silêncio aparece ao lado de uma mal controlada rejeição do vazio.

A acomodação desses dois impulsos contrários pode produzir a necessidade de preencher todos os espaços com objetos de peso emocional insignificante, ou com amplas áreas de cor apenas modulada, ou com objetos uniformemente detalhados; ou engendrar um discurso com um mínimo possível de inflexões, de variações emotivas e de aumentos e diminuições de ênfase. Esses procedimentos parecem semelhantes ao comportamento de um neurótico obsessivo precavendo-se contra um perigo. Os atos de uma tal pessoa devem ser repetidos de forma idêntica, pois o perigo continua o mesmo; e precisam ser repetidos infindavelmente, pois o risco nunca parece acabar. No entanto o combustível emocional que alimenta o discurso artístico de modo análogo à obsessão pode ser diminuído a tal ponto que quase se pode esquecer que está ali. Então, tudo o que se deixa ao ouvido é uma espécie de zunido ou zumbido constante. O que se deixa à vista é o puro preenchimento de um espaço com coisas ou, mais precisamente, a transcrição paciente dos detalhes superficiais das coisas.

Nessa visão, o "silêncio" das coisas, imagens e palavras é uma precondição para sua proliferação. Se fosse dotado de uma carga mais potente, individual, cada um dos vários elementos da obra de arte reivindicaria mais espaço psíquico e, então, seu número total talvez tivesse de ser reduzido.

17

Algumas vezes, a acusação não é dirigida a toda a linguagem, mas apenas à palavra escrita. Assim, Tristan Tzara exortava a queima de todos os livros e bibliotecas para trazer à luz uma nova era de lendas orais. E McLuhan, como todos sabem, faz a distinção mais aguda entre linguagem escrita (que existe no "espaço visual") e discurso oral (que existe no "espaço auditivo"), louvando as vantagens psíquicas e culturais do último como base para a sensibilidade.

Se a linguagem escrita é singularizada como ré, o que será buscado não é tanto a redução mas a metamorfose da linguagem em algo mais solto, mais intuitivo, menos organizado e flexionado, não linear (para usar a terminologia de McLuhan) e — notadamente — mais loquaz. Mas, é certo, são justamente essas qualidades que caracterizam muitas das grandes narrativas em prosa de nossa época. Joyce, Stein, Gadda, Laura Riding, Beckett e Burroughs empregam uma linguagem cujas normas e energias provêm do discurso oral, com seus movimentos circulares repetitivos e sua voz essencialmente na primeira pessoa.

"Falar por amor à fala é a fórmula para a libertação", disse Novalis. (Libertação do quê? Da fala? Da arte?)

Em minha opinião, Novalis descreveu sucintamente a abordagem correta do escritor à linguagem e ofereceu o critério básico para a literatura enquanto uma arte. Porém a extensão em que o discurso oral é o modelo privilegiado para o discurso da literatura como arte constitui ainda uma questão em aberto.

18

Um dos corolários do crescimento dessa concepção da linguagem da arte enquanto autônoma e autossuficiente (e, afinal, autorreflexiva) é um declínio no "significado" como é tradicionalmente buscado nas obras de arte. "Falar por amor à fala" nos força a recolocar o significado das afirmativas linguísticas ou paralinguísticas. Somos levados a abandonar o significado (no sentido de referências a entidades externas à obra artística) como critério para a linguagem da arte. E o fazemos em benefício do "uso". (A famosa tese de Wittgenstein, "o significado é o uso", pode e deve ser rigorosamente aplicada à arte.)

O "significado" parcial ou totalmente convertido em "uso" é o segredo que se encontra por trás da estratégia amplamente difundida de *literalidade*, um dos mais importantes desenvolvimentos da estética do silêncio. Uma variante dela: a literalidade oculta, exemplificada por escritores tão diferentes como Kafka e Beckett. As narrativas de Kafka e Beckett parecem enigmáticas porque aparentemente convidam o leitor a atribuir significados simbólicos e alegóricos intensos a elas, ao mesmo tempo que parecem repelir tais atribuições. No entanto, quando a narrativa é examinada, desvenda apenas o que significa de modo literal. A força de sua linguagem deriva precisamente do fato de o significado ser tão simples.

O efeito de tal simplicidade é com frequência uma espécie de ansiedade — como a angústia produzida quando coisas familiares não estão em seu lugar ou não desempenham o seu papel costumeiro. É possível fazer com que se fique tão angustiado pela literalidade inesperada como pelos objetos "perturbadores" e pela escala e condição inesperadas dos objetos, que os surrealistas reúnem em uma paisagem imaginária. Tudo o que é totalmente misterioso é a um só tempo em termos psíquicos liberador e angustiante. (Uma máquina perfeita para agitar esse par de emoções contrárias: um desenho de Bosch em um museu holandês que mostra árvores equipadas com duas orelhas nos cantos de seus troncos, como se estivessem ouvindo a floresta, enquanto o chão está semeado de olhos.) Diante de uma obra de arte consciente, sente-se algo como a combinação de angústia, isolamento, lascívia e alívio que uma pessoa com o físico sadio sente ao vislumbrar um amputado. Beckett é favorável a uma obra de arte que seria um "objeto total, munido de todas as partes faltantes, ao invés do objeto parcial. Uma questão de grau".

Mas o que é totalidade e o que constitui a inteireza na arte (ou em qualquer outra coisa)? Esse problema, em princípio, parece insolúvel. Seja qual for a forma de uma obra de arte, ela poderia ter sido — poderia ser — diferente. A necessidade *dessas* partes nunca é dada: é conferida.

A recusa a admitir essa contingência (ou abertura) essencial é o que inspira a vontade do público de confirmar o caráter fechado de uma obra, interpretando-a, e o que cria o sentimento comum entre os artistas e críticos ponderados de que a obra artística está sempre, de alguma maneira, em dívida com o seu "tema" (ou é inadequada a ele). Entretanto, a menos que se esteja comprometido com a ideia de que a arte "expressa" algo, tais procedimentos e atitudes estão longe de ser inevitáveis.

19

Esse conceito persistente da arte como "expressão" deu origem à versão mais comum, e dúbia, da noção de silêncio — a qual invoca a ideia do "inefável". A teoria supõe que o território da arte é "o belo", o que implica efeitos de indizibilidade, indescritibilidade e inefabilidade. Na verdade, a busca de expressão do inexprimível é assumida como o próprio critério da arte; e, às vezes, torna-se a oportunidade para uma distinção estrita — e, em minha concepção, insustentável — entre literatura em prosa e poesia. Foi a partir dessa posição que Valéry apresentou seu famoso argumento (repetido num contexto completamente diferente por Sartre) de que o romance não é, do ponto de vista restrito, uma forma de arte. Seu raciocínio é o de que, sendo o objetivo da prosa a comunicação, o uso da linguagem em prosa é perfeitamente direto. A poesia, enquanto arte, deve ter propósitos bastante diferentes: expressar uma experiência que é no essencial inefável; utilizar a linguagem para expressar o mutismo. Em contraste com os escritores em prosa, os poetas estão engajados em subverter o seu próprio instrumento e em procurar ir além dele.

Essa teoria, até onde assume que a arte relaciona-se à beleza, não é muito interessante. (A estética moderna está mutilada por sua dependência desse conceito fundamentalmente vago. Como se a arte "dissesse respeito" à beleza, assim como a ciência "diz respeito" à verdade!) No entanto, ainda que a teoria dispense a noção de beleza, há uma objeção mais séria: a visão de que expressar o inefável é uma função básica da poesia (con-

39

siderada como um paradigma de todas as artes) é ingenuamente a-histórica. O inefável, embora certamente uma categoria perene de conhecimento, nem sempre teve na arte a sua moradia. Seu abrigo tradicional esteve no discurso religioso e, secundariamente (como narra Platão na "sétima Epístola"), na filosofia. O fato de os artistas contemporâneos estarem preocupados com o silêncio (e, portanto, em certa extensão, com o inefável) deve ser compreendido, do ponto de vista histórico, como uma consequência do mito contemporâneo dominante do "caráter absoluto" da arte. O valor que se atribui ao silêncio não aparece em virtude da *natureza* da arte, mas deriva da atribuição contemporânea de algumas qualidades "absolutas" ao objeto de arte e à atividade do artista.

A extensão em que a arte *está* envolvida com o inefável é mais específica, bem como contemporânea: a arte, na concepção moderna, sempre se vincula a transgressões sistemáticas de convenções formais mais antigas, praticada pelos artistas, o que confere às obras uma certa aura de indizibilidade — por exemplo, quando o público sente com desconforto a presença negativa de alguma coisa que podia ser, mas não está sendo, dita; ou quando qualquer "declaração" efetuada em uma forma agressivamente nova ou difícil tende a parecer equívoca ou apenas vaga. Porém tais características de inefabilidade não devem ser reconhecidas às custas da consciência da positividade da obra de arte. A arte contemporânea, não importando como tenha se definido por um gosto pela negação, ainda pode ser analisada como um conjunto de asserções de tipo formal.

Por exemplo, cada obra de arte nos dá uma forma, paradigma ou modelo de *conhecimento* de alguma coisa, uma epistemologia. Mas, encarada como um projeto espiritual, um veículo de aspirações voltadas para um absoluto, o que toda obra de arte oferece é um modelo específico para a *habilidade* metassocial ou metaética, um padrão de *decorum*. Cada obra artística indica a unidade de certas preferências sobre o que pode e o que não pode ser dito (ou representado). Ao mesmo tempo que pode fazer uma proposta tácita de derrubada das regras previamente consagradas quanto ao que pode ser dito (ou representado), lança seu próprio conjunto de limites.

20

Os artistas contemporâneos defendem o silêncio em dois estilos: forte e brando.

O estilo forte é uma função da instável antítese de "pleno" e "vazio". A sensível, extasiada e translinguística apreensão do pleno é notoriamente frágil: num mergulho terrível e quase instantâneo, pode cair em colapso no vazio do silêncio negativo. Com toda a sua percepção dos riscos assumidos (os perigos da náusea espiritual, mesmo da loucura), essa defesa do silêncio tende a ser frenética e supergeneralizante. É também com frequência apocalíptica e deve suportar a indignidade de todo o pensamento desse tipo: notadamente, deve vaticinar o fim, ver o dia chegar, sobreviver a ele e então marcar uma nova data para a incineração da consciência e a poluição definitiva da linguagem, a exaustão das possibilidades do discurso da arte.

A outra maneira de falar do silêncio é mais cautelosa. Essencialmente, representa a si própria como uma extensão de um traço básico do classicismo tradicional: a preocupação com os modos de correção, com os padrões de compostura. O silêncio é apenas a "reserva" elevada à enésima potência. É certo que, na transferência de tal preocupação de sua matriz da arte clássica tradicional, o tom se modificou — da seriedade didática à liberalidade irônica. Embora o estilo clamoroso de proclamação da retórica do silêncio possa parecer mais apaixonado, seus defensores menos exaltados (como Cage, Johns) estão dizendo algo igualmente drástico. Reagem à mesma ideia das aspirações da arte ao absoluto (por meio das rejeições programáticas da arte); partilham o mesmo desdém pelos "significados" estabelecidos da cultura burguesa racionalista, na verdade, pela própria cultura no sentido comum. O que é expresso pelos futuristas, por alguns dos artistas dadá e por Burroughs como sendo uma rude desesperança e uma perversa visão do apocalipse não perde sua seriedade por ser proclamado em uma voz polida e como uma sequência de afirmações jocosas. Com efeito, é possível argumentar que o silêncio talvez permaneça como uma noção viável para a arte e o conhecimento modernos somente se empregado com uma ironia considerável, quase sistemática.

21

Está na natureza de todos os projetos espirituais a tendência a se consumirem a si mesmos — esgotando seu próprio sentido, os próprios significados dos termos em que estão calcados. (É por isso que a "espiritualidade" deve ser sempre reinventada.) Todos os projetos genuinamente finais de consciência acabam por se tornar projetos para o desemaranhamento do próprio pensamento.

A arte, concebida como um projeto espiritual, não é uma exceção. Como réplica abstrata e fragmentada do niilismo positivo exposto pelos mitos religiosos radicais, a arte série de nosso tempo deslocou-se acentuadamente na direção das mais cruciantes inflexões da consciência. É compreensível que a ironia seja o único contrapeso possível a esse uso grave da arte como arena para a ordália da consciência. A perspectiva presente é a de que os artistas continuarão a abolir a arte, apenas para exumá-la em uma versão mais retraída. Enquanto a arte resistir sob a pressão da interrogação crônica, parecerá desejável que algumas das questões tenham uma certa qualidade espirituosa.

Mas tal perspectiva depende, talvez, da viabilidade da própria ironia.

A partir de Sócrates, existem incontáveis testemunhos do valor da ironia para o indivíduo privado: como método complexo e sério de busca e sustentação da verdade pessoal e meio de preservar a própria sanidade. Contudo, à medida que a ironia se transforma no bom gosto daquilo que é, acima de tudo, uma atividade essencialmente coletiva — o fazer arte —, ela pode se mostrar menos útil.

Não é necessário um julgamento tão categórico como o de Nietzsche — o de que a difusão da ironia em uma cultura significava a maré montante da decadência e a aproximação do final da vitalidade e dos poderes dessa cultura. Na cosmópolis pós-política e eletronicamente vinculada, na qual todos os artistas modernos sérios obtiveram cidadania prematura, certas conexões orgânicas entre cultura e "pensamento" (e a arte é de certo, hoje em dia, uma forma de pensamento) parecem ter sido rompidas, de modo que o diagnóstico de Nietzsche talvez precise ser modificado. Mas, se a ironia tem recursos mais positivos que os reconhecidos por Nietzsche, resta ainda uma interrogação sobre até onde os recursos da ironia podem ser estendidos. Parece improvável que as possibilidades de minar de maneira ininterrupta as afirmações de uma pessoa possam se desenrolar indefinidamente no futuro, sem que sejam, afinal, confrontadas pelo desespero ou por uma risada que a deixe completamente sem fôlego.

(1967)

A IMAGINAÇÃO PORNOGRÁFICA

1

Ninguém deveria iniciar uma discussão sobre pornografia antes de reconhecer a existência das pornografias (há pelo menos três) e antes de se empenhar em considerá-las uma a uma. Há muito a se ganhar em exatidão se a pornografia, como um item na história social, for tratada de modo totalmente separado da pornografia enquanto fenômeno psicológico (segundo a visão comum, sintomático de deficiência ou deformidade sexual, tanto nos produtores como nos consumidores) e se, em seguida, se distinguir dessas duas uma outra pornografia: modalidade ou uso menor, mas interessante, no interior das artes.

É a última das três pornografias que desejo focalizar. Mais especificamente, o gênero literário para o qual, na falta de um nome melhor, estou disposta a aceitar (na privacidade do debate intelectual autêntico, não nos tribunais) o duvidoso rótulo de pornografia. Por gênero literário pretendo dizer um corpo de obras pertencentes à literatura considerada como uma arte, e ao qual concernem padrões inerentes de excelência artística. Do ponto de vista dos fenômenos sociais e psicológicos, todos os textos pornográficos têm o mesmo *status* — são documentos. Porém, do ponto de vista da arte, alguns desses textos podem se tornar alguma coisa além disso. Não apenas obras como *Trois filles de leur Mère*, de Pierre Louys, *Histoire de L'Oeil* e *Madame Edwarda*, de George Bataille, e as pseudônimas *História de O* e *A imagem* pertencem à literatura, mas é possível esclarecer por que esses livros, todos os cinco, ocupam um grau mais elevado enquanto literatura do que, por exemplo, *Candy e Teleny*, de Oscar Wilde, ou *Sodom*, do Conde de Rochester, ou *O hospodar devasso*, de Apollinaire, ou *Fanny Hill*, de Cleland. A avalanche de obras artísticas comerciais vendidas ilegalmente por dois séculos e, agora, cada vez mais, fora de mercado, não impugna a condição de literatura do primeiro grupo de livros pornográficos, na mesma medida em que a proliferação de livros como *The Carpetbaggers* e *O vale das bonecas* não coloca em questão as credenciais de *Ana Karenina* e de *O grande Gatsby*, ou de *The Man Who Loved Children*. A proporção de literatura autêntica em relação ao refugo, a pornografia, talvez seja um pouco menor que a proporção de romances de genuíno mérito literário face a todo o volume de ficção subliterária produzida para o gosto popular. Contudo é provável que não seja menor, por exemplo, que a de outro subgênero de reputação um pouco duvidosa com poucos livros de primeira linha a seu crédito: a ficção científica. (Enquanto formas literárias, a pornografia e a ficção científica assemelham-se uma à outra de várias e interessantes maneiras.) De toda forma, a medida quantitativa fornece um padrão trivial. Por relativamente incomuns que possam ser, existem textos que nos parece razoável chamar de pornográficos — considerando que o rótulo batido tenha algum uso —, aos quais, ao mesmo tempo, não se pode recusar o crédito de literatura séria.

A afirmação pode parecer óbvia. No entanto, a primeira vista, não é isso o que acontece. Pelo menos na Inglaterra e nos Estados Unidos, a avaliação e o exame racionais da pornografia são efetuados firmemente no interior dos limites do discurso empregado pelos psicólogos, sociólogos, historiadores, juristas, moralistas profissionais e críticos sociais. A pornografia é uma doença a ser diagnosticada e uma ocasião para julgamento. É alguma coisa frente à qual se é contra ou a favor. E a tomada de posição sobre a pornografia dificilmente é o mesmo como ser contra ou a favor da música aleatória ou da arte Pop, mas é um pouco como se posicionar sobre o aborto legalizado ou a ajuda federal às escolas paroquiais. Com efeito, a mesma abordagem fundamental do tema é partilhada por eloquentes defensores recentes do direito e da obrigação da sociedade em censurar livros sujos (como George P. Elliott e George Steiner) e por aqueles (como Paul Goodman) que anteveem as consequências perniciosas de uma política de censura, muito piores que qualquer dano causado pelos próprios livros. Tanto os libertários como os presumidos censores concordam em reduzir a pornografia a um sintoma patológico e a uma mercadoria social problemática. Existe um consenso quase unânime sobre o que a pornografia é — sendo identificada com noções sobre as *fontes* do impulso de produção e consumo desses curiosos bens. Quando enfocada como um tema para análise psicológica, a pornografia raramente é vista como mais interessante que textos que ilustram uma interrupção deplorável no desenvolvimento sexual do adulto normal. Nesta visão, tudo o que a pornografia significa é a representação das fantasias da vida sexual infantil, editadas pela consciência mais treinada, menos inocente, do adolescente masturbador, para ser comprada pelos chamados adultos. Enquanto fenômeno social (por exemplo, o surto na produção de pornografia nas sociedades da Europa e nos Estados Unidos a partir do século XVIII), a abordagem não é menos inequívoca e clínica: a pornografia torna-se uma patologia de grupo, a doença de toda uma cultura, sobre cujas causas existe uma concordância geral. A crescente produção de livros "sujos" é atribuída a um legado maligno da repressão sexual cristã e à mera ignorância psicológica — essas antigas deficiências unindo-se agora a eventos históricos mais próximos: o impacto dos drásticos deslocamentos nos modos tradicionais da família e da ordem política, e a mudança anárquica nos papéis sexuais. (O problema da pornografia é um "dos dilemas de uma sociedade em transição", disse Goodman, em um ensaio, alguns anos atrás.) Assim, há uma considerável harmonia quanto ao *diagnóstico* da pornografia. As discordâncias surgem somente na avaliação das *consequências* psicológicas e sociais de sua disseminação e, portanto, na formulação tática e política.

Os arquitetos mais esclarecidos da política moral estão indubitavelmente preparados para admitir que existe algo que pode ser chamado de "imaginação pornográfica", embora somente no sentido de que as obras pornográficas são comprovações de uma falência ou deformação radical da imaginação. E eles podem garantir, como sugeriram Goodman, Wayland Young e outros, que também existe uma "sociedade pornográfica": que, na verdade, a nossa sociedade constitui um florescente exemplo dela, tão hipócrita e repressivamente construída que *precisa* produzir uma efusão de pornografia, tanto com sua expressão lógica quanto com seu subversivo e vulgar antídoto. Porém em nenhum ponto da comunidade de letras anglo-americana encontrei qualquer indicação de que alguns livros pornográficos são obras de arte de interesse e importância. Enquanto a pornografia for tratada apenas como um fenômeno social e psicológico e um foco de preocupação moral, como pode tal argumento ser apresentado?

2

Há uma outra razão, à parte essa classificação da pornografia como um tópico de análise, que explica por que a questão de saber se as obras de pornografia podem ou não ser literatura nunca foi genuinamente debatida. Trata-se da própria visão de literatura mantida pela maioria dos críticos ingleses e norte-americanos — uma visão que, ao excluir os escritos pornográficos, *por definição*, dos recintos da literatura, exclui muito mais além disso.

Por certo, ninguém nega que a pornografia constitui um ramo da literatura no sentido de que aparece na forma de livros impressos de ficção. Entretanto, afora essa relação trivial, nada mais se permite. O modo como a maioria dos críticos constrói a natureza da literatura em prosa (na mesma medida que sua visão da natureza da pornografia) inevitavelmente coloca a pornografia em oposição à literatura. Esse é um argumento estanque, pois, se um livro pornográfico é definido como não pertencendo à literatura (e vice-versa), não há razão para examinar as obras individuais.

A maioria das definições entre si excludentes de pornografia

47

e de literatura baseia-se em quatro razões diversas. A primeira é a de que a maneira completamente unívoca em que os livros de pornografia se dirigem ao leitor, propondo-se a excitá--lo sexualmente, é antitética à complexa função da literatura. Alega-se que o propósito da pornografia, a indução da excitação sexual, está em conflito com o tranquilo e desapaixonado envolvimento que evoca a genuína arte. Mas essa mudança do argumento parece particularmente não convincente, considerando-se o reverenciado apelo aos sentimentos morais do leitor tentado pela escrita "realista", para não mencionar o fato de que algumas obras-primas indiscutíveis (de Chaucer a Lawrence) contêm passagens que rematadamente excitam os leitores. É mais plausível apenas enfatizar que a pornografia ainda possui somente uma "intenção", ao passo que a obra de literatura de real valor contém muitas.

Outra razão, adiantada por Adorno entre outros, é a de que nas obras de pornografia falta a forma de começo-meio-e-fim característica da literatura. Uma peça de ficção pornográfica mal inventa uma indisfarçada desculpa para um início e, uma vez tendo começado, avança às cegas e termina nenhures.

O argumento seguinte: o texto pornográfico não é capaz de evidenciar nenhum cuidado com seu meio de expressão enquanto tal (a preocupação da literatura), uma vez que o propósito da pornografia é inspirar uma série de fantasias não verbais em que a linguagem desempenha um papel secundário, meramente instrumental.

A última e mais importante alegação defende que o tema da literatura é a relação dos seres humanos uns com os outros, seus complexos sentimentos e emoções; a pornografia, em contraste, desdenha as pessoas plenamente formadas (a psicologia e o retrato social), é desatenta à questão dos motivos e de sua credibilidade, e narra apenas as transações infatigáveis e imotivadas de órgãos despersonalizados.

A simples extrapolação, a partir do conceito de literatura mantido atualmente pela maior parte dos críticos ingleses e norte-americanos, levaria à conclusão de que o valor literário da pornografia é nulo. Mas esses padrões não resistem, por si sós, a uma análise mais cuidadosa, tampouco se ajustam a seu objeto. Tome-se, por exemplo, *História de O*. Ainda que o romance seja nitidamente obsceno pelos padrões usuais, e mais eficiente que qualquer outro no despertar sexualmente o leitor, a excitação não parece ser a única função das situações retratadas. A narrativa tem, com efeito, um começo, um meio e um fim definidos. É raro a elegância da escrita deixar a impressão de que o autor considere a linguagem uma necessidade aborrecida. Além disso, as personagens possuem de fato emoções intensas, embora obsessivas e, na verdade, bastante associais; e têm motivações, sem que sejam psiquiátrica ou socialmente "normais". Em *História de O*, os protagonistas são dotados de uma espécie de "psicologia", derivada da psicologia da luxúria. E, embora aquilo que possa ser apreendido das personagens no interior das situações em que são colocadas seja severamente limitado — a maneira da concentração sexual e de comportamento sexual explicitamente apresentado —, O e seus parceiros não são mais reduzidos ou esboçados que as personagens de muitas obras não pornográficas da ficção contemporânea.

Apenas quando os críticos ingleses e norte-americanos desenvolverem uma visão mais sofisticada de literatura, um debate interessante poderá ser desencadeado. (Afinal, tal debate seria não só sobre a pornografia, mas sobre todo o corpo da literatura contemporânea insistentemente centrado em situações e comportamentos extremos.) A dificuldade surge porque inúmeros críticos continuam a identificar com a própria literatura em prosa as convenções literárias particulares do "realismo" (daquilo que se poderia toscamente associar à tradição principal do romance do século XIX). Para exemplos de modos literários alternativos não estamos confinados apenas à maior parte dos grandes textos do século XX (de *Ulisses*, um livro que não trata de personagens mas dos meios de intercâmbio transpessoal, de tudo o que liga a psicologia individual externa e a necessidade pessoal; ao surrealismo francês e seu produto mais recente, o Novo Romance; à ficção "expressionista" alemã; ao pós-romance russo representado por *São Petersburgo*, de Biely, e por Nabokov; ou às narrativas não lineares e sem tensão, de Stein e Burroughs). Uma definição de literatura que culpa uma obra por ser enraizada na "fantasia", e não na apresentação realista de como pessoas vivem umas com as outras em situações comuns, não pode sequer dar conta de convenções veneráveis como a pastoral, que narra relações entre pessoas de forma certamente redutiva, insípida e não convincente.

A eliminação de alguns desses clichês persistentes é uma tarefa já há muito em atraso: ela promoveria uma leitura judiciosa da literatura do passado, ao mesmo tempo que colocaria os críticos e os leitores em contato com a literatura contemporânea, que inclui áreas de escrita que estruturalmente se assemelham à pornografia. Parece fácil, e virtualmente sem sentido, exigir que a literatura se apegue ao "humano". O que está em jogo não é o "humano" em contraposição ao "inumano" (onde a opção pelo "humano" garante instantânea autocongratulação moral tanto ao autor como ao leitor), mas um registro infinitamente variado de formas e tonalidades para transpor *a voz humana* para a narrativa em prosa. Aos olhos do crítico, a questão em pauta não é a relação entre o livro e "o mundo" ou a "realidade" (em que cada romance é avaliado como se fosse um item único, e onde o mundo é visto como um lugar muito menos complexo do que é), mas as complexidades do próprio conhecimento, como meio através do qual um mundo afinal existe e é constituído, bem como uma abordagem de livros de ficção específicos que não desconsidera o fato de que eles existem em diálogo uns com os outros. Desse ponto de vista, a decisão dos velhos romancistas, de retratar o desenvolvimento dos destinos de "personagens" agudamente individualizadas, em situações familiares e socialmente densas, no quadro da notação convencional de sequência cronológica, é apenas uma das muitas decisões possíveis, não possuindo nenhum apelo inerentemente superior à fidelidade dos leitores sérios. Nada existe de mais "humano" quanto a esses procedimentos. A presença de personagens realistas não é, em si, alguma coisa benéfica, uma matéria-prima mais nutritiva para a sensibilidade moral.

A única verdade segura sobre as personagens da ficção em prosa é que constituem, na expressão de Henry James, "um recurso de composição". A presença de figuras humanas na arte literária pode servir a muitos propósitos. A tensão dramática ou a tridimensionalidade na apresentação das relações pessoais e sociais, com frequência, *não* é um objetivo do escritor e, nesse caso, pouco auxílio traz insistir nisso como um padrão genérico. Explorar ideias é um propósito igualmente autêntico da prosa de ficção, ainda que pelos padrões do realismo no romance esse objetivo limite em muito a apresentação de personagens reais. A construção ou a representação de algo inanimado, ou de uma parcela do mundo da natureza, é também um empreendimento válido, e compreende uma regraduação apropriada da figura humana. (A forma da pastoral envolve ambos os propósitos: a representação de ideias e da natureza. As pessoas são utilizadas somente na extensão em que constituem um certo tipo de paisagem, que é, de uma parte, estilização da natureza "real" e, de outra, paisagem de ideias neoplatônicas.) E são igualmente válidos, como tema para a narrativa em prosa, os estados extremos da consciência e dos sentimentos humanos, aqueles tão peremptórios que excluem o fluxo mundano de sentimentos e se ligam apenas por contingência a pessoas concretas — é o que ocorre com a pornografia.

Não se deve imaginar, a partir dos pronunciamentos confiantes sobre a natureza da literatura feitos pela maior parte dos críticos norte-americanos e ingleses, que um intenso debate sobre esse tema vem se desenvolvendo por várias gerações. "Parece-me", escreveu Jacques Rivière na *Nouvelle Revue Française* em 1924, "que estamos presenciando uma crise muito grave na concepção do que é a literatura". Uma das diversas respostas ao "problema da possibilidade e dos limites da literatura", notou Rivière, é a acentuada tendência da "arte (se ainda é possível manter o termo) a se tornar uma atividade completamente não humana, uma função supersensorial, se posso usar a expressão, uma espécie de astronomia criativa". Cito Rivière não porque seu ensaio, "Questionando o conceito de literatura", seja particularmente original, definitivo ou sutil, mas simplesmente para lembrar um conjunto de noções radicais sobre a literatura que constituíam quase obviedades críticas, quarenta anos atrás, nas revistas literárias europeias.

Até o momento, no entanto, esse fermento permanece alheio, não assimilado e persistentemente mal compreendido no mundo das letras inglesas e norte-americanas: suspeito de provir de uma coletiva falência cultural de energia; frequentemente desconsiderado como pura perversidade, obscurantismo ou esterilidade criativa. Os melhores críticos de língua inglesa, entretanto, dificilmente poderiam deixar de notar quanto da grande literatura do século XX subverte essas ideias, recebidas de alguns dos mais importantes romancistas do século XIX, sobre a natureza da literatura, que continuam a ecoar até hoje, em 1967. Mas a percepção de uma literatura genuína e nova foi geralmente oferecida pelos críticos em um espírito muito semelhante ao dos rabinos, no século anterior ao princípio da era cristã, os quais, reconhecendo humildemente a inferioridade espiritual de sua própria época frente à era dos grandes profetas, não obstante encerraram resolutamente o cânone dos livros proféticos e declararam (com mais alívio que pesar, segundo se suspeita) que a era da profecia terminara. Assim a época daquilo que na crítica anglo-americana ainda é denominado, de forma bastante surpreendente, literatura "experimental" ou "de vanguarda", tem sido repetidamente declarada concluída. A celebração ritual do solapamento operado por cada um dos gênios contemporâneos nas velhas noções de literatura foi sempre acompanhada pela insistência nervosa em que a escrita vinda à luz era, com pesar, a última de sua nobre e estéril linhagem. Ora, os resultados dessa maneira intrincada e unilateral de examinar a literatura foram várias décadas de interesse e brilho sem paralelos na crítica inglesa e norte-americana — particularmente nesta última. No entanto trata-se de um brilho e um interesse erigidos sobre uma falência do gosto e algo próximo de uma fundamental desonestidade de método. A retrógrada percepção dos críticos face às novas e impressionantes reivindicações demarcadas pela literatura moderna, aliada a seu despeito por aquilo que é comumente designado como "a rejeição da realidade" e "a falência do eu", endêmicas nessa literatura, indica o ponto preciso em que a crítica literária anglo-americana mais talentosa abandona a consideração das estruturas da literatura e se transpõe para a crítica da cultura.

Não pretendo repetir aqui os argumentos que adiantei em outros lugares, a favor de uma abordagem crítica diferente. Todavia alguma alusão a tal abordagem é necessária. Mesmo a discussão de uma obra específica, da natureza radical de *Histoire de l'Oeil*, levanta a questão da própria literatura, da narrativa em prosa considerada como uma forma artística. E livros como os de Bataille não poderiam ter sido escritos se não fosse pela reapreciação angustiada da natureza da literatura, que tem preocupado a Europa literária por mais de meio século; mas, faltando-lhes aquele contexto, necessariamente se mostram quase inassimiláveis aos leitores ingleses e norte-americanos — exceto como "mera" pornografia, como lixo de inexplicável extravagância. Se ainda é necessário levantar a questão de saber se a pornografia e a literatura são ou não antitéticas, se é totalmente necessário afirmar que as obras de pornografia *podem* pertencer à literatura, então a afirmativa deve implicar uma visão global do que é a arte.

Para colocar a questão de forma mais geral: a arte (e fazer arte) é uma forma de consciência; seus materiais são a variedade de formas de consciência. Nenhum princípio *estético* pode fazer com que essa noção da matéria-prima da arte seja construída excluindo-se mesmo as formas mais extremas de consciência, que transcendem a personalidade social ou a individualidade psicológica.

Na vida cotidiana, sem dúvida, podemos reconhecer uma obrigação moral de inibir tais estados de consciência em nós próprios. O que parece pragmaticamente justo, não apenas para manter a ordem social no sentido mais amplo, como para permitir que o indivíduo estabeleça e permaneça em contato humano com outras pessoas (embora se possa renunciar a isso por períodos mais ou menos longos). É bem conhecido que, quando as pessoas se aventuram em regiões longínquas da consciência, fazem-no com o risco de sua sanidade, isto é, de sua humanidade. Mas a "escala humana", ou o padrão humanístico próprio à vida e à conduta normais, parece mal colocada quando se aplica à arte. Ela supersimplifica. Se durante o último século a arte concebida como uma atividade autônoma chegou a ser investida de uma estatura sem precedentes — a coisa mais próxima a uma atividade humana sacramental reconhecida pela sociedade secular — isso se deve a uma das tarefas que a arte assumiu: a de efetuar incursões e conquistar posições nas fronteiras da consciência (em geral muito perigosas ao artista como pessoa), para relatar o que lá encontrou. Sendo um livre explorador dos perigos espirituais, o artista ganha uma certa permissão para se comportar diferentemente de outras pessoas; ao igualar a singularidade de sua vocação, ele pode ou não ser adornado com um estilo de vida de conveniente excentricidade. Seu ofício é inventar troféus de suas experiências — objetos e gestos que fascinam e encantam, não meramente edificam e entretêm (como recomendavam as velhas noções do artista). Seu principal meio de fascinação é avançar mais um passo na dialética do ultraje. Busca tornar sua obra repulsiva, obscura, inacessível; em suma, oferecer o que é, ou parece ser, *não* desejado. Entretanto, por mais violentos que possam ser os ultrajes que o artista perpetre a seu público, suas credenciais e sua autoridade espiritual dependem, em última instância, da consciência do público (seja algo conhecido ou inferido) sobre os ultrajes que ele comete contra si mesmo. O artista moderno exemplar é um corretor da loucura.

A noção da arte como um produto custosamente adquirido através de um imenso risco espiritual, cujo preço aumenta com o ingresso e a participação de cada novo jogador na partida, convida a um conjunto revisado de modelos críticos. A arte produzida sob a égide de tal concepção não é — e não pode ser — "realista". Mas expressões como "fantasia" ou "surrealismo", que somente invertem a pauta do realismo, pouco esclarecem. A fantasia decai demasiado facilmente em "simples" fantasia; o argumento definitivo é o adjetivo "infantil". Onde termina a fantasia (condenada por padrões psiquiátricos e não artísticos) e onde começa a imaginação?

Como parece pouco provável que os críticos contemporâneos desejem seriamente excluir as narrativas em prosa de caráter irrealista do domínio da literatura, somos levados a suspeitar que um padrão especial está sendo aplicado aos temas sexuais. Isso se torna mais claro quando se pensa em outro tipo de obra, em outra espécie de "fantasia". A paisagem irreal e a-histórica onde a ação é situada, o tempo peculiarmente congelado em que os atos são desempenhados — esses traços ocorrem com a mesma frequência na ficção científica e na pornografia. Não há nada de conclusivo no fato bem conhecido de que a maioria dos homens e das mulheres não é capaz das proezas sexuais que as pessoas aparentam desempenhar na pornografia; que o tamanho dos órgãos, o número e a duração de orgasmos, a variedade e a praticabilidade dos poderes sexuais, bem como o total de energia sexual são grosseiramente exagerados. É correto, da mesma maneira, que as naves espaciais e os incontáveis planetas retratados nos romances de ficção científica também não existem. O fato de que o espaço da narrativa é um *topos* ideal não desqualifica nem a pornografia, nem a ficção científica de sua condição de literatura. Tais negações do tempo social, do espaço e da personalidade reais, concretos e tridimensionais (assim como as ampliações "fantásticas" da energia humana) são precisamente os ingredientes de um outro gênero de literatura, fundado num modo diverso de consciência.

Os materiais das obras pornográficas tidas como literatura são, precisamente, uma das formas extremas de consciência humana. Sem dúvida, muitas pessoas concordariam que a consciência sexualmente obcecada pode, em princípio, ingressar na literatura como forma de arte. Literatura sobre a luxúria? Por que não? Mas, em seguida, elas comumente acrescentam uma cláusula ao acordo, que na prática acaba por anulá-lo. Exigem que o autor tenha a adequada "distância" de suas obsessões para que possam considerá-las literatura. Tal padrão é mera hipocrisia, revelando, mais uma vez, que os valores usualmente aplicados à pornografia são, afinal, os pertencentes à psiquiatria e aos estudos sociais, mais que à arte. (Desde que a cristandade elevou a parada e se concentrou no comportamento sexual como a raiz da virtude, tudo aquilo que pertença a sexo tem sido um "caso especial" em nossa cultura, provocando atitudes peculiarmente inconsistentes.) As pinturas de Van Gogh preservam sua condição de obra de arte, embora aparentemente sua maneira de pintar se devesse menos a uma escolha consciente de meios representativos do que a seu ar desordenado, o qual realmente via o mundo da forma como o pintava. Do mesmo modo, *Histoire de l'Oeil* não se transforma num estudo de caso, mas em arte, como revela Bataille no extraordinário ensaio autobiográfico acrescentado à narrativa, as obsessões do livro são na verdade as suas próprias.

O que faz de uma obra de pornografia parte da história da arte, ao invés de pura escória, não é a distância, a superposição de uma consciência mais conformável à da realidade comum sobre a "consciência desordenada" do eroticamente obcecado. Em vez disso, é a originalidade, a integridade, a autenticidade e o poder dessa própria consciência insana, enquanto corporificada em uma obra. Do ponto de vista da arte, a exclusividade incorporada nos livros pornográficos não é, em si mesma, nem anômala, nem antiliterária.

Tampouco o pretenso objetivo ou resultado, intencional ou não, dessas obras (excitar o leitor sexualmente) chega a ser um defeito. Somente uma noção empobrecida e mecanicista de sexo poderia levar alguém a pensar que ser sexualmente estimulado por um livro como *Madame Edwarda* é uma questão simples. A unilateralidade de intenção, com frequência condenada pelos críticos, compõe-se, quando a obra merece o tratamento de arte, de muitas ressonâncias. As sensações físicas involuntariamente produzidas em alguém que leia a obra carregam consigo algo que se refere ao conjunto das experiências que o leitor tem de sua humanidade — e de seus limites como personalidade e como corpo. A singularidade da intenção pornográfica é, na realidade, espúria. Mas a agressividade da intenção não o é. Aquilo que parece um fim é, na mesma medida, um meio, assustadora e opressivamente concreto. O fim, entretanto, é menos concreto. A pornografia é um dos ramos da literatura — ao lado da ficção científica — voltados para a desorientação e o deslocamento psíquico.

Em certos aspectos, o uso de obsessões sexuais como tema da literatura assemelha-se ao uso de um tema literário cuja validade bem poucas pessoas contestariam: as obsessões religiosas. Assim comparado, o fato conhecido do impacto definido e agressivo da pornografia sobre seus leitores apresenta-se um pouco diferente. A sua intenção notória de estimular sexualmente os leitores é na verdade uma espécie de proselitismo. A pornografia que é autêntica literatura visa "excitar" da mesma forma que os livros que revelam uma forma extrema de experiência religiosa têm como propósito "converter".

3

Duas obras francesas recentemente traduzidas para o inglês, *História de O** e *A imagem*, ilustram convenientemente alguns aspectos envolvidos neste tópico, mal investigado na crítica anglo-americana, da pornografia como literatura.

História de O, de autoria de "Pauline Réage", surgiu em 1954 e tornou-se imediatamente famosa, em parte devido ao patrocínio de Jean Paulhan, que redigiu o prefácio. Passou a ser crença comum que o próprio Paulhan escrevera a obra — talvez

---

* Trad. bras. de Maria de Lourdes Nogueira Porto, Brasiliense, 1985. (N. T.)

devido ao precedente estabelecido por Bataille, que contribuíra com um ensaio (assinado com seu verdadeiro nome) ao seu *Madame Edwarda*, quando este fora publicado pela primeira vez em 1937, sob o pseudônimo de "Pierre Angelique"; e também porque o nome Pauline sugeria Paulhan. Mas ele sempre negou que tivesse escrito *História de O*, insistindo que o livro fora na realidade escrito por uma mulher, que nunca publicara antes e vivia em outra parte da França, preferindo permanecer desconhecida. Embora a história de Paulhan não tenha eliminado as especulações, a certeza de que ele era o autor acabou por se desvanecer. Com o passar dos anos, diversas hipóteses mais engenhosas, que atribuíam a autoria do livro a outros notáveis do cenário político de Paris, ganharam credibilidade e logo foram abandonadas. A identidade real de "Pauline Réage" persiste como um dos raros segredos bem guardados das letras contemporâneas.

A imagem foi publicado dois anos depois, em 1956, também sob um pseudônimo, "Jean de Berg". Para compor o mistério, foi dedicado a "Pauline Réage" e teve o prefácio escrito por ela, de quem desde então nada se soube. (O prefácio de "Réage" é conciso e dispensável; o de Paulhan é extenso e muito interessante.) Mas os comentários nos círculos literários de Paris sobre a identidade de "Jean de Berg" são mais conclusivos que o trabalho de investigação sobre "Pauline Réage". Apenas houve um boato que apontava para a mulher de um influente jovem romancista e que ganhou ampla repercussão.

Não é difícil entender por que aqueles com suficiente curiosidade para especular sobre os dois pseudônimos tiveram de se inclinar para algum nome da comunidade das letras estabelecida da França. Era pouco concebível que qualquer dos dois livros fosse o filho único de um amador. Por diferentes que sejam um do outro, *História de O* e *A imagem* comprovam uma qualidade que não pode ser atribuída simplesmente a uma abundância dos dotes literários comuns da sensibilidade, da energia e da inteligência. Tais dons, bastante em evidência, foram processados, por sua vez, através de um diálogo de artifícios. A sóbria autoconsciência das narrativas dificilmente poderia estar mais longe da ausência de controle e habilidade normalmente consideradas como expressão da luxúria obsessiva. Intoxicantes como seu tema (caso o leitor não se desligue e o ache apenas engraçado ou sinistro), as duas narrativas estão mais preocupadas com o "uso" da matéria-prima erótica do que com a "expressão" dela. E a sua utilização é preeminentemente — não há outra palavra para defini-la — literária. A imaginação em busca de seus prazeres ultrajantes em *História de O* e em *A imagem* permanece solidamente ancorada a certas noções de consumo *formal* de sentimentos intensos, de procedimentos para esgotar uma experiência, que se ligam tanto à literatura e à história literária recente como ao domínio a-histórico de Eros. E por que não? As experiências não são pornográficas, só as imagens e as representações (estruturas da imaginação) o são. É esse o motivo por que um livro pornográfico com frequência pode fazer o leitor pensar, basicamente, em outros livros pornográficos, e não no sexo não mediado — e isso não necessariamente em detrimento de sua excitação erótica.

Por exemplo, o que ressoa por toda a *História de O* é um volumoso corpo, em sua maior parte sem valor, de literatura pornográfica ou "libertina", tanto inglesa como francesa, que remonta ao século XVIII. A referência mais óbvia é a Sade. Mas aqui não devemos pensar apenas nos escritos do próprio Sade, mas na sua reinterpretação pelos intelectuais literários franceses após a Segunda Guerra Mundial, um movimento crítico talvez comparável (em sua importância e influência sobre o gosto literário educado e a direção real da ficção séria na França) à revalorização de James lançada pouco antes da Segunda Guerra nos Estados Unidos, exceto pelo fato de que a revalorização francesa durou mais tempo e parece ter plantado raízes mais profundas. (Sade, evidentemente, nunca foi esquecido. Foi lido com entusiasmo por Flaubert, Baudelaire e pela maioria dos outros gênios radicais da literatura francesa de fins do século XIX. Um dos santos padroeiros do movimento surrealista, Sade figura com destaque no pensamento de Breton. No entanto seria a discussão sobre ele, após 1945, que realmente consolidaria sua posição como um inesgotável ponto de partida para o pensamento radical sobre a condição humana. O conhecido ensaio de Beauvoir, a extensa biografia erudita empreendida por Gilbert Lely e escritos ainda hoje não traduzidos de Blanchot, Paulhan, Bataille, Klossowski e Leiris são os documentos mais eminentes da revalorização do pós-guerra, que assegurou essa modificação surpreendentemente vigorosa da sensibilidade literária francesa. A qualidade e a densidade teórica do interesse francês por Sade permanece virtualmente incompreensível para os intelectuais ingleses e norte-americanos, para os quais Sade é talvez uma figura exemplar na história da psicopatologia, tanto individual como social, porém é-lhes inconcebível levá-lo a sério como "pensador".)

Mas o que está por trás de *História de O* não é somente Sade, os problemas que levantou e os que foram suscitados em seu nome. O livro também lança raízes nas convenções dos livretos "libertinos" escritos na França do século XIX, tipicamente situados em uma Inglaterra fantasiosa, habitada por aristocratas brutais com enormes equipamentos sexuais e gostos violentos, a ser saciados ao longo do eixo do sadomasoquismo. O nome do segundo amante-proprietário de O, Sir Stephen, presta clara homenagem à fantasia desse período, assim como a figura de Sir Edmond de *Histoire de l'Oeil*. Além disso, deve-se acrescentar que a alusão a um tipo banal de escória pornográfica situa-se, enquanto referência literária, exatamente no mesmo nível que o cenário anacrônico da ação principal, que é buscada diretamente do teatro sexual de Sade. A narrativa abre-se em Paris (O vai ao encontro de seu amante René, em uma carruagem, e é levada a um passeio), mas a maior parte da ação subsequente transfere-se a um terreno mais familiar, se bem que menos plausível: o castelo convenientemente isolado, com suntuosa mobília e profusão de serviçais, onde um grupo de homens ricos se reúne e para onde são trazidas mulheres virtualmente escravas a fim de se tornarem os objetos, partilhados em comum, da lascívia brutal e inventiva do grupo. Há chicotes e correntes, máscaras vestidas pelos homens quando as mulheres são admitidas em sua presença, achas queimando na lareira, indignidades sexuais indizíveis, chicoteamentos e formas mais engenhosas de mutilação física, diversas cenas de lesbianismo quando a excitação das orgias parece esmorecer. Em resumo, o livro se apresenta munido de alguns dos itens mais frágeis do repertório da pornografia.

Até onde é possível considerá-lo seriamente? Um simples inventário do enredo poderia dar a impressão de que *História de O* não é tanto pornografia mas metapornografia, uma paródia brilhante. Algo parecido foi alegado em defesa de *Candy* quando este foi publicado aqui vários anos atrás, após um período de modesta existência em Paris como um livro "sujo" mais ou menos oficial. *Candy* não era pornografia, argumentou-se, mas uma brincadeira, uma, espirituosa caricatura dos usos da narrativa pornográfica barata. Em minha própria visão, *Candy* pode ser engraçado, contudo ainda é pornografia, pois esta é uma forma capaz de parodiar a si mesma. É da natureza da imaginação pornográfica preferir convenções acabadas de personagens, cenário e ação. A pornografia é um teatro de tipos, não de indivíduos. Uma paródia da pornografia, na medida em que tenha real competência, continua a ser pornografia. Na verdade, ela é uma forma comum dos textos pornográficos. Sade a utilizou, com frequência, invertendo as ficções moralistas de Richardson, em que a virtude feminina sempre triunfa sobre a lubricidade masculina (seja dizendo "não" ou morrendo em seguida). No caso de *História de O*, seria mais preciso falar de uma "utilização" que de uma paródia de Sade.

O próprio tom de *História de O* indica que qualquer elemento no livro que possa ser lido como paródia ou gosto por antiguidades (uma pornografia da mandarins?) é apenas um entre vários elementos que formam a narrativa. (Embora sejam graficamente escritas situações sexuais que abrangem todas as variações previsíveis de luxúria, o estilo narrativo é bastante formal, o nível de linguagem digno e quase casto.) Traços da encenação sadeana são usados para aguçar a ação, mas a linha básica da narrativa difere no fundamental de tudo o que Sade escreveu. Em primeiro lugar, a obra de Sade apresenta uma ilimitabilidade ou princípio de insaciabilidade inerentes. Seu *Os 120 dias de Sodoma*, provavelmente o livro pornográfico mais ambicioso até hoje concebido (em termos de escala) é uma espécie de suma da imaginação pornográfica; impressionante e desconcertante, mesmo na forma truncada, em parte narrativa e em parte cenário, em que sobreviveu. (O manuscrito foi, por acaso, resgatado da Bastilha após Sade ter sido forçado a deixá-lo para trás, quando o transferiram em 1798 para Charenton; todavia ele acreditou, até a morte, que sua obra-prima se perdera quando a prisão foi destruída.) O trem expresso das imagens sadeanas voa sobre um trilho interminável mas horizontal. Suas descrições são demasiado esquemáticas para serem sensuais. Em vez disso, as ações ficcionais são ilustrações de suas ideias incansavelmente repetidas. Entretanto essas próprias ideias polêmicas, num exame refletido, sugerem mais princípios de uma dramaturgia do que uma teoria substantiva. As ideias de Sade (da pessoa como "coisa" ou "objeto", do corpo como máquina e da orgia como um inventário das possibilidades esperançosas e infinitas de várias máquinas em colaboração umas com as outras) parecem, no básico, destinadas a tornar possível um gênero infindável e jamais culminante de atividade extremamente desprovida de afeto. Em contraste, *História de O* tem um movimento definido, uma lógica de acontecimentos, em contraposição ao princípio sadeano estático do catálogo ou da enciclopédia. Tal movimento da trama é favorecido em muito pelo fato de que, na maior parte da narrativa, o autor tolera pelo menos um vestígio do "casal" (O e René, O e Sir Stephen) — uma unidade em geral repudiada na literatura pornográfica.

E, sem dúvida, a figura de O é, ela mesma, diferente. Seus sentimentos, por mais que se voltem para um tema, apresentam alguma modulação e são descritos com minúcia. Embora passiva, O dificilmente se assemelha àquelas nulidades das histórias de Sade, que são detidas em castelos remotos para serem atormentadas por nobres impiedosos e padres satânicos. Além disso, O é também mostrada como ativa: literalmente ativa, como na sedução de Jacqueline, e mais importante, profundamente ativa em sua própria passividade. Ela se parece com seus protótipos sadeanos apenas na superfície. Não existe consciência pessoal, exceto a do autor, nos livros de Sade. Mas O de fato possui uma consciência, de cujo ponto de observação sua história é narrada. (Mesmo escrita na terceira pessoa, a narrativa nunca se afasta do ponto de vista de O ou sabe mais do que ela.) Sade visa neutralizar a sexualidade de todas as suas associações pessoais, representar uma espécie de encontro sexual impessoal — ou puro. Mas o relato de "Pauline Réage" mostra O agindo de formas bastante diferentes (inclusive no amor) com diferentes pessoas, notadamente com René, Sir Stephen, Jacqueline e Anne-Marie.

Sade parece mais representativo dos principais usos da escritura pornográfica. Na medida em que a imaginação pornográfica tende a tornar cada pessoa intercambiável com outra e todas as pessoas intercambiáveis com coisas, não é funcional descrever uma pessoa da forma como O é descrita — em termos de um certo estado de sua vontade (da qual ela está tentando se descartar) e de seu entendimento. A pornografia é principalmente habitada por criaturas como a Justine de Sade, desprovidas de vontade e de inteligência e mesmo, aparentemente, de memória. Justine vive em um perpétuo estado de estupefação, jamais aprendendo alguma coisa das violações admiravelmente repetidas de sua inocência. Depois de cada nova traição, ela permanece a postos para um outro *round*, tão pouco instruída por sua experiência como sempre, pronta a confiar no próximo libertino dominador e a ter sua confiança recompensada por uma renovada perda de liberdade, pelas mesmas indignidades e pelos mesmos sermões blasfemos em louvor do vício.

Em sua maior parte, as figuras que desempenham o papel de objetos sexuais na pornografia são feitas da mesma massa que um "cômico" principal de uma comédia. Justine é como Cândido, que é também uma nulidade, um zero, um eterno inocente incapaz de aprender qualquer coisa de suas atrozes provações.

A estrutura usual da comédia, que apresenta uma personagem como um centro imóvel em meio ao ultraje (Buster Keaton é a imagem clássica), brota repetidamente na pornografia. Suas personagens, como as da comédia, são vistas somente do exterior, a partir de seu comportamento. Por definição, não podem ser observadas em profundidade; de modo tão verídico que envolva os sentimentos do público. Na maioria das comédias, a graça reside precisamente na *disparidade* entre o sentimento atenuado ou anestesiado e um acontecimento ultrajante. A pornografia opera de uma maneira semelhante. O resultado produzido por um tom inexpressivo, pelo que aparece ao leitor em um estado mental comum como a inacreditável *sub*-reação dos agentes eróticos às situações em que são situados, não é a liberação da risada. Em vez disso, é a liberação da reação sexual, originalmente voyeurista, mas que, é provável, necessita ser assegurada por uma identificação direta subjacente com um dos participantes do ato sexual. A insipidez emocional da pornografia não constitui, portanto, nem uma falência de talento artístico, nem um indício de desumanidade básica. O estímulo de uma resposta sexual no leitor *exige* isso. Apenas na ausência de emoções diretamente afirmadas pode o leitor de pornografia encontrar espaço para suas próprias respostas. Quando o fato narrado já vem revestido com os sentimentos explicitamente declarados do autor, pelos quais o leitor pode ser despertado, torna-se então mais difícil ser estimulado pelo próprio fato.*

A comédia do cinema mudo oferece muitos exemplos de como o princípio formal da agitação constante ou do moto-

---

* Isso fica muito claro no caso das obras de Genet, que, apesar do caráter explícito das experiências sexuais relatadas, não são sexualmente excitantes, para a maior parte dos leitores. O que o leitor percebe (e Genet o afirmou em várias ocasiões) é que o próprio autor estava sexualmente excitado enquanto escrevia *O milagre da rosa*, *Nossa Senhora das Flores* etc. O leitor mantém um contato intenso e perturbador com a excitação erótica de Genet, que é a força motriz dessas narrativas eivadas de metáforas; mas, ao mesmo tempo, a excitação do autor impede a do leitor. Genet está perfeitamente certo quando afirma que seus livros não são pornográficos.

-contínuo (as comédias-pastelão) e o do sujeito inexpressivo convergem realmente para o mesmo fim — um amortecimento, uma neutralização ou um distanciamento das emoções do público, de sua capacidade de se identificar em uma forma "humana" e de efetuar juízos morais sobre situações de violência. O mesmo princípio está em operação em toda pornografia. Isso não significa que as personagens na pornografia não possam de forma concebível possuir quaisquer emoções. Elas podem. Mas os princípios de sub-reação e de agitação frenética tornam o clima emocional autoanulador, de modo que o tom básico da pornografia é a ausência de sentimentos e de emoções.

Entretanto, é possível distinguir alguns graus dessa falta de sentimentos. Justine é o estereótipo do objeto sexual (invariavelmente feminino, uma vez que a maior parte da pornografia é escrita por homens, ou a partir do ponto de vista masculino estereotipado): uma vítima perplexa cuja consciência permanece inalterada por suas experiências. Porém O é uma conhecedora; seja qual for o preço, a dor e o medo, é grata pela oportunidade de ser iniciada no mistério, que é a perda do eu. O aprende, sofre, modifica-se. Passo a passo, torna-se cada vez mais o que é, um processo idêntico ao esvaziamento de si própria. Na visão de mundo apresentada por *História de O*, o bem mais elevado é a transcendência da personalidade. O movimento da trama não é horizontal, mas uma espécie de ascensão através da degradação. O não somente passa a ser idêntica a sua disponibilidade sexual, como deseja atingir a perfeição de se transformar num objeto. Sua condição, se pode ser caracterizada como de desumanização, não deve ser entendida como um subproduto de sua escravidão a René, a Sir Stephen e ao outro homem em Roissy, mas como o ponto principal de sua situação, algo que ela busca e por fim alcança. A imagem final de sua realização aparece na última cena do livro: O é levada a uma festa, mutilada, acorrentada, irreconhecível, fantasiada (como uma coruja) — tão convincentemente desumanizada, que nenhum dos convidados pensa em se dirigir a ela de modo direto.

A busca de O resume-se, com concisão, na expressiva letra

que lhe serve de nome. "O" sugere uma caricatura de seu sexo, não de seu sexo individual mas simplesmente da mulher, e também equivale a nada. Contudo o que *História de O* revela é um paradoxo espiritual, o do vazio preenchido e da vacuidade que é também um *plenum*. A força do livro repousa exatamente na angústia despertada pela presença contínua desse paradoxo. "Pauline Réage" levanta, de um modo muito mais orgânico e sofisticado que o realizado por Sade, com suas desgraciosas exposições e discursos, o problema da condição da própria personalidade humana. Todavia, enquanto Sade interessa-se pela eliminação da personalidade — do ponto de vista do poder e da liberdade —, o autor de *História de O* preocupa-se com a eliminação da personalidade — do ponto de vista da felicidade. (A afirmação mais próxima desse tema na literatura inglesa: certas passagens de *The Lost Girl*, de Lawrence.)

Entretanto, para que o paradoxo ganhe real significado, o leitor deve compartilhar de uma certa visão de sexo, diferente da que é sustentada pelos membros mais iluminados da comunidade. A visão dominante — um amálgama de ideias rousseaunianas, freudianas e do pensamento social liberal — enfoca o fenômeno do sexo como uma fonte perfeitamente inteligível, embora de grande valor, para o prazer físico e emocional. As dificuldades que possam advir originam-se da longa deformação dos impulsos sexuais administrada pela cristandade ocidental, cujos danos mais graves quase todos, nessa cultura, carregam. Em primeiro lugar, a culpa e a ansiedade. Em seguida, a redução das capacidades sexuais — conduzindo, se não à virtual impotência ou à frigidez, pelo menos à exaustão da energia erótica e à repressão de muitos elementos naturais do apetite sexual (as "perversões"). Além disso, o transbordamento nas indiscrições públicas, em que as pessoas tendem a responder a notícias sobre os prazeres sexuais de outros com inveja, fascinação, repulsa e indignação rancorosa. É dessa contaminação da saúde sexual da cultura que se origina um fenômeno como a pornografia.

Não pretendo polemizar com o diagnóstico histórico contido nesse relato das deformações da sexualidade ocidental. Não obstante, o que me parece decisivo no complexo de visões sustentado pela maioria dos membros educados da comunidade é um pressuposto mais questionável: o de que o apetite sexual humano é, quando não pervertido, uma função natural agradável; e o de que "o obsceno" é uma convenção, a ficção imposta sobre a natureza por uma sociedade convicta de que há algo de vil nas funções sexuais e, por extensão, no prazer sexual. São justamente tais pressupostos que são questionados pela tradição francesa representada por Sade, Lautréamont, Bataille e os autores de *História de O* e *A imagem*. Seus trabalhos sugerem que "o obsceno" é uma noção primal do conhecimento humano, algo muito mais profundo que a repercussão de uma aversão doentia da sociedade ao corpo. A sexualidade humana é, à parte as expressões cristãs, um fenômeno altamente controverso e pertence, ao menos em potencial, mais às experiências humanas extremas que às comuns. Por domesticada que possa ser, a sexualidade permanece como uma das forças demoníacas na consciência do homem — impelindo-nos, de quando em quando, para perto de proibições e desejos perigosos, que abrangem do impulso de cometer uma súbita violência arbitrária contra outra pessoa ao anseio voluptuoso de extinção da consciência, à ânsia da própria morte. Mesmo no nível das simples sensação e disposição físicas, o ato sexual com certeza assemelha-se a ter um ataque epilético, pelo menos na mesma medida, se não mais, que comer uma refeição ou conversar com uma pessoa. Todo indivíduo sentiu (no mínimo na imaginação) o fascínio erótico da crueldade física e uma atração erótica em coisas vis e repulsivas. Tais fenômenos fazem parte do espectro genuíno da sexualidade, e, se não devem ser descritos como meras aberrações neuróticas, o retrato parece diferente do que é incentivado pela opinião pública esclarecida, bem como menos simples.

Seria possível defender plausivelmente que são razões bastante saudáveis as quais fazem a capacidade total para o êxtase no sexo ser inacessível para a maioria das pessoas — pois a sexualidade parece ser algo, como a energia nuclear, que se pode provar passível de domesticação para, em seguida, revelar o contrário. O fato de que poucas pessoas tenham regularmente, ou tenham alguma vez, experimentado suas capacidades sexuais a esse nível perturbador não significa que o extremo não é autêntico ou que a possibilidade jamais as assediou. (Depois do sexo, é provável que a religião seja o segundo recurso mais antigo disponível aos seres humanos para ampliar sua consciência. Todavia, entre as multidões de fiéis, o número dos que se aventuraram muito longe através desse estado de mente também deve ser consideravelmente limitado.) Existe, e pode-se demonstrar, alguma coisa esboçada com imperfeição e com potencial desorientador na capacidade sexual humana — pelo menos no que diz respeito à civilização. O homem, animal doentio, traz consigo um apetite que pode levá-lo à loucura. Essa é a compreensão de sexualidade (como algo além do bem e do mal, do amor, da sanidade; como um recurso para a provação e o rompimento dos limites da consciência) que informa o cânone da literatura francesa que venho analisando.

História de O, com seu projeto de transcender por completo a personalidade, pressupõe integralmente essa visão negra e complexa da sexualidade, tão afastada da visão esperançosa esposada pelo freudianismo americano e pela cultura liberal. A mulher a quem não é dado outro nome que O progride simultaneamente rumo a sua própria extinção como ser humano e à sua satisfação como ser sexual. É difícil imaginar como alguém poderia afirmar se existe ou não, de modo real ou empírico, qualquer coisa na "natureza" ou na consciência humana que suporte essa divisão. Mas parece compreensível que a possibilidade sempre perseguiu o homem, por mais acostumado que esteja a execrar tal cisão.

O projeto de O sanciona, em outra escala, aquele que se personifica na existência da própria literatura pornográfica. O que a literatura pornográfica faz é justamente estabelecer uma cunha entre a existência de uma pessoa enquanto ser humano completo e sua existência como ser sexual — enquanto na vida comum uma pessoa saudável é aquela que impede que tal lacuna se amplie. É normal nós não experimentarmos, pelo menos não querermos experimentar, nossa satisfação sexual como distinta de, ou oposta a, nossa satisfação pessoal. Mas talvez em parte elas sejam distintas, quer queiramos ou não. Na medida em que o sentimento sexual poderoso efetivamente envolve um grau obsessivo de atenção, ele inclui experiências nas quais uma pessoa pode sentir que está perdendo seu "eu". A literatura que vai de Sade a essas obras recentes, passando pelo surrealismo, capitaliza esse mistério, isola-o e faz o leitor percebê-lo, convidando-o a participar dele.

Tal literatura é ao mesmo tempo uma invocação do erótico em seu sentido mais sombrio e, em certos casos, um exorcismo. O ânimo reverente e solene de *História de O* é convenientemente invariável; por sua vez, uma obra de estados de espírito misturados no mesmo tema, uma jornada rumo à alienação do eu diante do próprio eu, é o filme de Buñuel, *L'Age d'Or*. Enquanto forma literária, a pornografia opera com dois modelos: um equivalente à tragédia (como em *História de O*), em que o sujeito-vítima avança inexoravelmente no sentido da morte, e o outro equivalente à comédia (como em *A imagem*), no qual a busca obsessiva do exercício sexual é recompensada por uma gratificação terminal, a união com o parceiro sexual desejado de maneira inigualável.

4

Mais que qualquer outro, Bataille é o autor que apresenta um sentido negro do erótico, de seus perigos de fascinação e humilhação. *Histoire de l'Oeil* (publicado pela primeira vez em 1928) e *Madame Edwarda** qualificam-se como textos porno-

---

* Infelizmente, a única tradução disponível em inglês do que simula ser *Madame Edwarda*, a que está incluída em *The Olympia Reader* (Grove Press, 1965, pp. 662-72), apenas apresenta metade da obra. Somente o *récit* foi traduzido. Contudo *Madame Edwarda* não é um *récit* recheado com um prefácio também de autoria de Bataille. É uma criação em duas partes — ensaio e *récit* — e cada uma delas é quase ininteligível sem a outra.

gráficos até onde seu tema é uma busca sexual exclusiva que aniquila toda consideração das pessoas estranhas a seus papéis na dramaturgia sexual, e na medida em que tal busca é descrita graficamente. Mas essa descrição não transmite a extraordinária qualidade desses livros. A simples explicitação dos órgãos e atos sexuais não é necessariamente obscena; apenas passa a sê-lo quando é realizada em um tom particular, quando adquiriu uma certa ressonância moral. Ocorre que o número esparso de atos sexuais e profanações semissexuais relatados nas novelas de Bataille dificilmente pode competir com a interminável inventividade mecanicista de *Os 120 dias de Sodoma*. Todavia, em virtude de Bataille possuir um sentido mais fino e profundo de transgressão, o que ele descreve parece de certa forma mais forte e ultrajante que as mais lascivas orgias encenadas por Sade.

Uma das razões pela qual *Histoire de l'Oeil* e *Madame Edwarda* causam impressão tão poderosa e desconcertante é o fato de Bataille entender, com mais clareza do que qualquer outro escritor, que o tema da pornografia não é, em última instância, o sexo, mas a morte. Não pretendo dizer que toda obra pornográfica fale, de forma aberta ou velada, da morte. Somente as obras que enfrentam essa inflexão específica e mais aguda dos temas da luxúria, do "obsceno", é que o fazem. É para as gratificações da morte, sucedendo e ultrapassando as de Eros, que toda busca verdadeiramente obscena se dirige. (Um exemplo de obra pornográfica cujo tema não é o "obsceno": *Trois filles de leur Mère*, a alegre saga de insaciabilidade sexual de Louys. *A imagem* representa um exemplo menos nítido. Embora as transações enigmáticas entre as três personagens sejam portadoras de um senso do obsceno — mais como uma premonição, uma vez que o obsceno é reduzido a apenas uma parte constituinte do voyeurismo —, o livro tem um inequívoco final feliz, com o narrador finalmente unido a Claire. Mas *História de O* toma a mesma linha de Bataille, apesar de um pequeno jogo intelectual no fim: o livro termina de modo ambíguo, com diversas linhas destinadas a mostrar que existiam duas versões de um último capítulo, em uma das quais O recebia a permissão de Sir Stephen para morrer, quando ele estava prestes a descartar--se dela. Ainda que esse duplo final repita satisfatoriamente a abertura do livro, em que duas versões "do mesmo começo" são oferecidas, não é capaz, segundo penso, de diminuir a sensação do leitor de que O está fadada à morte, sejam quais forem as dúvidas que o autor expresse sobre sua sina.)

Bataille compôs a maioria de seus livros, a música de câmara da literatura pornográfica, na forma de recital (às vezes acompanhado por um ensaio). O tema unificador é sua própria consciência, uma mente em agudo e implacável estado de agonia; no entanto, na mesma medida em que uma mente igualmente extraordinária em uma época anterior poderia ter escrito uma teologia da agonia, Bataille escreveu uma erótica da agonia. Pretendendo relatar alguma coisa sobre as fontes autobiográficas de suas narrativas, ele acrescentou a *Histoire de l'Oeil* várias imagens vívidas extraídas de sua própria infância insultuosamente terrível. (Uma lembrança: seu pai, cego, sifilítico e demente, procurando urinar sem consegui-lo.) O tempo, explica, neutralizou essas lembranças; depois de muitos anos, elas perderam grandemente o poder que tinham e "somente podem vir à luz outra vez de modo deformado, dificilmente reconhecível, tendo, no curso dessa deformação, assumido um significado obsceno". A obscenidade, para Bataille, revive com simultaneidade suas experiências mais dolorosas e marca uma vitória sobre aquela dor. O obsceno, isto é, a extremidade da experiência erótica, é a raiz de energias vitais. Os seres humanos, diz ele no ensaio que acompanha *Madame Edwarda*, vive apenas através do excesso. E o prazer depende da "perspectiva", ou do entregar-se a um estado de "ser aberto", aberto à morte bem como à alegria. A maioria das pessoas procura sobrepujar seus próprios sentimentos; pretende ser receptiva ao prazer mantendo o "horror" à distância. Isso é tolice, de acordo com Bataille, uma vez que o horror reforça a "atração" e excita o desejo.

Aquilo que Bataille expõe na experiência erótica extrema é sua conexão subterrânea com a morte. Ele não transmite essa visão urdindo atos sexuais cujas consequências são mortíferas, espalhando corpos por suas narrativas. (Na terrível *Histoire de l'Oeil*, por exemplo, apenas uma pessoa morre; e o livro termina com os três aventureiros sexuais, após se entregarem à orgia em seu caminho através da França e Espanha, adquirindo um iate em Gibraltar para continuar suas infâmias em outras partes.) Seu método mais eficaz é investir cada ação com um peso, uma gravidade perturbadora, que parece autenticamente "mortal".

Todavia, a despeito das óbvias diferenças de escala e elegância de execução, as concepções de Sade e Bataille guardam algumas semelhanças. Como Bataille, Sade não era tanto um sensorialista, mas alguém com um projeto intelectual: explorar o âmbito da transgressão. E compartilha com Bataille a mesma identificação última de sexo e morte. Mas Sade jamais podia ter concordado com Bataille em que "a verdade do erotismo é trágica". As pessoas muitas vezes morrem nos livros de Sade, porém tais mortes sempre parecem irreais. Elas não são mais convincentes do que as mutilações infligidas durante as orgias noturnas, das quais as vítimas se recuperam por completo na manhã seguinte após usarem um bálsamo milagroso. Da perspectiva de Bataille, um leitor não pode evitar ser pego de surpresa pela inverossimilhança de Sade sobre a morte. (Por certo, vários livros pornográficos muito menos interessantes e acabados que os de Sade partilham desse traço.)

Na verdade, seria possível especular que a fatigante repetitividade dos livros de Sade é a consequência de sua incapacidade imaginativa para confrontar a meta inevitável, ou o paraíso, de uma aventura realmente sistemática da imaginação pornográfica. A morte é o único fim para a odisseia da imaginação pornográfica quando ela se torna sistemática; vale dizer, quando ela se centra nos prazeres da transgressão, e não no mero prazer. Como não chega, ou não podia chegar a seu fim, Sade protela: multiplica e aumenta sua narrativa; reduplica tediosamente as permutas e combinações orgiásticas. E seus alter egos ficcionais interrompem com regularidade um turno de estupro ou sodomia para expor às vítimas suas últimas reelaborações de extensas cantilenas sobre o significado real do "Iluminismo" — sobre a desagradável verdade quanto a Deus, à natureza, à sociedade, à individualidade e à virtude. Bataille procura evitar qualquer coisa que se assemelhe aos contraidealismos, que são as blasfêmias de Sade (e que, assim, perpetuam o banido idealismo por trás dessas fantasias); suas blasfêmias são autônomas.

Os livros de Sade, dramas musicais wagnerianos da literatura pornográfica, não são sutis ou compactos. Bataille atinge seus efeitos com meios muito mais econômicos: um conjunto de câmara de personagens não intercambiáveis, ao invés da multiplicação operística de virtuoses sexuais e vítimas da profissão, oferecida por Sade. Bataille apresenta suas negativas radicais por meio da extrema concisão. O ganho, aparente em cada página, habilita sua magra obra e seu pensamento gnômico a ir mais longe que os de Sade. Mesmo na pornografia, menos pode ser mais.

Bataille também ofereceu soluções distintamente originais e efetivas a um problema perene da narrativa pornográfica: a finalização. O procedimento mais comum tem sido concluir de um modo que não frustre qualquer necessidade interna. Assim, Adorno podia considerar como a marca característica da pornografia o fato de esta não ter nem começo, nem meio, nem fim: mas não é tudo. As narrativas pornográficas tem efetivamente um término: sempre abrupto e, pelos padrões tradicionais do romance, imotivado. Isso não é necessariamente digno de objeção. (A descoberta, a meio caminho, em um romance de ficção científica, de um planeta alienígena pode ser igualmente abrupta e desmotivada.) O caráter abrupto, uma realidade endêmica dos encontros, bem como dos encontros renovados de maneira crônica, não é algum defeito da narração pornográfica que se poderia desejar remover para que as obras se qualificassem como literatura. Esses traços são constitutivos da própria imaginação ou visão de mundo intrínseca à pornografia, e suprem, em muitos casos, exatamente o final que é necessário.

Mas isso não exclui outros tipos de finais. Um traço notável de *Histoire de l'Oeil* e, em menor medida, de *A imagem*, consideradas obras de arte, é seu evidente interesse em gêneros mais sistemáticos ou rigorosos de finais, que ainda continuam no âmbito da imaginação pornográfica — não seduzidos pelas soluções de uma ficção mais realista ou menos abstrata. Sua solução, tomada de maneira genérica, é construir uma narrativa que, desde o início, apresenta um controle mais rigoroso, tornando-se menos espontânea e prodigamente descritiva.

Em *A imagem*, a narrativa é dominada por uma metáfora única, "a imagem" (ainda que o leitor não se veja capaz de compreender todo o significado do título antes do fim do romance). No início, a metáfora denota ter uma nítida aplicação singular. "Imagem" parece significar objeto "plano", ou "superfície bidimensional", ou "reflexo passivo" — tudo isso em referência à moça Anne, a qual Claire instruiu o narrador a usar livremente para seus propósitos sexuais, transformando-a em "uma perfeita escrava". Mas a narrativa é interrompida exatamente na metade (na "Parte V", num livro pequeno, de dez partes) por uma cena enigmática que introduz um outro sentido de "imagem". Claire, sozinha com o narrador, mostra-lhe uma série de estranhas fotografias de Anne em situações obscenas; e essas são descritas de forma a insinuar um mistério naquilo que havia sido uma situação brutal e direta, embora sem motivação aparente. A partir dessa censura, até o final do livro, o leitor terá de simultaneamente carregar o conhecimento da situação "obscena" ficcionalmente real sendo descrita e manter-se atento às pistas de uma reflexão ou duplicação oblíqua daquela situação. Essa carga (as duas perspectivas) será aliviada apenas nas últimas páginas, quando, como propõe o título da parte final, "Tudo se resolve". O narrador descobre que Anne não é o joguete erótico de Claire doado gratuitamente a ele, mas a "imagem" ou "projeção" de Claire, enviada antecipadamente para ensinar-lhe como amá-*la*.

A estrutura de *Histoire de l'Oeil* é igualmente rigorosa e de alcance mais ambicioso. Ambos os romance estão na primeira pessoa; nos dois, o narrador é masculino e constitui um dos lados de um triângulo cujas inter-relações sexuais configuram a história do livro. No entanto as duas narrativas são organizadas sobre princípios muito diferentes. "Jean de Berg" descreve como chega a ser conhecida uma coisa que até então o narrador não conhecia; todas as partes da ação são indícios, fragmentos de evidência, e o final é uma surpresa. Bataille está descrevendo uma ação que é na realidade intrapsíquica: três pessoas que compartilham (sem conflitos) uma única fantasia, a representação de uma vontade perversa coletiva. Em *A imagem*, a ênfase recai no comportamento, que é opaco, ininteligível. Em *História de l'Oeil*, a ênfase está antes de tudo na fantasia e, em seguida, em sua correlação com algum ato espontaneamente "inventado". O desenvolvimento da narrativa segue as fases da representação. Bataille traça os estágios da gratificação de uma obsessão erótica que assalta inúmeros objetos comuns. Seu princípio de organização é, portanto, espacial: uma série de coisas, arranjadas numa sequência definida, é capturada e explorada, em algum ato erótico convulsivo. A manipulação obscena ou a profanação de tais objetos, e das pessoas em suas proximidades, constitui a ação da novela. Quando o último objeto (o olho) é utilizado em uma transgressão mais ousada que todas as precedentes, a narrativa termina. Não pode haver nenhuma revelação ou surpresa na história, nenhum "conhecimento" novo, apenas intensificações complementares do que já é conhecido. Esses elementos, à primeira vista não relacionados, estão na verdade vinculados; na verdade, são todos versões de uma mesma coisa. O ovo no primeiro capítulo é simplesmente a versão mais antiga do globo ocular roubado do espanhol no último.

Cada fantasia erótica específica é também uma fantasia geral (de desempenhar o que é "proibido") que gera uma atmosfera excedente de cruciante e infatigável intensidade sexual. Em certos momentos, o leitor parece ser testemunha de uma impiedosa satisfação orgiástica; em outros, parece apenas estar na presença da progressão sem remorsos do negativo. As obras de Bataille, melhor que quaisquer outras que conheço, indicam as possibilidades estéticas da pornografia como uma forma de arte: *Histoire de l'Oeil*, como a mais artisticamente bem-acabada de todas as ficções pornográficas em prosa que já li, e *Madame Edwarda*, como a mais original e poderosa do ponto de vista intelectual.

Falar das possibilidades estéticas da pornografia como forma de arte e uma forma de pensamento pode parecer insensato ou afetado quando se considera que vidas marcadamente miseráveis levam as pessoas com uma obsessão sexual especializada *full-time*. Contudo, eu argumentaria que a pornografia oferece algo mais que as verdades de pesadelo individual. Por convulsiva e repetitiva que essa forma de imaginação possa ser, gera sem dúvida uma visão de mundo capaz de reivindicar o interesse (especulativo, estético) de gente não erotômana. Na verdade, tal interesse reside naquilo que é habitualmente desconsiderado como os *limites* do pensamento pornográfico.

5

As características proeminentes de todos os produtos da imaginação pornográfica são a sua energia e o seu absolutismo.

Os livros denominados pornográficos em geral são aqueles cuja preocupação primária, exclusiva e tirânica é com a descrição de "intenções" e "atividades" sexuais. Talvez também se pudesse dizer "sentimentos" sexuais, se a palavra não parecesse redundante. Os sentimentos das personagens apresentados pela imaginação pornográfica apresentam-se, em qualquer momento dado, ou idênticos a seu "comportamento", ou uma fase preparatória, a da "intenção", prestes a passar ao "comportamento", a menos que seja fisicamente frustrada. A pornografia usa um tosco e reduzido vocabulário de sentimentos, sempre relacionado às perspectivas de ação: sentimento que se gostaria de pôr em ação (luxúria), sentimento que não se gostaria de pôr em ação (vergonha, medo, aversão). Não existem sentimentos gratuitos ou não funcionais, não há devaneios, especulativos ou imagísticos, que sejam irrelevantes ao assunto em questão. Assim, a imaginação pornográfica habita um universo que é, por mais repetitivos os incidentes que ocorrem em seu interior, incomparavelmente econômico. Aplica-se o critério de relevância mais estrito possível: tudo deve apontar para a situação erótica.

O universo proposto pela imaginação pornográfica é um universo total. Tem o poder de ingerir, metamorfosear e traduzir todas as preocupações com que é alimentado, convertendo tudo à única moeda negociável do imperativo erótico. Toda ação é concebida como uma série de *intercâmbios* sexuais. De tal modo, a razão pela qual a pornografia se recusa a fazer distinções fixas entre os sexos, ou a permitir que qualquer gênero de preferência ou proibição sexual permaneça, pode ser explicada "estruturalmente". A bissexualidade, o desrespeito pelo tabu do incesto e outros traços similares comuns às narrativas pornográficas funcionam para multiplicar as possibilidades de troca. No plano ideal, seria possível a toda pessoa manter relação sexual com qualquer outra.

Por certo, a imaginação pornográfica não pode ser vista como a única forma de consciência que propõe um universo total. Uma outra é o tipo de imaginação que gerou a moderna lógica simbólica. No universo total proposto pela imaginação dos lógicos, todas as afirmações podem ser derrubadas ou arrasadas a fim de tornar possível reapresentá-las na forma da linguagem lógica; as partes da linguagem comum que não servem são simplesmente abandonadas. Alguns dos notórios estados da imaginação religiosa, para recorrer a outro exemplo, operam da mesma maneira canibalista, engolindo todos os materiais disponíveis para retraduzi-los em fenômenos saturados de polaridades religiosas (sagrado e profano etc.).

O último exemplo, por razões óbvias, toca intimamente no assunto em questão. As metáforas religiosas aparecem em grande número numa parcela importante da literatura erótica moderna (notadamente em Genet) e em algumas obras da literatura pornográfica. *História de O* faz amplo uso de metáforas religiosas para descrever a provação que O atravessa. O "queria crer". Sua drástica situação de total servidão pessoal àqueles que a utilizam sexualmente é, repetidas vezes, descrita como um modo de salvação. Com angústia e ansiedade, ela renuncia a si própria — e "doravante não houve mais hiatos, nem tempo útil, ou remissão". Embora tenha perdido inteiramente sua liberdade, O conquistou o direito de participar daquilo que descreveu como um rito sacramental virtual.

A palavra "aberta" e a expressão "abrir suas pernas", nos lábios de seu amante, vinham carregadas com tal força e desassossego, que ela jamais podia ouvi-las sem experimentar uma espécie de prostração interna, uma submissão sagrada, como se um deus, e não ele, lhe tivesse falado.

Temia o açoite e outros castigos cruéis antes de lhe ser infligidos; "todavia, quando tudo terminava, ela estava feliz de ter passado por isso, ainda mais feliz se tudo fora especialmente cruel e prolongado". O açoite, a mutilação e o ferro em brasa são descritos (do ponto de vista de *sua* consciência) como ordálias rituais que testam a fé de alguém que se inicia em uma disciplina espiritual ascética. A "perfeita submissão" que seu amante original e depois Sir Stephen exigem dela faz lembrar a extinção do eu, explicitamente requerida de um noviço jesuíta ou de um aprendiz zen. O é "essa pessoa absorta que renunciou a sua vontade a fim de ser totalmente refeita", a fim de ser feita para servir uma vontade muito mais poderosa e autoritária que a sua.

Como seria de esperar, o caráter direto das metáforas religiosas em *História de O* evocou algumas leituras correspondentemente diretas do livro. O romancista Mandiargues, cujo prefácio precede o de Paulhan na tradução americana, não hesita em descrever *História de O* como "uma obra mística" e, portanto, "estritamente falando, não um livro erótico". Aquilo que *História de O* relata "é uma completa transformação espiritual, o que outros denominariam uma *ascesis*". Contudo a questão não é tão simples. Mandiargues parece certo ao descartar uma análise psiquiátrica do estado mental de O que reduziria o tema do livro a, digamos, "masoquismo". Como diz Paulhan, "o ardor da heroína" é totalmente inexplicável em termos do vocabulário psiquiátrico convencional. O fato de que o romance emprega alguns dos motivos e artifícios convencionais do teatro do sadomasoquismo merece uma explicação específica. Mas Mandiargues caiu em um erro quase tão redutivo e apenas um pouco menos vulgar. Seguramente, a única alternativa às reduções psiquiátricas não é o vocabulário religioso. Mas o fato de existirem apenas duas alternativas em perspectiva, testemunha, mais uma vez, a arraigada difamação do âmbito e da seriedade da experiência sexual, que ainda domina nossa cultura, como toda a sua tão propagada permissividade recente.

Em minha visão, "Pauline Réage" escreveu um livro erótico. A noção implícita, em *História de O*, de que Eros é um sacramento não representa a "verdade" por trás do sentido literal (erótico) do livro (os ritos lascivos de escravização e degradação infligidos a O), mas, exatamente, uma metáfora para isso. Por que dizer algo mais forte, quando a afirmativa não pode na realidade *expressar* qualquer coisa mais forte? Porém, a despeito da virtual incompreensibilidade, para a maioria das pessoas educadas, da experiência substantiva subjacente ao vocabulário religioso, hoje em dia, há uma persistente devoção face à imponência de emoções que cabem em tal vocabulário. A imaginação religiosa sobrevive para a maior parte das pessoas não apenas como o principal, mas virtualmente como o único exemplo digno de crédito de uma imaginação operante em uma forma total.

Não é de admirar, assim, que as formas novas ou radicalmente renovadas da imaginação total, que surgiram no século XIX (em especial aquelas do artista, do erotômano, do revolucionário de esquerda e do louco), tenham ofuscado de maneira crônica o prestígio do vocabulário religioso. E as experiências totais, de que existem muitos tipos, tendem com frequência a ser apreendidas somente como revivescências ou traduções da imaginação religiosa. A busca de um novo modo de discurso, no nível mais sério, ardente e entusiástico, evitando a encapsulação religiosa, é uma das tarefas primordiais do pensamento futuro. No estado em que se encontram as coisas, onde tudo, desde a *História de O* até Mao, é reabsorvido na incorrigível sobrevivência do impulso religioso, todas as opiniões e todos os sentimentos tornam-se desvalorizados. (Hegel efetuou talvez a mais grandiosa tentativa de criar um vocabulário pós-religioso, a partir da filosofia, que dominaria os tesouros de paixão e de credibilidade, e de adequação emotiva, que foram reunidos no vocabulário religioso. Mas seus seguidores mais interessantes solaparam resolutamente a linguagem metarreligiosa abstrata a que ele legou seu pensamento, para se concentrarem, ao contrário, nas aplicações sociais e práticas específicas de sua forma revolucionária de metodologia, o historicismo. O fracasso de Hegel repousa, como um casco de navio imenso e perturbador, na paisagem intelectual. E ninguém desde então teve suficiente grandeza, imponência ou energia para empreender a tarefa outra vez.)

E assim permanecemos, adernando em meio às nossas variadas opções de tipos de imaginação total, de espécies de completa seriedade. Talvez o reflexo espiritual mais profundo da carreira da pornografia em sua fase "moderna" ocidental, que aqui consideramos (a pornografia no Oriente ou no mundo muçulmano é algo muito diferente), seja essa gigantesca frustração da paixão e da seriedade humanas, desde que a antiga imaginação religiosa, com seu seguro monopólio da imaginação total, começou a ruir, no final do século XVIII. O ridículo e a ausência de talento da maioria dos textos pornográficos ficam evidentes para qualquer pessoa a eles exposta. O que não se tem salientado sobre os produtos típicos da imaginação pornográfica é o seu *pathos*. Quase toda a pornografia (e as obras aqui discutidas não podem ficar de fora) aponta para algo mais amplo que o simples dano sexual. Trata-se da traumática incapacidade da sociedade capitalista moderna de fornecer saídas autênticas ao perene instinto humano para as obsessões visionárias inflamadas, assim como de satisfazer o apetite de modos de concentração e de seriedade exaltados e autotranscendentes. A necessidade dos seres humanos de transcender "o pessoal" não é menos profunda que a de ser uma pessoa, um indivíduo. No entanto, nossa sociedade atende pobremente a tal necessidade. Ela provê sobretudo vocabulários demoníacos onde situá-la e a partir dos quais iniciar a ação e construir ritos de comportamento. Oferece uma opção entre vocabulários de pensamento e ação que não são meramente autotranscendentes mas autodestrutivos.

6

Entretanto a imaginação pornográfica não deve ser entendida apenas como uma forma de absolutismo psíquico — em que alguns de seus produtos poderiam ser encarados (no papel de *connoisseur*, em vez de consumidor) com mais simpatia, curiosidade intelectual ou sofisticação estética.

Em diversos pontos deste ensaio aludi à possibilidade de que a imaginação pornográfica expresse algo digno de ser ouvido, conquanto em uma forma degradada e, com frequência, irreconhecível. Defendi que essa forma espetacularmente confinada da imaginação humana tem, não obstante, seu acesso peculiar a alguma verdade (sobre o sexo, a sensibilidade, a personalidade individual, o desespero, os limites), que pode ser partilhada quando projeta a si própria em arte. (Toda pessoa, ao menos nos sonhos, habitou o mundo da imaginação pornográfica por algumas horas, ou dias, ou mesmo por períodos ainda mais longos de sua vida; porém somente os habitantes permanentes fabricam os fetiches, os troféus, a arte.) Esse discurso, que se poderia chamar "a poesia da transgressão", é também conhecimento. Aquele que transgride não apenas quebra uma norma. Ele vai a algum lugar onde os outros não vão; e conhece algo que eles não sabem.

A pornografia, considerada como uma forma artística ou criadora de arte na imaginação humana, é uma expressão daquilo que William James chamou "mentalidade mórbida". Mas James, sem dúvida, estava correto quando propôs, como parte de sua definição de mentalidade mórbida, que essa abrangia "uma escala mais ampla" de experiência que a mentalidade saudável.

O que se pode dizer, contudo, às inúmeras pessoas sensíveis e suscetíveis que acham deprimente o fato de toda uma biblioteca de material de leitura pornográfica ter se tornado, nos últimos anos, tão facilmente disponível aos jovens, em forma de brochura? Apenas uma coisa, talvez: que sua apreensão é justificada, mas quiçá exagerada. Não me refiro aos lamuriadores costumeiros, aqueles que acham que como o sexo, acima de tudo, *é* "sujo", também o são os livros que se divertem com ele ("sujo", de uma forma que, aparentemente, um genocídio exibido todas as noites na TV não é). Resta ainda uma minoria considerável de pessoas que se opõe ou tem aversão à pornografia não porque ache que ela é "suja", mas por saber que pode ser uma muleta para o psicologicamente deformado e uma brutalidade para o moralmente inocente. Eu também sinto uma aversão pela pornografia por razões semelhantes e as consequências de sua oferta crescente me preocupam. Entretanto tal cuidado não está de certa forma deslocado? O que efetivamente está em jogo? Uma preocupação com os usos do próprio conhecimento. Há um sentido em que *todo* conhecimento é perigoso: nem todas as pessoas estão na mesma condição como conhecedoras, ou como conhecedoras em potencial. Talvez a maioria das pessoas não necessite de "uma escala mais ampla de experiência". É possível que, sem uma preparação psíquica sutil e extensa, qualquer ampliação de experiência e de conhecimento seja destrutiva para a maior parte das pessoas. Então, seria preciso perguntar o que justificaria a imprudente confiança ilimitada que depositamos na atual disponibilidade maciça de outros gêneros de conhecimento, ou a nossa aquiescência otimista na transformação e extensão das capacidades humanas pela máquina. A pornografia é apenas um item dentre as muitas mercadorias perigosas que circulam nesta sociedade e, por mais sem atrativos que seja, uma das menos letais, a menos custosa para a comunidade em termos de sofrimento humano. Com exceção, talvez, de um pequeno círculo de intelectuais na França, a pornografia é um departamento inglório e, em geral, desprezado, da imaginação. Seu *status* medíocre é a própria antítese do considerável prestígio espiritual gozado por vários itens que são muito mais nocivos.

Em última análise, o lugar que atribuímos à pornografia

depende dos propósitos que estabelecemos para nossa própria consciência, para nossa própria experiência. Mas o objetivo que A adota para sua consciência pode *não* ser aquele que ele aprecie ver B advogar, desde que julga que B não é suficientemente qualificado, experiente, ou sutil. E B pode ficar consternado ou mesmo enraivecido pelo fato de A adotar propósitos que ele próprio professa; quando A os sustenta, eles se tornam presunçosos ou banais. É provável que essa crônica desconfiança mútua das capacidades de nossos próximos (que sugere, com efeito, uma hierarquia de competência com relação à consciência humana) jamais se resolva de forma para todos satisfatória. Na medida em que a qualidade da consciência humana varia tão amplamente, coma haveria de ser diferente?

Num ensaio que escreveu sobre o tema alguns anos atrás, Paul Goodman afirmou: "A questão não é saber *se* se trata de pornografia, mas a qualidade da pornografia". Isso é correto e seria possível estender bastante mais o pensamento. A questão não é saber *se* se trata de consciência ou de conhecimento, mas a qualidade da consciência e do conhecimento. E isso exige considerar a qualidade ou agudeza do problema do homem — o modelo mais problemático de todos. Não parece incorreto dizer que, nesta sociedade, a maioria das pessoas que não é louca ativa, é, na melhor das hipóteses, lunática corrigida, ou potencial. Contudo é possível supor que alguém aja de acordo com esse conhecimento, ou conviva genuinamente com ele? Se há tantos que oscilam à beira do assassinato, da desumanização, da deformidade e do desespero sexuais, e se devêssemos agir de acordo com esse pensamento, então uma censura que jamais imaginaram os inimigos indignados da pornografia pareceria adequada. Se é esse o caso, não somente a pornografia mas todas as formas de arte e conhecimento autênticas — em outras palavras, todas as formas de verdade — são suspeitas e perigosas.

(1967)

"PENSAR CONTRA SI PRÓPRIO": REFLEXÕES SOBRE CIORAN

> *Qual o proveito de se passar de uma posição insustentável para outra, de buscar justificação sempre no mesmo plano?*
>
> Samuel Beckett

> *Em todo momento é possível se ter absolutamente nada; a possibilidade do nada.*
>
> John Cage

O nosso é um tempo em que todo acontecimento intelectual, ou artístico, ou moral, é absorvido por um abraço predatório da consciência: a historicização. Todo ato ou afirmação pode ser considerado como um "desenvolvimento" necessariamente transitório ou, num nível menor, pode ser menosprezado como mero "modismo". A mente humana possui agora, quase como uma segunda natureza, uma perspectiva de suas próprias realizações que fatalmente mina seu valor e sua reivindicação à verdade. Por mais de um século, essa perspectiva historicizante tem estado no centro de nossa capacidade para *entender*. Talvez o que no início fosse um tique de consciência é agora um gesto gigantesco e incontrolável, o gesto por meio do qual o homem infatigavelmente patrocina a si próprio.

Compreendemos algo localizando-o em um *continuum* temporal multideterminado. A existência nada mais é que a precária obtenção de relevância em um fluxo intensamente móvel de passado, presente e futuro. Mas mesmo os fatos mais relevantes carregam consigo a forma de sua obsolescência. Desse modo, uma obra particular acaba sendo uma contribuição para um corpo de obras; os detalhes de uma vida fazem parte de uma história de vida; uma história de vida individual parece incompreensivelmente separada da história social, econômica e cultural; e a vida de uma sociedade é a soma das "condições que nos precederam". O sentido se afoga em uma corrente do devir: no ritmo insensato e superdocumentado de advento e suplantação. O devir do homem é a história do esgotamento de suas possibilidades.

Todavia não há como superar o demônio da consciência histórica voltando o corrosivo olhar historicizante sobre *ele*. Desafortunadamente, essa sucessão de possibilidades exauridas (desmascaradas e desacreditadas pelo pensamento e pela própria história), na qual o homem agora situa a si mesmo, revela-se mais do que uma "atitude" mental — que poderia ser anulada por um novo foco da mente. O melhor da especulação intelectual e criativa realizada no Ocidente, através dos últimos 150 anos, parece de maneira incontestável o que há de mais enérgico, denso, sutil, interessante e *verdadeiro* em toda a existência do homem. E, no entanto, o resultado igualmente incontestável de todo esse gênio é nossa consciência de nos situarmos nas ruínas do pensamento e à beira das ruínas da história e do próprio homem. (*Cogito ergo* desapareço.) Cada vez mais, pensadores e artistas contundentes são arqueólogos precoces dessas ruínas em formação, profetas indignados ou estoicos da derrota, coreógrafos enigmáticos dos complexos movimentos espirituais úteis à sobrevivência individual, numa era de apocalipse permanente. É bem possível que o tempo de visões coletivas tenha se esgotado: entretanto tanto as mais brilhantes como as mais desalentadoras, tanto as mais tolas como as mais sábias foram assentadas. Mas a necessidade de aconselhamento espiritual individual nunca pareceu tão aguda. *Sauve qui peut.*

É evidente que o nascimento da consciência histórica está ligado ao colapso, no início do século XIX, do empreendimento venerável de construção de sistemas filosóficos. Desde os gregos, a filosofia (seja fundida à religião, seja concebida como um conhecimento alternativo e secular) tem sido em sua maior parte uma visão coletiva ou suprapessoal. Reivindicando dar conta do "que é" em suas várias camadas epistemológicas e ontológicas, a filosofia insinuou em segundo plano um modelo implicitamente futurista de como as coisas "deveriam ser" — sob a égide de noções como ordem, harmonia, clareza, inteligibilidade e coerência. Porém a sobrevivência dessas visões impessoais coletivas depende das afirmativas filosóficas serem expressas de forma a admitir múltiplas interpretações e aplicações, para que sua máscara não possa ser arrancada por acontecimentos imprevistos. Ao renunciar às vantagens do mito, que tinha desenvolvido um modo de *narrativa* muito sofisticado para considerar a mudança e o paradoxo conceitual, a filosofia fez proliferar um novo modo retórico: a abstração. Sobre tal discurso abstrato e atemporal — com sua reivindicação de ser apto a descrever as formas "universais" não concretas ou estáveis que sustentam o mundo mutável —, repousou sempre a autoridade da filosofia. De modo mais geral, a própria possibilidade das visões objetivas e formalizadas do Ser e do conhecimento humano, propostas pela filosofia tradicional, depende de uma relação particular entre estruturas permanentes e mudanças na experiência humana, em que a "natureza" é o tema dominante e a mudança o recessivo. Mas tal relação foi derrubada — permanentemente? — por volta da época cujo clímax foi a Revolução Francesa, quando a "história" afinal emparelhou com a "natureza" e em seguida assumiu a liderança.

No momento em que a história usurpou a natureza como quadro de referência decisivo para a experiência humana, o homem passou a pensar historicamente sobre a sua experiência, e as categorias a-históricas tradicionais da filosofia tornaram-se vazias. O único pensador a assumir frontalmente esse impressionante desafio foi Hegel, que supôs poder resgatar o empreendimento filosófico dessa reorientação radical da consciência humana, apresentando a filosofia como, de fato, nem mais nem menos que a *história* da filosofia. Todavia Hegel não foi capaz de apresentar seu próprio sistema como verdadeiro — isto é, como além da história — devido à incorporação neste da perspectiva histórica. Na medida em que o sistema de Hegel fosse verdadeiro, ele poria um fim à filosofia. Somente o último sistema filosófico seria filosofia, verdadeiramente concebida. Assim, "o eterno" é mais uma vez reestabelecido; e a história chega (ou chegará) a um fim. Contudo a história não se interrompeu. Bastou o tempo para provar a falência do hegelianismo como sistema, embora não como método. (Enquanto método, ao proliferar em todas as ciências do homem, ele confirmou e forneceu o mais amplo impulso intelectual específico à consolidação da consciência histórica.)

Após o esforço de Hegel, essa busca do eterno — antes um gesto tão fascinante e inevitável da consciência — ficava agora exposta, como a raiz do julgamento filosófico, em todo seu *pathos* e em toda sua inocência. A filosofia degenerou em uma fantasia mental superada, parte do provincianismo do espírito, da infância do homem. Por mais que as declarações filosóficas pudessem se apresentar solidamente coesas em um argumento, não parecia haver modo de dissipar a questão radical que fora suscitada quanto ao "valor" dos termos que compunham as declarações, nenhum modo de restaurar uma vasta perda de confiança na moeda corrente verbal em que os argumentos filosóficos tinham sido transacionados. Os termos dominantes da filosofia, confundidos pelo novo surto de uma vontade humana crescentemente secularizada, drasticamente mais competente e eficaz, empenhada em controlar, manipular e modificar a "natureza", com suas incursões rumo aos ditames éticos e políticos concretos, mal se retardando atrás da acelerada transformação histórica da paisagem humana (entre cujas transformações deve ser contabilizada a mera acumulação de conhecimento empírico concreto armazenado em livros e documentos impressos), vieram a parecer excessivamente sobredeterminados. Ou, o que é o mesmo, eles parecem subnutridos, esvaziados de significado.

Sujeitos aos atritos da transformação nessa escala sem precedentes, os vagarosos procedimentos "abstratos" da filosofia tradicional não mais pareciam ter algum objetivo; não eram mais substanciados pelo sentido que as pessoas inteligentes tinham de sua própria experiência. Nem como uma descrição do Ser (da realidade, do mundo, do cosmos), nem na concepção alternativa (em que Ser, realidade, mundo e cosmos são tomados como aquilo que fica "fora" da mente), que registra a primeira grande redução da empresa filosófica, como apenas uma descrição da mente, a filosofia inspirou muita confiança em sua capacidade para satisfazer sua aspiração tradicional: a de fornecer os modelos formais para *compreender* qualquer coisa. No mínimo, alguma retração adicional ou alguma relocação de discurso eram vistas como necessárias.

Uma das respostas ao colapso da construção de sistemas filosóficos no século XIX foi o nascimento das ideologias — sistemas de pensamento agressivamente antifilosóficos, que tomam a forma das várias ciências do homem, "positivas" ou descritivas. (Comte, Marx, Freud e as figuras pioneiras da antropologia, da sociologia e da linguística vêm imediatamente à lembrança.)

Uma outra reação à derrocada foi uma nova espécie de filosofar: pessoal (mesmo autobiográfico), aforístico, lírico, antissistemático. (Seus exemplares mais notáveis: Kierkegaard, Nietzsche, Wittgenstein.) Cioran é a figura mais distinta atualmente nesta tradição de pensamento.

O ponto de partida dessa tradição pós-filosófica moderna de filosofar foi a percepção de que as formas tradicionais do discurso filosófico tinham sido rompidas. As principais possibilidades restantes são o discurso mutilado ou incompleto (o aforismo, a nota ou a anotação) e o discurso que arriscou se metamorfosear (a parábola, o poema, a fábula filosófica, a exegese crítica).

Cioran aparentemente optou pela forma ensaística. Entre 1949 e 1964, houve cinco compilações: *Précis de décomposition* (1949), *Syllogismes de l'Amertume* (1952), *La tentation d'exister* (1956), *Histoire et utopie* (1960) e *La chute dans le temps* (1964).

Mas trata-se de ensaios curiosos, pelos padrões tradicionais (meditativos, disjuntivos em seu raciocínio, essencialmente aforístico no estilo). É possível reconhecer neste autor de nacionalidade romena, que estudou filosofia na Universidade de Bucareste, viveu em Paris a partir de 1937 e escreve em francês, a maneira convulsa do raciocínio neofilosófico alemão, cujo lema é: aforismo ou eternidade. (Exemplos: os aforismos filosóficos de Lichtenberg e Novalis: Nietzsche, obviamente; trechos das *Elegias de Duíno*, de Rilke; e *Reflexões sobre o amor, o pecado, a esperança, a morte e o caminho*, de Kafka.)

O método do argumento fragmentado de Cioran não é equivalente ao tipo objetivo de escrita aforística de La Rochefoucauld ou Gracián, cujo movimento de interrupção e começo espelha os aspectos "disjuntivos" do "mundo". Em vez disso, testemunha o impasse da mentalidade especulativa, que se move para fora apenas para ser questionada e interrompida pela complexidade de sua própria atitude. Para Cioran, o estilo aforístico é menos um princípio, de realidade do que um princípio de conhecimento: o destino de toda ideia profunda é ser logo colocada em xeque por outra ideia que, de maneira implícita, ela mesma gerou.

Ainda na esperança de obter algo semelhante a seu prestígio anterior, a filosofia agora se compromete a dar incessante evidência de sua própria boa-fé. Mesmo que a gama existente de instrumentos conceituais da filosofia não pudesse mais ser vista como portadora de significado em si, estes deviam ser ratificados: através da paixão do pensador.

A filosofia é concebida como tarefa pessoal do pensador. O pensamento torna-se "pensar" e o pensar (por mais uma volta do parafuso) é redefinido como inútil, se não for um ato extremo, um risco. O pensar torna-se confessional, exorcista: um inventário das exacerbações mais pessoais do pensamento.

Note-se que o salto cartesiano é mantido como primeiro movimento. A existência é definida ainda como pensar. A diferença é que não é nenhuma espécie de cogitação; apenas um certo tipo de pensar *difícil*. Pensamento e existência não são nem fatos brutos, nem eventos lógicos, mas situações paradoxais e instáveis. Daí, a possibilidade de conceber o ensaio que dá nome a um dos livros de Cioran e à primeira coletânea de sua obra em inglês, *The Templation to Exist* [A tentação de existir]. "Existir", diz Cioran nesse ensaio, "é um hábito que não perco as esperanças de adquirir."

O tema de Cioran: ser uma *mente*, uma consciência ajustada ao mais alto grau de refinamento. A justificação final de seus escritos, se se pode conjeturar sobre ela: algo próximo à tese apresentada, na sua afirmação clássica, em "Sobre o teatro de marionetes", de Kleist. Nesse ensaio, Kleist defende que, por mais que ansiemos reparar as desordens criadas pela consciência na harmonia natural do homem, tal não deve ser realizado por uma rendição da consciência. Não há retorno, não existe volta à inocência. Não temos escolha, exceto ir até o fim do pensamento, para ali (talvez), em total autoconsciência, recuperar a graça e a inocência.

Nos escritos de Cioran a mente é, portanto, um *voyeur*. Não do "mundo", mas de si própria. Cioran, em um grau que lembra Beckett, está preocupado com a absoluta integridade do pensamento. Isto é, com a redução ou circunscrição do pensamento ao pensar sobre o pensar. "A única mente livre", salienta, é "aquela que, depurada de toda intimidade com seres ou objetos, provê a sua própria vacuidade."

No entanto, do princípio ao fim, esse ato de desentranhamento mental conserva sua veemência "faustiana" ou "ocidental". Cioran não deixará qualquer possibilidade de que uma pessoa nascida nesta cultura possa alcançar — como saída da armadilha — uma abnegação mental própria do "Oriente". (Compare-se o anseio conscientemente fútil de Cioran pelo Oriente com a nostalgia afirmativa de Lévi-Strauss pela "consciência neolítica".)

A filosofia passa a ser um pensar torturado, que devora a si próprio — e permanece intacto, quando não floresce, a despeito desses atos reiterados de autocanibalismo (ou talvez devido a eles). No ato apaixonado do pensar, o pensador joga, ao mesmo tempo, os papéis de protagonista e antagonista. Ele é, simultaneamente, o sofrido Prometeu e o impiedoso abutre, que devora suas entranhas em perpétua renovação.

Os estados de ser impossíveis, os pensamentos impensáveis são o material para a especulação de Cioran. (Pensar contra si próprio etc.) Contudo ele vem depois de Nietzsche, que formulou quase toda a posição de Cioran um século atrás. Há questões interessantes: Por que uma mente sutil e poderosa consente em dizer aquilo que, em sua maior parte, já fora dito? Para tornar essas ideias verdadeiramente suas? Porque, embora verdadeiras, quando formuladas, elas se tornaram, desde então, ainda mais verdadeiras?

Seja quais forem as respostas, o "fato" de Nietzsche tem consequências inegáveis para Cioran. Ele precisa apertar seus parafusos, adensar ainda mais seu argumento, deixando-o mais martirizante, mais retórico.

De forma característica, Cioran inicia um ensaio no ponto onde outro autor o terminaria: começa pela conclusão e prossegue.

Seu modo de escrever é concebido para leitores que, em certo sentido, já sabem o que ele diz; percorreram esses pensamentos vertiginosos por si mesmos. Cioran não efetua nenhum dos esforços usuais para "persuadir", com suas cadeias de ideias singularmente líricas, sua ironia implacável, suas alusões graciosamente pronunciadas a nada menos que o conjunto do pensamento europeu desde os gregos. Um argumento deve ser "reconhecido", e sem demasiado auxílio. O bom gosto exige que o pensador forneça apenas vislumbres vigorosos de suplício intelectual e espiritual. Daí o tom de Cioran — imensamente digno, atormentado, por vezes espirituoso, amiúde insolente.

Apesar de tudo o que pode aparentar arrogância, nada há de complacente em Cioran, a não ser seu próprio senso de futilidade e sua atitude descomprometidamente elitista em relação à vida da mente.

Da mesma forma que Nietzsche queria sua solidão moral, Cioran quer sua dificuldade. Não que os ensaios sejam difíceis de se ler, mas seu ponto moral, por assim dizer, é o infindável descortinar da dificuldade. O argumento de um típico ensaio de Cioran poderia ser descrito como uma rede de proposições para o pensar — ao lado de dissipações os fundamentos para a continuação da defesa dessas ideias, sem mencionar os fundamentos para "agir" com base nelas. Através dessa complexa formulação de impasses intelectuais, Cioran constrói um universo fechado — o da dificuldade — que é o tema de seu lirismo.

Cioran é uma das mentes mais *finas* da produção teórica realmente poderosa de hoje. A nuance, a ironia e o refinamento são a essência de seu pensar. Não obstante, ele declara no ensaio "Sobre uma civilização esbaforida": "As mentes dos homens precisam de uma verdade simples, uma pergunta que os livre de suas indagações, um evangelho, um túmulo. Os momentos de refinamento escondem um princípio de morte: nada é mais frágil que a sutileza".

Uma contradição? Não exatamente. Trata-se apenas do conhecido modelo duplo da filosofia desde sua derrocada: sustentar um modelo (sanidade) para a cultura em geral e outro (ambição espiritual) para o filósofo solitário. O primeiro modelo exige o que Nietzsche denominou sacrifício do intelecto. O segundo, requer o sacrifício da saúde, da felicidade mundana, com frequência, da participação na vida familiar e em outras instituições da comunidade, talvez mesmo a renúncia à sanidade. Nessa tradição de filosofar, a aptidão do filósofo para o martírio quase faz parte de suas boas maneiras, desde Nietzsche e Kierkegaard. E uma das indicações mais comuns de seu bom gosto como filósofo é um confesso desdém pela filosofia. Desse modo, a ideia de Wittgenstein de que a filosofia é algo como uma moléstia e o ofício do filósofo é estudar a filosofia como um médico estuda a malária — não legá-la, mas curar as pessoas dela.

Contudo, independentemente desse comportamento ser diagnosticado como a autoaversão do filósofo, ou apenas como um certo coquetismo do vazio, deve-se ver aí algo mais que incoerência. No caso de Cioran, suas refutações da mente não são menos autênticas por serem pronunciadas por alguém que faz uso tão vigoroso dela. Considerem-se os conselhos apaixonados, em um ensaio de 1952, "Alguns becos sem saída: uma carta" — em que Cioran, um teórico publicado com regularidade na França, coloca-se na curiosa posição de reprovar um amigo prestes a se transformar em um "monstro", em um autor, violando seu admirável "desligamento", seu "desdém e silêncio" ao descrevê-los em um livro. Cioran não está apenas exibindo uma fácil ambivalência face a sua própria vocação, mas está externando a experiência dolorosa e genuinamente paradoxal que o intelecto livre pode ter de si próprio, quando se compromete a escrever e adquire um público. De qualquer forma, uma coisa é escolher por si próprio o martírio e o compromisso; outra, completamente diferente, é aconselhar um amigo a fazer do mesmo modo. E uma vez que, para Cioran, o uso da mente é um sofrimento, o uso da mente em público — mais especificamente, tornando-se um escritor — passa a ser um ato problemático e, em parte, vergonhoso; algo sempre suspeito; em última análise, alguma coisa obscena, tanto no plano social como no individual.

Cioran é mais um recruta na parada melancólica dos intelectuais europeus em revolta contra o intelecto — a rebelião do idealismo contra o "idealismo" —, cujas maiores figuras são Nietzsche e Marx. Uma boa parte de seu raciocínio sobre esse tema pouco difere daquilo que já fora afirmado por incontáveis poetas e filósofos nos séculos XIX e XX — para não mencionar a amplificação sinistra e traumática dessas cargas contra o intelecto na retórica e na prática do fascismo. No entanto, o fato de um argumento importante não ser novo não significa que se esteja isento de levá-lo a sério. E o que poderia ser mais relevante que a tese, reelaborada por Cioran, de que o livre uso da mente é, em última instância, antissocial, nocivo à saúde da comunidade?

Em inúmeros ensaios, mas com mais nitidez em "Sobre uma civilização esbaforida" e em "Uma teoria do destino", Cioran alinha-se solidamente às fileiras dos críticos do Iluminismo. "A partir da Era do Iluminismo", escreve ele, "a Europa solapou incessantemente seus ídolos, em nome da tolerância." Mas tais ídolos ou "preconceitos — ficções orgânicas de uma civilização — asseguram a sua permanência, preservam a sua fisionomia. Ela precisa respeitá-los". Em outra passagem, no primeiro dos ensaios citados acima: "Um mínimo de inconsciência é necessário se se quer estar no interior da história". Inicialmente, entre as "moléstias que minam a civilização" está a hipertrofia do próprio pensamento, que leva ao desaparecimento da capacidade para "a estupidez inspirada [...] a exaltação frutífera, jamais comprometida por uma consciência arrastada e esquartejada". Pois qualquer civilização "vacila tão logo expõe os erros que permitiram seu crescimento e seu brilho, tão logo coloca em questão as suas próprias verdades". E ele continua, de forma demasiado familiar, para lamentar a supressão dos bárbaros, dos não pensadores, na Europa: "Todos os seus instintos são sufocados por sua decência", comenta sobre o homem inglês. Protegido da provação, "minado pela nostalgia, esse fastio generalizado", o europeu médio vê-se agora monopolizado e obcecado pelo "conceito de *viver bem* (essa mania dos períodos de declínio)". A Europa já passou a um "destino provinciano". Os novos senhores do mundo são os povos menos civilizados dos Estados Unidos e da Rússia e, à espreita nos bastidores da história, as hordas de violentos milhões provenientes dos ainda menos civilizados "subúrbios do globo", em cujas mãos reside o futuro.

Boa parte do raciocínio anterior aparece inalterada nas mãos de Cioran. O velho heroísmo, a denúncia da mente pela mente, oferecidos mais uma vez em nome da antítese: coração *versus* mente, instinto *versus* razão. "Demasiada lucidez" resulta em uma perda de equilíbrio. (Um dos argumentos subjacentes, em "Becos sem saída", à expressa desconfiança de Cioran em relação ao livro, à comunicação linguística, à própria literatura — pelo menos na época atual.)

Mas ao menos uma das antíteses familiares — pensamento *versus* ação — é refinada. Em "Sobre uma civilização esbaforida", Cioran compartilha a visão-modelo dos românticos do século XIX, e está principalmente preocupado com a obrigação que o exercício da mente assume com a capacidade para agir. "Agir é uma coisa; saber que se está agindo é outra. Quando a lucidez investe a ação, insinua-se nela, a ação é desfeita e, com ela, o preconceito, cuja função consiste, precisamente, em subordinar, em escravizar a consciência à ação." Entretanto, em "Pensar contra si próprio", a antítese de pensamento e ação é apresentada de uma maneira mais sutil e original. O pensamento não é apenas aquilo que impede o desempenho direto, enérgico de um ato. Aqui, Cioran está mais preocupado com as incursões que a ação efetua sobre o pensamento. Salientando que "a esfera da consciência se encolhe na ação", sustenta a ideia de uma "libertação" frente à ação como a única forma genuína de liberdade humana.

E mesmo no argumento relativamente simplista de "Sobre uma civilização esbaforida", quando Cioran invoca essa figura europeia exemplar, "o intelectual fatigado", não é simplesmente para invectivar contra a vocação do intelectual, mas para tentar situar a diferença exata entre dois estados dignos de distinção: o ser civilizado e essa mutilação da pessoa orgânica algumas vezes denominada, tendenciosamente, o ser "sobrecivilizado". Pode-se discordar do termo, no entanto a condição existe e se apresenta com todo vigor, sendo comum entre os intelectuais profissionais, ainda que com raridade se confine a eles. E, como Cioran destaca acertadamente um dos riscos principais de ser "sobrecivilizado" é que se recai com excessiva facilidade, a partir da mera exaustão e da necessidade não satisfeita de ser "estimulado", em um barbarismo vulgar e passivo. Assim, "o homem que desmascara suas ficções", por meio de uma busca indiscriminada da lucidez, que é promovida pela cultura liberal moderna, "renuncia a seus próprios recursos e, em um certo sentido, a si próprio. Como consequência, ele aceitará outras ficções que irão negá-lo, uma vez que não terão aflorado de suas próprias profundezas". Portanto, conclui, "nenhum homem preocupado com seu próprio equilíbrio pode ultrapassar um certo grau de lucidez e análise".

Todavia tal conselho de moderação não limita, afinal, o próprio empreendimento de Cioran. Saturado de um sentido do tão propagado e (em sua visão) irreversível declínio da civilização europeia, esse pensador europeu modelar torna-se, poderia parecer, emancipado da responsabilidade por sua própria saúde, bem como pela saúde de sua sociedade. Apesar de todo seu desdém face à condição debilitada e ao destino provinciano da civilização da qual é um membro, Cioran faz também uma talentosa elegia dessa civilização. Talvez um dos últimos poetas elegíacos do passamento da "Europa" — do sofrimento europeu, da coragem intelectual europeia, do vigor e da supercomplexidade da Europa: ele próprio determinado a cumprir essa aventura até seu final.

Sua única ambição: "estar a par do Incurável".

Uma doutrina de persistência espiritual. "Uma vez que toda forma de vida trai e corrompe a Vida, o homem genuinamente vivo assume um máximo de incompatibilidades, trabalha incansavelmente no prazer e na dor [...]." (Cito de *La tentation d'exister*.) E não pode restar dúvida, no pensamento de Cioran, de que esse estado de consciência mais ambicioso que todos, embora permanecendo mais verdadeiro para a Vida no sentido geral, para a gama completa de perspectiva humana, paga um alto custo no nível da existência mundana. Em termos de ação, significa a aceitação da futilidade. A inanidade deve ser vista não como a frustração das esperanças e aspirações de uma pessoa, mas como um ponto de observação conquistado e defendido para o salto atlético da consciência rumo a sua própria complexidade. É desse estado desejável que Cioran fala quando afirma: "A inanidade é a coisa mais difícil no mundo". Ela exige que "precisemos cortar nossas raízes, que nos tornemos metafisicamente estranhos".

O fato de Cioran conceber tal tarefa como tão formidável e difícil testemunha, talvez, sua própria boa saúde, residual e inextinguível. Também pode explicar por que seu ensaio "Um povo de solitários" é, em minha visão, uma das poucas coisas escritas por Cioran que fica muito aquém de seu padrão usual de brilho e perspicácia. Escrevendo sobre os judeus, que "representam a condição alienada por excelência", tanto para Cioran como para Hegel e um grande número de autores intermediários, ele exibe uma alarmante insensibilidade moral face aos aspectos contemporâneos de seu tema. Mesmo sem o exemplo da abordagem quase definitiva de Sartre sobre o mesmo tema em *Antissemita e judeu*, dificilmente se poderia evitar a consideração do ensaio de Cioran como apressado e arbitrário.

Há uma estranha dialética em Cioran: elementos familiares fundidos em uma combinação complexa. Por um lado, o tradicional desprezo romântico e vitalista pela "intelectualidade" e pela hipertrofia da mente em detrimento do corpo, dos sentimentos e da capacidade para a ação. Por outro lado, uma exaltação da vida da mente em detrimento do corpo, dos sentimentos e da capacidade para a ação que não poderia ser mais radical e arrogante.

O modelo mais próximo para essa atitude paradoxal em relação à consciência é a tradição gnóstico-mística, que, na cristandade ocidental, descende de Dionísio, o Areopagita, e do autor de *Névoa de desconhecimento*.

E aquilo que Cioran diz do místico aplica-se perfeitamente a seu próprio pensamento: "O místico, na maioria dos casos, inventa seus adversários [...] seu pensamento afirma a existência de outros, por cálculo e artifício: é uma estratégia sem conseqüência. Seu pensamento reduz-se, em última instância, a uma polêmica consigo mesmo — ele busca ser e se transforma em multidão, ainda que somente fabricando para si próprio uma máscara atrás de outra, multiplicando suas faces: em que se assemelha a seu Criador, cujo histrionismo perpetua".

A despeito da ironia nesta passagem, a inveja que Cioran tem dos místicos, cujo empreendimento tanto se parece ao dele ("encontrar aquilo que escapa ou sobrevive à desintegração de suas experiências: o resíduo de intemporalidade sob as vibrações do ego"), é franca e inequívoca. Todavia, como seu mestre Nietzsche, Cioran permanece pregado à cruz de uma espiritualidade ateísta. E seus ensaios são mais bem lidos como manual de uma espiritualidade desse tipo. "Uma vez que deixemos de vincular nossa vida recôndita a Deus, podemos ascender a êxtases tão efetivos como aqueles dos místicos e conquistar esse mundo sem recorrer ao Além" — é a frase inicial do último parágrafo do ensaio "Tratando dos místicos".

Politicamente, Cioran deve ser descrito como um conservador. O humanismo liberal é para ele simplesmente uma opção não viável ou não interessante, e ele encara a esperança de revolução radical com algo a ser superado pela mente madura. (Desse modo, ao se referir à Rússia em "Uma pequena teoria do destino", ele destaca: "A aspiração de 'salvar' o mundo é um fenômeno mórbido da juventude de um povo".)

Talvez seja importante recordar que Cioran nasceu (em 1911) na Romênia, cujos intelectuais expatriados de maior distinção eram, virtualmente todos, ou apolíticos, ou abertamente reacionários; e que seu único outro livro, além das cinco coletâneas de ensaios, é uma coleção dos escritos de Joseph de Maistre (publicada em 1957), para a qual escreveu a introdução e selecionou os textos.* Embora ele jamais tenha desenvolvido algo como uma teologia explícita da contrarrevolução, à maneira de Maistre, esses argumentos parecem próximos à posição tácita de Cioran. Tal como Maistre, Donoso Cortés e, mais recentemente, Eric Voegelin, Cioran possui o que poderia ser descrito — visto de um certo ângulo — como uma sensibilidade "católica" de direita. O hábito moderno de fomentar revoluções contra a ordem social estabelecida, em nome da justiça e da igualdade, é descartado como uma espécie de fanatismo infantil, tal como um velho cardeal veria as atividades de alguma insólita seita milenarista. No mesmo contexto podemos situar a descrição que Cioran oferece do marxismo como "esse pecado do otimismo" e sua postura contrária aos ideais do Iluminismo: a "tolerância" e a liberdade de pensamento. (Talvez valha a pena notar, igualmente, que Cioran é filho de um padre grego ortodoxo.)

Embora Cioran exiba uma postura política reconhecível, mesmo presente apenas implicitamente na maior parte de seus ensaios, sua abordagem não é, afinal, fundada em um compromisso religioso. Por mais que suas simpatias político-morais tenham em comum com a sensibilidade católica de direita, o próprio Cioran, como já afirmei, está comprometido com os paradoxos de uma teologia ateísta. Somente a fé, defende ele, nada resolve.

Talvez o que o impeça de se comprometer, mesmo numa forma secular, com algo semelhante à teologia católica da ordem seja que ele compreende bastante bem e partilha diversas das pressuposições espirituais do movimento romântico. Por mais crítico da revolução esquerdista que ele seja, e um analista ligeiramente esnobe do fato de que "a rebelião goza de um privilégio indevido entre nós", Cioran não pode desconhecer

---

* Ele também publicou um ensaio sobre Maquiavel e um sobre St.-John Perse — ambos ainda não compilados.

a lição segundo a qual "quase todas as nossas descobertas são devidas a nossas violências, às exacerbações de nossa instabilidade". Assim, ao lado das implicações conservadoras de alguns dos ensaios, com seu tratamento desdenhoso da fenomenologia do desarraigamento, deve-se situar a atitude irônico-positiva face à rebelião expressa em "Pensar contra si próprio", um ensaio que conclui com a advertência: "desde que o Absoluto corresponde a um significado que não fomos capazes de cultivar, vamos nos render a todas as rebeliões; elas acabarão por se voltar contra si próprias, contra nós mesmos [...]".

Cioran é claramente incapaz de recusar a admiração pelo que é extravagante, obstinado, extremo — a exemplo da *ascesis* dos grandes místicos ocidentais. Outro exemplo é o lastro de extremismo reunido na experiência dos grandes loucos. "Derivamos nossa vitalidade de nossa reserva de loucura", escreve em *La tentation d'exister*. No entanto, no ensaio sobre os místicos, fala de "nossa capacidade de nos lançarmos em uma loucura que *não é sagrada*. No desconhecido, podemos ir tão longe como os santos, sem fazer uso de seus meios. Será suficiente compelir a razão a um grande silêncio".

O que faz a posição de Cioran não ser verdadeiramente conservadora, no sentido moderno, é o fato de ela ter, acima de tudo, uma postura aristocrática. Veja-se, apenas para um exemplo dos recursos dessa atitude, seu ensaio, "Além do romance", no qual este gênero é eloquente e persuasivamente condenado por sua vulgaridade espiritual — por sua devoção àquilo que Cioran denomina "destino, na instância mais baixa".

Em todos os escritos de Cioran o que está sendo proposto é o problema do *bom gosto espiritual*. Evitar a vulgaridade e a diluição do eu é o pré-requisito para a difícil tarefa dupla de manter um eu intacto, capaz de se afirmar plenamente e, ao mesmo tempo, de se transcender. Cioran pode mesmo defender a emoção da autopiedade: pois a pessoa que não é mais capaz de se queixar ou de se lamentar deixou, ao rejeitar suas misérias e ao relegá-las "para fora de sua natureza e para fora de sua voz [...], de se comunicar com sua vida, que a transforma em um objeto". Pode parecer ultrajante para Cioran defender, como faz com frequência, a resistência à tentação vulgar de ser feliz e ao "impasse da felicidade". Mas tais julgamentos parecem distantes de uma afetação insensível, desde que se lhe garanta seu impossível projeto: "estar *nenhures*, quando nenhuma condição externa o obriga a fazê-lo [...] desenredar-se do mundo — que esforço de destruição!".

De modo mais realista, talvez o melhor que se possa esperar é uma série de situações, uma vida, um meio, que deixam parte da consciência livre para suas operações. É possível lembrar a descrição que Cioran faz da Espanha em "Uma pequena teoria do destino": "Eles vivem numa espécie de suave aspereza, numa *não seriedade trágica*, que os poupa da vulgaridade, da felicidade e do sucesso".

Sem dúvida, como os textos de Cioran sugerem, o papel do escritor não parece propício a esse tipo de influência espiritual. Em "Vantagens do exílio" e no breve "Demiurgia verbal", descreve como a vocação da literatura, particularmente a do poeta, cria condições de inautenticidade intransponíveis. Pode-se sofrer, mas, quando se deposita tal sofrimento na literatura, o resultado é "uma acumulação de confusões, uma inflação de horrores, de *frissons* que *marcam*. O inferno não pode ser mantido em renovação, pois sua própria característica é a monotonia..."

É difícil provar se a vocação do filósofo está um pouco menos comprometida. (A razão está morrendo, diz Cioran em "Estilo como risco", tanto na filosofia como na arte.) Contudo, segundo imagino que Cioran sinta, pelo menos a filosofia mantém padrões de decoro um pouco mais elevados. Imune ao mesmo gênero de fama ou de recompensas emocionais que pode atingir o poeta, o filósofo talvez seja capaz de compreender e respeitar melhor a modéstia do inexprimível.

Quando Cioran descreve a filosofia de Nietzsche como um "conjunto de atitudes" — erroneamente esquadrinhada pelos eruditos em busca das constantes que o filósofo rejeitara —, fica claro que ele aceita como seu o modelo nietzschiano, com sua crítica da "verdade" enquanto sistema e coerência.

Em "Becos sem saída", Cioran fala dos "disparates inerentes ao culto da verdade". A implicação, aqui como em qualquer outro lugar, é a de que aquilo que o filósofo verdadeiro diz não é algo "verdadeiro", mas principalmente algo necessário ou liberador. A "verdade" é identificada com a despersonalização.

Mais uma vez, a linha que conduz de Nietzsche a Cioran não pode ser superestimada. E para ambos a crítica da "verdade" está intimamente vinculada com a atitude face à "história".

Assim, não é possível compreender o questionamento de Nietzsche quanto ao valor da verdade, em geral, e à utilidade da verdade histórica, em particular, sem apreender o vínculo entre as duas noções. Nietzsche não rejeita o pensar histórico por achá-lo falso. Ao contrário, este deve ser rejeitado porque é verdadeiro — uma verdade debilitante que precisa ser derrubada a fim de possibilitar uma orientação mais abrangente para a consciência humana.

Como diz Cioran em *La tentation d'exister*: "A história é meramente um modo de ser não essencial, a forma mais eficaz de nossa infidelidade a nós mesmos, uma recusa metafísica". E em "Pensar contra si próprio", refere-se à "história, a agressão do homem contra si mesmo".

Uma vez assegurado que a marca de Nietzsche aparece tanto na forma de pensar de Cioran como em suas principais atitudes, o ponto onde ele mais se assemelha àquele é no temperamento. É o temperamento ou estilo pessoal compartilhado com Nietzsche que explica os vínculos, na obra de Cioran, entre materiais tão diferentes como: a ênfase na persistência de uma vida espiritual ambiciosa; o projeto de autodomínio por meio do "pensar contra si próprio"; as temáticas nietzschianas recorrentes da potência contra a fraqueza, da saúde contra a doença; o emprego cruel e por vezes agudo da ironia (completamente diferente da interação dialética quase sintomática entre ironia e seriedade, que pode ser encontrada nos textos de Kierkegaard); a preocupação com a luta contra a banalidade e o tédio; a atitude ambivalente frente à vocação poética; a atração sedutora, mas sempre, afinal, combatida, da consciência religiosa; e, por certo, a hostilidade em relação à história e à maioria dos aspectos da vida "moderna".

O que está ausente na obra de Cioran é algo comparável ao heroico esforço de Nietzsche para suplantar o niilismo (a doutrina do eterno retorno).

E o ponto em que Cioran mais se diferencia de Nietzsche é quando segue sua crítica do platonismo. Desdenhoso da história e, contudo, assediado pelo tempo e pela mortalidade, Nietzsche mesmo assim recusava qualquer volta atrás à retórica estabelecida por Platão para ultrapassar o tempo e a morte e, na verdade, esforçou-se por expor aquilo que pensava ser a fraude e a má-fé essenciais envolvidas na transcendência intelectual platônica. Cioran, aparentemente, não se convenceu com os argumentos de Nietzsche. Todos os veneráveis dualismos platônicos reaparecem nos escritos de Cioran, como laços essenciais do argumento, usados apenas com uma sugestão ocasional de reserva irônica. Encontram-se o tempo em oposição à eternidade, a mente em oposição ao corpo, o espírito em oposição à matéria; e também os mais modernos: a vida em oposição à vida e o ser em oposição à existência. É difícil decidir quão seriamente esses dualismos são intentados.

Seria possível considerar a aparelhagem platônica no pensamento de Cioran como um código estético? Ou, ao contrário, como uma espécie de terapia moral? Entretanto, a crítica de Nietzsche ao platonismo ainda se aplicaria e ainda permaneceria irrespondida.

A única figura do mundo das letras anglo-americanas envolvida em um empreendimento teórico comparável, em poder e alcance intelectuais, à de Cioran é John Cage.

Também ele um pensador na tradição pós e antifilosófica do discurso aforístico e fragmentado, Cage partilha com Cioran uma reação contra a "psicologia" e contra a "história", e um compromisso com uma radical transposição de valores. Embora seja comparável em alcance, interesse e energia ao pensamento de Cioran, o de Cage oferece principalmente o contraste mais radical àquele. A partir do que se pode entender como a mais gritante diferença de temperamento, Cage visualiza um mundo no qual a maioria dos problemas e das tarefas de Cioran simplesmente não existe. O universo do discurso de Cioran é ocupado com os temas da doença (individual e social), do impasse, do sofrimento, da mortalidade. O que seus ensaios oferecem é um diagnóstico e, quando não diretamente uma terapia, pelo menos um manual de bom gosto do espírito por meio do qual se pode ser ajudado a evitar que a própria vida se torne um objeto, uma coisa. O universo do discurso de Cage — não menos radical e espiritualmente ambicioso que o de Cioran — recusa-se a admitir tais temas.

Em contraste com o inexorável elitismo de Cioran, Cage visualiza um mundo do espírito democrático, um mundo de "atividade natural" em que se "entende que tudo é limpo: não há nada sujo". Em contraste com os barrocos padrões de bom e de mau gosto de Cioran, nos assuntos intelectuais e morais, Cage sustenta que não existe algo como bom e mau gosto. Em contraste com a visão de Cioran sobre o erro e o declínio, e a (possível) redenção dos próprios atos, Cage propõe a perene possibilidade do comportamento sem erros, se ao menos permitirmos que isso ocorra. "O erro é uma ficção, não tem realidade de fato. A música sem erro é escrita não se levando em consideração a causa e o efeito. Qualquer outro tipo de música sempre tem incorreções. Em outras palavras, não há cisão entre espírito e matéria." E, em outra passagem do mesmo livro do qual estas citações são extraídas (*Silêncio*): "Como podemos falar de erro quando isso é entendido como 'psicologia nunca mais'?". Em contraste com a meta de Cioran da adaptabilidade e da agilidade intelectuais infinitas (de que forma encontrar um ponto de observação correto, o local certo para estar em um mundo traiçoeiro), Cage propõe para nossa experiência um mundo em que nunca é preferível fazer outra coisa senão a que fazemos ou estar em outro lugar que aquele onde estamos. "É apenas irritante", diz ele, "pensar que se gostaria de estar em outra parte. Estamos aqui, agora."

O que fica claro, no contexto dessa comparação, é o quanto Cioran se devota à *vontade* e à capacidade dela para transformar o mundo. Compare-se à frase de Cage: "Basta somente assumir uma posição de não fazer nada e as coisas se transformarão por si próprias". É possível verificar como podem ser diferentes as perspectivas originárias da rejeição da história, se pensamos primeiro em Cioran e, depois, em Cage, que afirma: "Ser & ser o presente. Isso seria uma repetição? Somente se pensássemos que o admitimos, mas como isso não ocorre, é livre & de fato, o somos".

Quando lemos Cage ficamos conscientes de quanto Cioran ainda está limitado às premissas da consciência historicizante; de como continua a repetir inapelavelmente esses gestos, por mais que anseie transcendê-los. Assim, o pensamento de Cioran fica a meio caminho entre a retomada angustiante de tais gestos e uma verdadeira transposição deles. Talvez seja preciso, para uma transposição de valores unificada, olhar para aqueles pensadores que, como Cage, são capazes (não importa saber se a partir da força ou da insensibilidade espirituais) de descartar uma dose bem mais ampla da angústia e da complexidade herdadas desta civilização. As veementes e tensas especulações de Cioran sintetizam, de modo brilhante, as urgências decadentes do pensamento ocidental, mas não nos oferecem alívio para elas, além das consideráveis satisfações da compreensão. O alívio, por certo, não é a intenção de Cioran. Seu objetivo é o diagnóstico. Para alcançar o alívio, talvez seja preciso abandonar o orgulho de saber e sentir tanto — um orgulho local que custou em demasia a todos, no momento.

Novalis afirmou que a "filosofia é, propriamente, nostalgia; o anseio de estar em casa em qualquer parte". Se a mente humana pode estar em casa em toda parte, ela deve, no final, renunciar a seu orgulho local "europeu", e alguma coisa mais (que parecerá estranhamente, insensível e intelectualmente simplista) deve ter permissão para entrar. "Tudo o que é preciso", diz Cage com a sua devastadora ironia, "é um espaço de tempo vazio e deixar que ele aja a sua maneira magnética."

(1967)

Parte II

TEATRO E FILME

Existe, com efeito, um hiato intransponível ou mesmo uma posição entre as artes teatral e cinematográfica? Há alguma coisa genuinamente "teatral", de espécie diferente do que é verdadeiramente "cinematográfico"?

Quase todas as opiniões sustentam que sim. Um lugar comum no debate é que filme e teatro são formas de arte distintas e até mesmo antitéticas, cada uma delas originando seus próprios padrões de julgamento e princípios formais. Desse modo, Erwin Panofsky defende em seu célebre ensaio "Estilo e meio nas fitas cinematográficas" (1934, reescrito em 1956), que um dos critérios para avaliar uma película é a sua libertação das impurezas da teatralidade e que, para falar sobre o filme, é preciso definir "a natureza básica do meio". Aqueles que pensam prescritivamente sobre a essência do drama vivo, menos confiantes no futuro dessa arte que os *cinéphiles* no da sua, raramente assumem uma perspectiva comparável de exclusividade.

A história da arte cinematográfica é, com frequência, tratada como a história de sua emancipação dos modelos teatrais. Primeiramente, da "frontalidade" do teatro (a câmera estática reproduzindo a situação do espectador de uma peça, fixo em sua poltrona); em seguida, da atuação teatral (gestos desnecessariamente estilizados e exagerados — desnecessários porque agora o ator podia ser visto em *close-up*); por fim, dos acessórios teatrais (distanciamento dispensável das emoções do público descartando a oportunidade de mergulhá-lo na realidade). As fitas cinematográficas, segundo esse enfoque, deixam a estase teatral pela fluidez do cinema, a artificialidade pela naturalidade e pelo caráter direto. Essa visão porém é demasiado simples. Essa supersimplificação testifica o alcance ambíguo do olhar da câmera. Pelo fato de a câmera *poder* ser utilizada para projetar uma espécie de visão relativamente passiva e não seletiva — bem como a visão altamente seletiva ("editada") que em geral se associa aos filmes cinematográficos —, o cinema é um meio tanto quanto uma arte, no sentido de que pode abranger qualquer uma das artes de representação tornando-a uma transcrição fílmica. (Esse aspecto de "meio" ou de não arte do filme atingiu sua encarnação rotineira com o advento da televisão. Aí, os próprios filmes cinematográficos se transformam em outra forma de representação a ser transcrita e miniaturizada no filme.) Uma pessoa *pode* filmar uma peça, um balé ou um acontecimento esportivo de forma que o filme se torne, falando-se de maneira relativa, uma transparência, e parece correto dizer que se está vendo o fato filmado. No entanto o teatro nunca é um "meio". Assim, porque se pode fazer um filme cinematográfico de uma peça teatral mas não uma peça de um filme, a arte do cinema manteve uma precoce porém fortuita vinculação com o palco. Alguns dos primeiros filmes foram peças filmadas. Duse e Bernhardt estão no cinema — castigadas pelo tempo, absurdas, tocantes; há um filme inglês, de 1913, de Forbes-Robertson atuando como Hamlet; uma película alemã, de 1923, de *Otelo*, estrelado por Emil Jannings. Mais recentemente, a câmera preservou o desempenho de Helene Weigel em *Mãe Coragem*, com o Berliner Ensemble, a produção de *O brigue*, do Living Theatre (filmada pelos irmãos Mekas), e a montagem de *Marat/Sade*, de Weiss, por Peter Brook.

Mas desde o início, mesmo dentro dos limites da noção do filme como um "meio" e da câmera como um instrumento de "registro", outros eventos, além dos que ocorriam nos teatros, também foram apresentados. Como ocorre com a fotografia fixa, alguns dos acontecimentos captados nas fotografias móveis eram encenados, no entanto outros derivavam seu valor precisamente do fato de *não* serem encenados — a câmera sendo a testemunha, o espectador invisível, o olho voyeurista invulnerável. (Talvez os acontecimentos públicos, as "notícias" constituam um caso intermediário entre os eventos encenados e os não encenados; contudo o filme como "cinejornal" geralmente equivale a usar o cinema como "meio".) Criar sobre um filme um *documento* de uma realidade transitória é uma concepção bastante afastada dos propósitos do teatro. Ela apenas parece relacionada quando o "evento real" que se está registrando é ocasionalmente uma atuação teatral. Com efeito, o primeiro uso da câmera cinematográfica foi fazer um registro documentário de uma realidade casual e não encenada; os filmes de Lumière a partir de 1890, com suas cenas de multidão em Paris e Nova York, antecedem qualquer filmagem de peças.

O outro uso paradigmático não teatral do cinema, que data do período inicial da realização fílmica com a célebre obra de Méliès, é a criação da ilusão, a construção da fantasia. Certamente, Méliès (como muitos diretores antes dele) concebia o retângulo da tela em analogia com o palco. E não somente os eventos eram encenados; eram a própria matéria da criação; jornadas impossíveis, objetos imaginários, metamorfoses físicas. Mas este fato, mesmo se se acrescenta que Méliès situava sua câmera frente à ação e dificilmente a movia, não faz seus filmes teatrais, num sentido ofensivo. Em, seu tratamento das pessoas como coisas (objetos físicos) e em sua apresentação disjuntiva de tempo e espaço, seus filmes são no essencial "cinematográficos" — até onde isso exista.

Se o contraste entre teatro e filme não repousa nos materiais representados ou retratados em um sentido simples, ele sobrevive em formas mais generalizadas.

De acordo com certos relatos influentes, a fronteira é virtualmente de natureza ontológica. O teatro emprega o artifício, enquanto o cinema está comprometido com a realidade, na verdade com uma realidade essencialmente física, que é "redimida", para usar o termo notável de Siegfried Kracauer, pela

110

câmera. O julgamento estético que se segue a tal aventura de mapeamento intelectual é que os filmes realizados em cenários da vida real são melhores (isto é, mais cinematográficos) que os rodados em estúdio. Tomando Flaherty, o neorrealismo italiano, bem como o *cinéma-vérité* de Rouch, Maker e Ruspoli como modelos preferidos, julgar-se-ia com rigor a era do cinema totalmente realizado em estúdios, inaugurada em torno de 1920 por *O gabinete do Dr. Caligari* (filme com decoração e paisagens ostensivamente artificiais); e aplaudir-se-ia a direção tomada à mesma época na Suécia, onde muitos filmes com vigorosos cenários naturais eram rodados no exterior. Dessa forma, Panofsky ataca *Dr. Caligari* por "pré-estilizar a realidade" e exorta a arte cinematográfica a enfrentar "o problema de manipular e rodar a realidade não estilizada, de tal maneira que o resultado tenha estilo".

Mas não há razão para insistir em um modelo único para o filme. E parece útil insistir no modo como a apoteose do realismo na arte cinematográfica, que confere o maior prestígio à "realidade não estilizada", introduz de modo velado uma posição político-moral definida. O cinema tem sido muitas vezes aclamado como a arte democrática, a mais importante da sociedade de massa. Uma vez que se leve tal descrição a sério, tende-se (como Panofsky e Kracauer) a desejar que os filmes continuem a refletir suas origens em um nível vulgar das artes, permanecendo leais a seu vasto público não sofisticado. Assim, uma orientação vagamente marxista colabora com um dogma fundamental do romantismo. O cinema, ao mesmo tempo arte elevada e arte popular, é considerado a arte do autêntico. O teatro, por contraste, significa a ostentação, o simulacro, as mentiras. Ele cheira a gosto aristocrático e a sociedade de classes. Por trás da objeção dos críticos aos cenários exagerados de *Dr. Caligari*, ao vestuário improvável e à atuação floreada de *Nana*, de Renoir, bem como às falas "teatrais" do filme de Dreyer, *Gertrud*, está o julgamento de que tais filmes eram falsos, de que exibiam uma sensibilidade pretensiosa e reacionária, que estava fora de passo com a sensibilidade democrática e mais mundana da vida moderna.

* * *

De todo modo, seja ou não um defeito estético neste caso particular, o "estilo" sintético no cinema não é necessariamente um teatralismo mal colocado. Desde o princípio da história do filme, houve pintores e escultores que defenderam o artifício e a construção como o verdadeiro futuro da arte cinematográfica. Não a narrativa ou as histórias figurativas de qualquer tipo (seja numa vertente relativamente realista ou "surrealista"), mas a abstração: eis o genuíno futuro do cinema. Dessa maneira, Theo van Doesburg, em seu ensaio de 1929, "O filme como forma pura", visualiza essa arte como veículo de "poesia óptica", de "arquitetura de luz dinâmica", de "criação de um ornamento móvel". Os filmes cinematográficos realizarão "o sonho de Bach de encontrar um equivalente óptico para a estrutura temporal de uma composição musical". Ainda que apenas alguns cineastas (Robert Breer, por exemplo) continuem a perseguir essa concepção de cinema, quem pode negar sua reivindicação de ser cinematográfica?

Poderia alguma coisa ser mais estranha à natureza do teatro que um tal grau de abstração? Procuremos não responder a essa indagação com demasiada pressa.

Panofsky concebe a diferença entre teatro e filme como uma diferença entre as condições *formais* de ver uma peça e de ver uma fita. No teatro, "o espaço é estático, isto é, o espaço representado no palco, bem como a relação espacial do observador com o espetáculo são inalteravelmente fixos", enquanto no cinema, "o espectador ocupa uma cadeira fixa, mas apenas fisicamente, não como sujeito de uma experiência estética". No teatro, o espectador não pode mudar seu ângulo de visão. No cinema, ele está "esteticamente [...] em permanente mobilidade, à medida que seus olhos se identificam com as lentes da câmera, que sempre se deslocam em distância e direção".

Bastante correto. Entretanto, a observação não assegura

uma dissociação radical do teatro em relação ao filme. Como inúmeros críticos, Panofsky tem uma concepção "literária" de teatro. Em contraste com o teatro, concebido basicamente como literatura dramatizada (textos, palavras), situa-se o cinema, que ele pressupõe ser primordialmente "uma experiência visual". Isso significa definir o cinema pelos meios aperfeiçoados no período dos filmes mudos. Mas muitas das películas mais interessantes de hoje com dificuldade poderiam ser descritas de maneira adequada como imagens às quais se acrescenta o som. E o trabalho mais vivo no teatro tem sido realizado por pessoas que visualizam essa arte como algo mais ou algo diferente que as "peças", de Ésquilo a Tennessee Williams.

Dada sua perspectiva, Panofsky parece tão ansioso por defender a fronteira contra a infiltração do teatro pelo cinema, quanto a do último pelo primeiro. No teatro, ao contrário do cinema, "a cena do palco não pode mudar durante um ato (exceto por incidentes como luas que nascem ou nuvens que se reúnem, e por empréstimos ilegítimos do cinema, como bastidores móveis ou telas de fundo deslizantes)". Panofsky não somente assume que o teatro significa peças, mas pelo padrão estético que ele tacitamente propõe a peça-modelo aproximar-se-ia da condição de *Sem saída*, e o cenário ideal seria ou uma sala de estar, ou um palco vazio. Não menos arbitrária é a sua visão complementar do que é ilegítimo no filme: todos os elementos não demonstravelmente subordinados à imagem, mais precisamente, à imagem *móvel*. Assim, Panofsky afirma: "Onde quer que uma emoção poética, uma irrupção musical ou um conceito literário (mesmo, lamento dizer, uma das piadas de Groucho Marx) perdem inteiramente o contato com o movimento visível, chocam o espectador como, literalmente, fora de lugar". O que dizer então dos filmes de Bresson e Godard, com seus textos alusivos e ricos em ideias e sua recusa característica a ser primordialmente uma experiência visual? Como explicar o caráter extraordinariamente direto da câmera relativamente imobilizada de Ozu?

Em parte, o dogmatismo de Panofsky, ao deplorar a mácula teatral dos filmes cinematográficos, pode ser explicado se lembramos que a primeira versão de seu ensaio apareceu em 1934 e sem dúvida reflete a experiência recente de assistir a um grande número de fitas ruins. Comparada com o nível que o filme atingiu no final dos anos 1920, é inegável que a qualidade média das películas declinou agudamente no período inicial do cinema falado. Embora inúmeros filmes sutis e audaciosos tenham sido realizados durante os primeiros anos do som, o declínio geral tornou-se claro por volta de 1933 ou 1934. O mero embotamento da maioria dos filmes desse período não pode ser explicado apenas como uma regressão ao teatro. Todavia é sabido que os diretores cinematográficos da década de 1930 voltaram-se com muito mais frequência para peças de teatro, que os da década precedente — filmando sucessos do palco como *Outward Bound, Rain, Dinner at Eight, Blithe Spirit, Faisons un rêve, Twentieth Century, Boudu sauvé des eaux*, a trilogia de Pagnol, *She Done Him Wrong, Der Dreigroschenoper* [A ópera dos pobres], *Anna Christie, Holiday, Animal Crackers, The Petrified Forest*, e muitos, muitos outros. A maioria não tem importância como arte; alguns são obras de primeira linha. (O mesmo pode ser dito das peças, embora exista escassa correlação entre os méritos dos filmes cinematográficos e dos "originais" do palco.) Entretanto, suas virtudes e seus defeitos não podem ser classificados em elementos cinematográficos em oposição a elementos teatrais. É comum o sucesso de versões fílmicas de peças de teatro ser medido pela extensão em que o roteiro reordena e desloca a ação e trata com pouco respeito do texto falado — como o fazem certos filmes ingleses de peças de Wilde e Shaw, e *Miss Julie* de Sjöberg. Mas a desaprovação básica de películas que traem suas origens no palco permanece inalterada. (Um exemplo recente: a indignação e a hostilidade que saudaram o magistral *Gertrud*, de Dreyer, devido a sua flagrante fidelidade à peça dinamarquesa de 1904, na qual se inspirou, com as personagens conversando longa e bastante formalmente, poucos movimentos de câmera e a maior parte das cenas filmadas em plano médio.)

Minha visão é a de que os filmes com diálogo formal ou complexo, nos quais a câmera é estática ou a ação se situa em interiores, não são necessariamente teatrais — sejam ou não originários de peças. *Per contra*, tanto a ideia de que a câmera deva passear por uma extensa área física como a de que o elemento sonoro em um filme precise sempre se subordinar ao visual fazem parte da "essência" suposta do cinema. Embora a maior parte da ação de *Ralé*, de Kurosawa, uma transcrição basicamente fiel da peça de Górki, esteja confinada a uma ampla sala, tal filme é tão cinematográfico como *Trono manchado de sangue*, do mesmo diretor, uma adaptação bastante livre e lacônica de *Macbeth*. A intensidade claustrofóbica de *Les enfants terribles*, de Melville, é tão peculiar ao cinema como o *élan* cinético de *The Searchers* (*Rastros de ódio*), de Ford, ou a jornada de trem na abertura de *La bête humaine* (*A besta humana*), de Renoir.

Um filme torna-se efetivamente teatral, em um sentido negativo, quando a narrativa é timidamente autoconsciente. Compare-se *Occupe-toi d'Amélie*, de Autant-Lara, um brilhante emprego cinematográfico das convenções e matérias-primas do teatro de *boulevard*, com o uso canhestro que faz Ophuls das mesmas convenções em *La ronde*.

Em sua obra *Film and Theatre* (1936), Allardyce Nicoll argumenta que a diferença entre as duas artes, ambas formas de dramaturgia, é que usam tipos diferentes de personagens. "Quase todas as personagens do palco eficazmente esboçadas são tipos [ao passo que] no cinema exigimos individualização [...] e atribuímos grande força de vida independente a figuras na tela." (Panofsky, a propósito, faz exatamente o mesmo contraste, mas ao inverso: que a natureza dos filmes, ao contrário daquela das peças, requer personagens uniformes e banais.)

A tese de Nicoll não é tão arbitrária como pode parecer à primeira vista. Um fato pouco ressaltado sobre o cinema é que os momentos plástica e emocionalmente mais bem-sucedidos, e os mais eficazes elementos de caracterização consistem quase sempre em detalhes "irrelevantes" ou não funcionais. (Um exemplo aleatório: a bola de pingue-pongue com que brinca o mestre-escola em *Shakespeare Wallah*, de Ivory.) Os filmes de cinema recorrem profusamente ao equivalente narrativo de uma técnica comum da pintura e da fotografia: a descentralização. Daí, a agradável desunião ou fragmentação das personagens de muitos dos grandes filmes, o que talvez seja o significado da "individualização" de Nicoll. Em contraste, a coerência linear de detalhe (a arma no muro, no primeiro ato, que deve desaparecer no final do terceiro) é a regra no teatro narrativo ocidental, e dá origem à impressão de unidade dos personagens (que pode ser equivalente à construção de um "tipo").

Entretanto, mesmo com esses reparos, a tese de Nicoll não funciona, na medida em que se baseia na ideia de que "quando vamos ao teatro, esperamos teatro e nada mais". O que é esse teatro-e-nada-mais senão a velha noção de artifício? (Como se a arte fosse alguma vez mais do que isso, sendo algumas artes artificiais e outras não.) De acordo com Nicoll, quando estamos em um teatro, "a 'falsidade' da produção teatral recai de todas as maneiras sobre nós, de modo que nos preparamos para não exigir nada além da verdade teatral". Uma situação adversa se obtém no cinema, sustenta ele. Cada membro do público cinematográfico, não importa quão sofisticado ele seja, está essencialmente no mesmo nível; todos acreditam que a câmera não pode mentir. Como o ator de cinema e seu papel são idênticos, a imagem não pode ser dissociada do que aparece na imagem. Experimentamos o que nos dá o cinema como a verdade da vida.

Porém o teatro não poderia dissolver a distinção entre a verdade do artifício e a da vida? Não é exatamente isso que o teatro enquanto ritual procura fazer? Não é esse seu propósito, concebido como um *intercâmbio* com um público (algo que os filmes nunca podem ser)?

Talvez Panofsky esteja sendo obtuso quando deplora a mácula teatral nos filmes, mas está correto quando salienta que, do ponto de vista histórico, o teatro é apenas uma das artes que alimenta o cinema. Como ele destaca, é apropriado que os filmes tenham chegado a ser conhecidos popularmente como retratos móveis (*moving pictures*) e não como "fotodramas" ou "cinedramas". O cinema se origina menos do teatro, de uma arte de representação, uma arte que já é móvel, que das formas de arte fixas. As pinturas históricas do século XIX, os cartões-postais românticos, o museu de figuras de cera à la Madame Tussaud e as histórias em quadrinho são as fontes citadas por Panofsky. Outro modelo, que ele surpreendentemente deixa de mencionar, são os usos narrativos iniciais da fotografia fixa — como o álbum de família. A estilística da descrição e da construção de cenas desenvolvida por certos romancistas do século XIX, como apontou Eisenstein em seu brilhante ensaio sobre Dickens, fornecem um outro protótipo para o cinema.

Os filmes são imagens (em geral fotografias) que se movem, é certo. Mas a unidade cinematográfica distintiva não é a imagem mas o princípio de conexão entre as imagens: a relação de um "plano" com o precedente e com o que vem em seguida. Não existe um modo peculiarmente "cinematográfico" (em contraposição a um modo "teatral") de ligar as imagens.

Se existe uma distinção irredutível entre teatro e cinema talvez ela seja a seguinte. O teatro está confinado a um uso lógico ou *contínuo* do espaço. O cinema (por meio da montagem, isto é, através da mudança de plano — que é a unidade básica da construção fílmica), tem acesso a um uso alógico ou *descontínuo* do espaço.

No teatro, os atores ou estão no espaço do palco, ou "fora de cena". Quando estão "em cena", são simplesmente visíveis ou visualizáveis em contiguidade uns com os outros. No cinema, não há necessidade de tal relação ser visível ou visualizável. (Exemplo: a última tomada de *Shadows of Our Forgotten Ancestors*, de Paradjanov.) Alguns dos filmes vistos como condenáveis do enfoque teatral são aqueles que parecem enfatizar continuidades espaciais, como o virtuoso *The Rope* (*A corda*), de Hitchcock, ou o espantosamente anacrônico *Gertrud*. No entanto uma análise mais detida de ambos revelaria como é complexo o seu tratamento do espaço. As tomadas longas crescentemente favorecidas no cinema sonoro não são, por si sós, nem mais nem menos cinematográficas que as tomadas curtas características do filme mudo.

Dessa maneira, a virtude cinematográfica não reside na fluidez do movimento da câmera ou na mera frequência da mudança de plano, mas consiste na ordenação das imagens na tela bem como (atualmente) na dos sons. Méliès, por exemplo, embora sem ultrapassar o posicionamento estático da câmera, tinha uma concepção bastante notável de como *ligar* as imagens cinematográficas. Compreendeu que a montagem oferecia um equivalente ao gesto de prestidigitação do mágico — estabelecendo, desse modo, que um dos aspectos distintivos do cinema (ao contrário do teatro) é que qualquer coisa pode acontecer, não há nada que não possa ser representado de modo convincente. Através da montagem, Méliès apresenta descontinuidades de substância física e de comportamento. Em seus filmes, as descontinuidades são, por assim dizer, práticas, funcionais; cumprem uma transformação da realidade ordinária. Contudo a contínua *re*invenção do espaço (assim como a opção de indeterminação temporal), peculiar à narrativa fílmica, não pertence apenas à capacidade cinematográfica de fabricar "visões", de mostrar ao observador um mundo radicalmente alterado. O uso mais "realista" da câmera cinematográfica também envolve um relato descontínuo de espaço, na medida em que toda a narrativa fílmica tem uma "sintaxe", composta do ritmo de associações e disjunções. (Como escreveu Cocteau: "Minha preocupação básica em um filme é impedir o transbordamento das imagens, opor umas às outras, ancorá-las e associá-las sem destruir a sua nitidez". Entretanto é difícil que uma tal concepção da sintaxe do cinema precise acarretar, como pensa Cocteau, sua rejeição como "mero divertimento, e não um veículo de reflexão".)

Ao marcar a fronteira entre teatro e filme, o tema da continuidade do espaço parece-me mais fundamental que o contraste óbvio entre teatro, como uma organização do movimento em espaço tridimensional (a dança), e o cinema, como organização do espaço plano (a pintura). As capacidades do teatro para manipular o espaço e o tempo são simplesmente muito mais cruas e trabalhosas que as do cinema. O teatro não pode igualar os recursos do cinema para a repetição estritamente controlada de imagens, para a duplicação ou equiparação de palavra e imagem, e para a justaposição e sobreposição de imagens. (Com o avanço das técnicas de iluminação e um uso adequado de telas de tecidos, pode-se efetuar a "dissolução" no palco. Mas nenhuma técnica poderia proporcionar, em cena, o equivalente à dissolução de uma imagem em outra.)

Às vezes, a divisão entre teatro e filme é colocada como a diferença entre o texto teatral e o roteiro cinematográfico. O teatro tem sido descrito como uma arte mediada, presumivelmente porque, em geral, consiste em um texto preexistente mediado por um desempenho particular que oferece uma dentre muitas possibilidades de interpretação da peça. O cinema, ao contrário, é visto como uma arte não mediada — devido a sua escala mais ampla que a real e a seu impacto mais irrecusável sobre o olho; além disso, (nas palavras de Panofsky) "o meio do cinema é a realidade física enquanto tal" e as personagens em um filme "não têm existência estética externa aos autores". Porém há um sentido igualmente válido que mostra os filmes como arte mediada e o teatro como não mediada. Vemos aquilo que ocorre no palco com nossos próprios olhos. Na tela, enxergamos o que a câmera vê.

No cinema, a narrativa procede por elipse (o "corte" ou mudança de plano); o olho da câmera é um ponto de vista unificado que constantemente se desloca. Mas a mudança de tomada pode provocar interrogações. A mais simples delas é: do ponto de vista *de quem* é feita a tomada? E a ambiguidade de ponto de vista latente em qualquer narrativa cinematográfica não tem similar no teatro. Na verdade, não se deve subestimar o papel esteticamente positivo da *desorientação* no cinema. Alguns exemplos: Busby Berkeley recuando a câmera, a partir de um cenário de aparência comum, já definido como tendo uns dez metros de fundo, para descortinar um espaço cênico de cem metros quadrados; Resnais girando a câmera em panorâmica, a partir do ponto de vista da personagem X, até pousar sobre a face de X, numa volta de 360 graus.

Por outro lado, é possível extrair muito do fato de que, em sua existência concreta, o cinema é um *objeto* (e mesmo um produto), ao passo que o teatro resulta em uma *representação* (*performance*). Esse traço é tão importante? Num certo sentido, não. A arte, em todas as suas formas, sejam objetos (como filmes ou pinturas), ou representações (como a música ou o teatro), é, primeiramente, um ato mental, um fato da consciência. A característica de objeto do filme e a de representação do teatro são apenas meios — meios para a experiência que não é apenas "do", mas "através do" evento fílmico ou teatral. Cada sujeito de uma experiência estética molda-as a sua própria maneira. No que diz respeito a qualquer experiência *singular*, raramente importa que um filme seja idêntico de uma projeção para outra, enquanto as representações teatrais são bastante mutáveis.

A diferença entre arte-objeto e arte-representação fundamenta a observação de Panofsky, segundo a qual "o roteiro cinematográfico, ao contrário do texto de teatro, não tem existência estética independente de sua representação", de tal forma que as personagens nas películas *são* as estrelas que as desempenham. É porque cada filme é um objeto, uma totalidade fixa, que os papéis cinematográficos são idênticos à representação dos atores; ao passo que no teatro (no Ocidente, uma totalidade artística que é em geral aditiva, e não orgânica) apenas o texto escrito é "fixo", um objeto (literatura), existindo, portanto, independentemente de qualquer encenação.

Entretanto essas qualidades do teatro e do filme não são, como aparentemente pensava Panofsky, inalteráveis. Na medida em que as películas não precisam ser destinadas à exibição em situações de teatro (podem ser imaginadas para uma sessão mais contínua e casual: na sala de estar, no quarto, ou em superfícies públicas como as fachadas de edifícios), então um filme *pode* ser modificado de uma projeção para outra. Harry Smith, quando projeta seus filmes, faz de cada exibição uma *performance* irrepetível. Além disso, o teatro não compreende apenas textos preexistentes que são produzidos repetidas vezes, com maior ou menor sucesso. Nos *happenings*, no teatro de rua ou de guerrilha, e em certos outros acontecimentos teatrais recentes os "textos" são idênticos a suas produções, precisamente no mesmo sentido em que o roteiro cinematográfico é idêntico ao único filme realizado a partir dele.

Apesar desses desenvolvimentos, ainda persiste uma ampla diferença. Por serem objetos, os filmes são manipuláveis e calculáveis. Assemelham-se aos livros, um outro objeto de arte portátil; fazer um filme, tal como escrever um livro, significa construir uma coisa inanimada, em que cada elemento é determinado. Na verdade, essa determinação tem, ou pode ter, uma forma quase matemática, no cinema como na música. (Uma tomada dura um certo número de segundos; "combinar" duas tomadas requer uma mudança de ângulo de tantos graus.) Dada a total determinação do resultado na película (seja qual for a medida da intervenção consciente do diretor), era inevitável que alguns diretores de cinema procurassem desenvolver esquemas para tornar suas intenções mais exatas. Assim, não foi nem impertinente, nem rudimentar da parte de Busby Berkeley ter usado apenas uma câmera para filmar o conjunto de cada um de seus gigantescos números de dança. Cada "cenário" foi projetado para ser filmado de um único ângulo, calculado com precisão. Trabalhando em um nível muito mais autoconsciente de talento artístico, Bresson declarou que, para ele, a tarefa do diretor consiste em encontrar a única maneira correta de efetuar uma tomada; nenhuma imagem se justifica por si mesma, mas na relação exata e específica que mantém com as imagens cronologicamente adjacentes — cuja relação constitui seu "sentido".

O teatro não possibilita mais do que uma aproximação bastante livre com esse gênero de preocupação formal e com tal grau de responsabilidade estética por parte do diretor, o que explica por que os críticos franceses referem-se ao diretor de um filme como seu "autor". Por serem representações, acontecimentos sempre "ao vivo", as coisas que ocorrem em um palco de teatro não estão sujeitas a um grau equivalente de controle e não podem admitir uma integração de efeitos de exatidão comparável.

Seria tolo concluir que os filmes superiores são aqueles que resultam de uma maior dose de planejamento consciente por parte do diretor, ou os que corporificam um plano complexo (embora o diretor, talvez, não tivesse consciência disso, procedendo de uma forma que lhe parecia intuitiva ou instintiva). Os planos podem ser imperfeitos, mal concebidos ou estéreis. E o que é mais importante: o cinema admite inúmeras espécies de sensibilidade bastante diferentes. Uma delas dá origem ao tipo de arte formalizada à qual o cinema (ao contrário do teatro) está naturalmente adaptado. Outra produziu um corpo significativo de obras cinematográficas "improvisadas". (Estas devem ser distinguidas do trabalho de certos diretores, notadamente Godard, que se tornaram fascinados com o "estilo" do cinema-documentário, improvisado, usado para fins formalistas.)

Não obstante parece indiscutível que o cinema, não apenas potencialmente mas por sua própria natureza, é uma arte mais rigorosa que o teatro. Essa capacidade para o rigor formal, combinada com a acessibilidade aos públicos de massa, proporcionou ao cinema um prestígio e uma atração inquestionáveis enquanto forma de arte. Apesar dos recursos emocionais extremos do "teatro puro", revelados pelo Living Theatre de Julian Beck e Judith Malina, e pelo Teatro Laboratório de Jerzy Grotowski, o teatro como forma de arte deixa a impressão de um futuro problemático.

É impossível atribuir apenas a uma falta de energia o fato de que o teatro, essa arte madura, ocupada desde a antiguidade com toda a sorte de funções locais (desempenhar rituais sagrados, reforçar a lealdade comunal, guiar os costumes morais, provocar a descarga terapêutica de emoções violentas, conferir *status* social, fornecer instrução prática, proporcionar entretenimento, dignificar celebrações, subverter a autoridade estabelecida), esteja atualmente na defensiva diante do cinema, essa arte atrevida, com seu público imenso, amorfo e passivo. Mas o fato é inegável. Enquanto isso, os filmes continuam a manter seu ritmo estonteante de articulação formal. (Tome-se o cinema comercial da Europa, do Japão e dos Estados Unidos desde 1960, e considere-se ao que os públicos de tais filmes se tornaram habituados, em menos de uma década, na forma crescentemente elíptica de narração e visualização.)

Contudo note-se: a mais jovem das artes é também a mais carregada de memória. O cinema é uma máquina do tempo. Os filmes preservam o passado, enquanto o teatro — não importa o quanto se devote aos clássicos, aos textos antigos — pode apenas "modernizar". Os filmes trazem à vida a beleza já morta; apresentam, intactos, ambientes desaparecidos ou arruinados; incorporam, sem ironia, estilos e modas que parecem hoje engraçados; ponderam solenemente problemas irrelevantes ou ingênuos. A particularidade histórica da realidade registrada no celuloide é tão viva, que praticamente todos os filmes com mais de quatro ou cinco anos estão saturados de *pathos*. (Que não é apenas o das fotografias antigas, pois compreende os desenhos animados e filmes abstratos e herméticos, bem como os filmes comuns.) Os filmes envelhecem (por serem objetos) de modo diferente que qualquer evento teatral (por ser sempre novo). Não há nenhum *pathos* de mortalidade na realidade do teatro enquanto tal, nada em nossa resposta a uma boa representação de uma peça de Maiakovski que se compare ao papel estético do sentimento de nostalgia quando vemos, em 1966, um filme de Pudovkin.

Também vale notar: comparadas com o teatro, as inovações no cinema parecem ser assimiladas com mais eficiência, parecem diretamente mais partilháveis — entre outras razões, porque os novos filmes circulam rápida e amplamente. E, em parte, porque virtualmente toda a cultura cinematográfica pode ser consultada no presente (nas cinematecas, das quais a mais célebre é a Cinemathéque Française), a maioria dos cineastas tem mais conhecimento do conjunto da história de sua arte que a maior parte dos diretores teatrais sobre o passado mais recente da sua.

A palavra-chave em toda a discussão sobre cinema é "possibilidade". Há um uso meramente classificatório do termo, como no insinuante juízo de Panofsky de que, "sem as sua limitações autoimpostas, os primeiros filmes de Disney [...] representam, tal como são, uma destilação quimicamente pura de possibilidades cinematográficas". Mas, por trás desse uso relativamente neutro oculta-se um sentido mais polêmico das possibilidades do cinema, na qual o que está regularmente sugerido é a obsolescência do teatro e a sua superação pelos filmes.

Assim, Panofsky descreve a mediação do olhar da câmera como capaz de inaugurar "um mundo de possibilidades que o palco jamais poderia sonhar". Já em 1924, Artaud declarava que as fitas cinematográficas tinham tornado o teatro obsoleto. O cinema "possui uma espécie de poder virtual que penetra a mente e revela possibilidades nunca imaginadas [...]. Quando a jovialidade dessa arte for combinada nas doses corretas com o ingrediente psíquico que ela comanda, deixará o teatro muito para trás, relegando-o ao sótão de nossas recordações". (Quando, porém, o som foi introduzido, Artaud desencantou-se com os filmes e retornou ao teatro.)

Meyerhold, assumindo o desafio de frente, pensava que a única esperança para o teatro repousava em uma competição total com o cinema. "Vamos 'cinematizar' o teatro", exortava, propondo que a montagem das peças fosse "industrializada", que as salas de teatro pudessem acomodar públicos de dezenas de milhares, em vez de centenas de pessoas. Meyerhold também parecia encontrar algum alívio na ideia de que o advento do som assinalaria a decadência dos filmes. Acreditando que o apelo internacional dos filmes dependia inteiramente do fato de os atores de cinema (ao contrário dos de teatro) não terem de falar um idioma particular, ele foi incapaz de imaginar, em 1930, que a tecnologia (dublagem, legendas) pudesse resolver o problema.

O cinema é o herdeiro, o rival, ou o reanimador do teatro? Sociologicamente, é, sem dúvida, o rival — um entre muitos. Se é seu herdeiro, depende parcialmente de como as pessoas compreendem e utilizam o declínio do teatro como forma artística. Não é possível garantir que o teatro não atravesse um estado de declínio irreversível, a despeito de irrupções de vitalidade local. E as formas de arte *têm* sido abandonadas (ainda que não necessariamente por se tornarem "obsoletas").

Mas por que deveria o teatro se tornar obsoleto por ação do cinema? As previsões de obsolescência equivalem a declarar que certa coisa tem uma tarefa particular (que outra coisa pode fazer tão bem ou melhor). Contudo o teatro tem uma tarefa ou uma aptidão especiais? Uma função que o cinema esteja mais bem preparado para desempenhar?

Aqueles que preconizam a morte do teatro, assumindo que o cinema englobou sua função, tendem a atribuir uma relação entre os filmes e o teatro reminiscente do que antes já se dissera sobre a fotografia e a pintura. Se o ofício do pintor realmente não passasse da construção da semelhança, então a invenção da câmera poderia, com efeito, tornar obsoleta a pintura. Mas dificilmente a pintura é apenas o "retrato", do mesmo modo que o cinema não é só o teatro democratizado e feito, disponível às massas (porque pode ser reproduzido e distribuído em unidades padronizadas portáteis).

Na ingênua fábula da fotografia e da pintura, esta última viu sua pena suspensa quando reivindicou uma nova tarefa: a abstração. Assim como o realismo superior da fotografia foi visto como libertador da pintura, permitindo-lhe atingir o abstrato, a força superior do cinema para representar (não meramente estimular) a imaginação talvez pareça ter, de modo similar, animado o teatro, convidando à gradual obliteração da "trama" convencional.

Foi o que se supôs ter ocorrido, não o que na realidade ocorreu. De fato, a pintura e a fotografia evidenciam um desenvolvimento paralelo, em vez de uma rivalidade ou suplantação. E, num nível desigual, também o teatro e o filme. As possibilidades que se abrem ao teatro, que se baseia na ultrapassagem do realismo psicológico, tornando-se desse modo mais abstrato, são igualmente pertinentes ao futuro dos filmes narrativos. De maneira inversa, a ideia do cinema como testemunho da vida real — testemunho, e não invenção ou artifício —, o tratamento de situações históricas coletivas em vez da descrição de "dramas" pessoais imaginários, parece relevante também ao teatro. Ao lado dos filmes-documentário e de seu sofisticado herdeiro, o *cinéma-verité*, pode-se situar o novo teatro-documentário, o assim denominado "teatro do fato", exemplificado em peças de Hochhuth, em *A investigação*, de Weiss, nos recentes projetos de Peter Brook para uma montagem chamada *US*, com a Royal Shakespeare Company, em Londres.

A despeito das críticas de Panofsky, não parece haver razão para o teatro e o filme não efetuarem um intercâmbio, como o que vem ocorrendo.

É bem conhecida a influência do teatro sobre os filmes nos primeiros anos da história do cinema. De acordo com Kracauer, a iluminação peculiar de *Dr. Caligari* (e de muitos trabalhos alemães do início dos anos 1920) pode ser referida a um experimento com iluminação que Max Reinhardt realizara pouco antes, no palco, em sua montagem de *O mendigo*, de Sorge. Mesmo naquele período, entretanto, o impacto era recíproco. As façanhas do "filme expressionista" foram imediatamente absorvidas pelo teatro expressionista. Estimulada pela técnica cinematográfica do *iris-rin*, a iluminação teatral adotou o isolamento de um único ator ou de algum segmento da cena,

126

ocultando o restante do palco. Cenários móveis procuraram aproximar-se do deslocamento instantâneo do olho da câmera. (Mais recentemente, noticiou-se o emprego de engenhosas técnicas de iluminação pelo Teatro Górki, em Leningrado, dirigido desde 1956 por Georgy Tovstonogov, as quais possibilitam mudanças de cenário incrivelmente rápidas por trás de uma cortina horizontal de luz.)

Hoje, com poucas exceções, o tráfego parece de mão única: do filme ao teatro. Particularmente na França e na Europa Central e Oriental, a encenação de muitas peças é inspirada pelo cinema. O propósito da adaptação de artifícios neocinematográficos para o palco (excluo o uso direto de filmes na produção teatral) parece ser principalmente o de dar concisão à experiência teatral, de se aproximar do controle absoluto que tem o cinema sobre o fluxo e a localização da atenção do público. Porém a concepção pode ser ainda mais diretamente cinematográfica. Um exemplo é a produção de Josef Svoboda de *A peça do inseto* (irmãos Capek), pelo Teatro Nacional Tcheco, em Praga (recentemente vista em Londres). Tentou-se francamente instalar uma visão mediada do palco, equivalente às intensificações descontínuas do olho da câmera. De acordo com o relato de um crítico londrino, "o cenário consistia em dois imensos espelhos facetados, suspensos a um ângulo do palco, de modo a refletir tudo o que aí ocorria, refratado como através da rolha de vidro de uma licoreira ou do olho gigantescamente ampliado de uma mosca. Qualquer figura colocada na base de seu ângulo tornava-se multiplicada do chão ao proscênio; um pouco mais para fora, e você se vê observando-a, não apenas face a face, mas do alto, do ponto de vista de uma câmera pendente de um pássaro ou de um helicóptero".

Marinetti foi talvez o primeiro a propor o uso de filmes como um elemento em uma experiência de teatro. Escrevendo entre 1910 e 1914, ele encarava o teatro como uma síntese final de todas as artes; e, como tal, tinha de se alimentar da forma mais nova de arte, o cinema, que, sem dúvida, também se recomendava à inclusão devido à prioridade dada por Marinetti às formas existentes de entretenimento popular, como o teatro de variedades e o *café chantant*. (Ele denominou seu projeto de forma artística total, "o Teatro de Variedades Futurista".) E naquela época quase ninguém considerava o cinema mais do que uma arte vulgar.

Após a Primeira Guerra Mundial, ideias semelhantes aparecem com frequência. Nos projetos de teatro total do grupo Bauhaus, nos anos 1920 (Gropius, Piscator etc.), o filme tinha um lugar importante. Meyerhold insistiu em seu uso no teatro, descrevendo seu programa como a realização das antigas propostas "totalmente utópicas" de Wagner; para "empregar todos os meios disponíveis das outras artes". Alban Berg especificou que um filme mudo devia ser projetado no meio do segundo ato de sua ópera *Lulu*. Hoje em dia, o recurso ao filme no teatro já conta com uma história consideravelmente longa que inclui o "jornal ao vivo", da década de 1930, o "teatro épico" e os *happenings*. O presente ano marcou a introdução de uma sequência fílmica no teatro de nível Broadway. Em dois musicais de sucesso, *Venha espionar comigo*, de Londres, e *Superman*, de Nova York, ambos em tom de paródia, a ação é interrompida para que desça uma tela, onde se passa um filme mostrando as façanhas dos heróis da arte Pop.

Porém até aí o uso do filme inserido em acontecimentos de teatro tendeu a ser estereotipado. O filme é com frequência empregado como *documento* que corrobora ou reafirma eventos do palco (como nas montagens de Brecht, em Berlim Oriental). O seu outro uso principal é como *alucinante*; exemplos recentes são os *happenings* de Bob Whitman, e um novo gênero de situação de clube noturno, a discoteca *mixed-media* (meios combinados): *The Plastic Inevitable*, de Andy Warhol, e *World*, de Murray, o K. Do ponto de vista do teatro, a interpolação do filme na experiência teatral pode ser ampliadora. Mas em termos das possibilidades do cinema, parece um uso redutivo e monótono do filme.

* * *

O que Panofsky talvez não pudesse perceber quando escreveu seu ensaio é que há algo mais em jogo que a "natureza" de um "meio" artístico específico. A relação entre filme e teatro envolve não simplesmente uma definição estática das duas artes, como também a sensibilidade ao curso possível de sua radicalização.

Toda tendência estética interessante é, agora, uma espécie de radicalismo. A pergunta que cada artista precisa fazer é: Qual é o *meu* radicalismo, aquele ditado por *meus* dons e temperamento? Isso não quer dizer que todos os artistas contemporâneos acreditem que a arte progride. Uma posição radical não está necessariamente voltada para o futuro.

Considerem-se as duas posições radicais básicas na arte atual. Uma recomenda a quebra das distinções entre gêneros; as artes devem resultar em uma arte, consistindo em muitas espécies diferentes de comportamento que ocorrem ao mesmo tempo, um magma ou uma sinestesia comportamentais imensos. A outra posição aconselha a manutenção e a clarificação das barreiras entre as artes, intensificando-se aquilo que cada arte é, distintivamente; a pintura deve usar apenas os meios que pertencem a si; a música apenas os meios musicais; os romances, aqueles meios que pertencem ao romance e a nenhuma outra forma literária etc. As duas posições são, em um certo sentido, irreconciliáveis — exceto por serem ambas invocadas para sustentar a perene busca moderna por uma forma de arte definitiva.

Por ser considerada a mais rigorosa ou a mais fundamental, uma arte pode ser proposta como definitiva. Baseado nessas razões, Schopenhauer sugeriu e Peter afirmou que toda arte aspira à condição da música. Mais recentemente, a tese de que todas as artes conduzem a uma única arte tem sido proposta por entusiastas do cinema. A candidatura do filme é fundamentada

129

no fato de ser uma combinação tão exata e, potencialmente, tão complexa de música, literatura e imagem.

Ou, por outro lado, uma arte pode ser apresentada como definitiva porque é vista como mais abrangente. Essa é a base do destino do teatro defendido por Wagner, Marinetti, Artaud, Cage — os quais visualizaram o teatro como uma arte total, que potencialmente recruta todas as artes a seu serviço. E, à medida que as ideias de sinestesia continuam a proliferar entre pintores, escultores, arquitetos e compositores, o teatro permanece como o candidato favorito ao papel de arte cumulativa. Nessa concepção, o papel do teatro deve desacreditar as reivindicações do cinema. Os partidários do teatro argumentariam que, enquanto a música, a pintura, a dança, o cinema e a expressão vocal podem todas convergir em um "palco", o objeto fílmico pode apenas tornar-se maior (telas múltiplas, projeção de 360 graus etc.), ou mais longo em duração, ou internamente mais articulado e complexo. O teatro pode ser qualquer coisa, pode ser tudo; afinal, os filmes podem somente ser mais do que especificamente (vale dizer, cinematograficamente) são.

Subjacente às expectativas apocalípticas mais grandiosas para ambas as artes, encontra-se um ânimo comum. Em 1923, Béla Bálacz, antecipando detalhadamente a tese de Marshall McLuhan, descreveu os filmes como o símbolo de uma nova "cultura visual", que nos devolve nossos corpos e particularmente nossas faces, tornados ilegíveis, sem alma, inexpressivos, pela secular ascendência da "impressão". Uma hostilidade contra a literatura, a imprensa e sua "cultura de conceitos", também informa a maior parte do pensamento interessante sobre o teatro em nosso tempo.

Nenhuma definição ou caracterização de teatro e cinema pode ser tomada como certa — nem mesmo a observação aparentemente autoevidente de que tanto um como outro são artes temporais. No teatro e no cinema, como na música (ao contrário da pintura), as coisas *não* são apresentadas todas de uma vez. Mas existem atualmente processos significativos que apontam para o aspecto atemporal dessas artes. A fascinação das formas de *mixed-media* no teatro sugere não apenas um "drama" mais prolongado e mais complexo (como a ópera wagneriana), como também uma experiência de teatro mais compacto, que se aproxima da condição da pintura. Essa perspectiva de compacidade é mencionada por Marinetti, que a denomina simultaneidade, uma noção fundamental da estética futurista. Como síntese final de todas as artes, o teatro "deveria usar os artifícios contemporâneos da eletricidade e do cinema; isso permitiria às peças serem extremamente curtas, uma vez que todos esses meios mecânicos capacitariam a síntese teatral a ser atingida no menor espaço de tempo possível, à medida que todos os elementos pudessem ser apresentados simultaneamente".

A origem da ideia da arte como um ato de violência, que permeia o cinema e o teatro, é a estética do futurismo e do surrealismo; seus principais textos são, para o teatro, os escritos de Artaud e, para o cinema, dois filmes de Buñuel, *L'Age d'or* e *Un chien andalou*. (Exemplos mais recentes: as primeiras peças de Ionesco, pelo menos como concebidas; o "cinema da crueldade", de Hitchcock, Clouzot, Franju, Robert Aldrich, Polanski; a obra do Living Theatre; alguns dos espetáculos de luz neocinematográficos, no teatro experimental e nas discotecas; o som de Cage da última fase e de LaMonte Young.) A relação da arte com um público visto como passivo, inerte, farto, só pode se dar pelo ataque. A arte torna-se o mesmo que agressão.

Por mais compreensível e valiosa que seja hoje essa teoria da arte como ataque ao público (bem como a noção complementar da arte como ritual), não deixa de ser necessário questioná--la, particularmente no teatro. Pois há a possibilidade de ela se transformar numa convenção qualquer, terminando por reforçar, como todas as convenções teatrais, a apatia do público (ao invés de desafiá-la). (Assim como a ideologia wagneriana do teatro total desempenhou seu papel na confirmação do filistinismo da cultura alemã.)

Além disso, a eficácia do ataque deve ser avaliada com honestidade. No teatro, isso significa não "diluir" Artaud. Seus escritos expressam a exigência de uma consciência totalmente aberta (portanto despida, cruel consigo mesma), da qual o teatro seria um complemento ou instrumento. Nenhum trabalho teatral chegou ainda a isso. Assim, Peter Brook negou sagaz e imediatamente que o trabalho de sua companhia no "teatro da crueldade", que culminou na celebrada produção de *Marat/Sade*, fosse genuinamente artaudiano. Ele apenas é artaudiano num sentido trivial, diz Brook. (Trivial do ponto de vista de Artaud, não do nosso.)

Por algum tempo, todas as ideias úteis na arte foram extremamente sofismadas. Tome-se, por exemplo, a ideia de que tudo é o que é, e não outra coisa: uma pintura é uma pintura; uma escultura, uma escultura; um poema, um poema, e não prosa. Ou a ideia complementar: uma pintura pode ser "literária" ou escultória; um poema, ser prosa; o teatro competir com o cinema e incorporá-lo; o cinema ser teatral.

Precisamos de uma ideia nova, e é provável que muito simples. Seremos capazes de reconhecê-la?

(*1966*)

PERSONA, DE BERGMAN

O primeiro impulso é tomar como óbvia a obra-prima de Bergman. Desde 1960, pelo menos, com a irrupção de novas formas narrativas propagada com mais notoriedade (se não com maior destaque) por *O ano passado em Marienbad*, os públicos cinematográficos foram constantemente educados pelo elíptico e pelo complexo. À medida que a imaginação de Resnais superava subsequentemente a si mesma, em *Muriel*, uma série de filmes cada vez mais difíceis e perfeitos surgia nos anos recentes. Mas esse acaso feliz não isenta ninguém preocupado com o cinema de aclamar uma obra tão original e triunfante como *Persona*. É desalentador que tal filme tenha recebido apenas uma parcela da atenção que merece, desde que estreou em Nova York, Londres e Paris.

Sem dúvida, parte da mesquinhez da reação dos críticos pode ser mais uma resposta à assinatura de *Persona* que ao próprio filme. Essa veio a significar uma carreira pródiga e infatigavelmente produtiva; um *corpus* de obra muito fértil, com frequência apenas belo e hoje (parecia) já demasiado grande; um talento prodigamente inventivo, sensual, ainda que melodramático, empregado aparentemente com uma certa complacência, e propenso a exibições embaraçosas de mau gosto intelectual. Do Fellini do Norte, os fãs de cinema mais exigentes dificilmente poderiam ser acusados por não esperar, alguma vez, um filme de verdadeira grandiosidade. Mas felizmente, *Persona* obriga-nos a deixar de lado esses preconceitos sobre seu autor.

O restante do descaso por *Persona* pode ser atribuído ao escrúpulo emocional; o filme, como a maior parte de seu trabalho atual, traz uma carga de agonia pessoal quase profana. O que é particularmente verdadeiro para *O silêncio* — de longe, o mais acabado dos filmes que Bergman fez anteriormente. E *Persona* nutre-se com generosidade dos temas e do elenco esquemático estabelecidos em *O silêncio*. (As personagens principais, em ambos os filmes, são duas mulheres confinadas em uma relação angustiante e apaixonada, uma das quais tem um filho pequeno deploravelmente esquecido. Os dois filmes abraçam os temas do escândalo do erótico, das polaridades de violência e impotência, razão e absurdo, linguagem e silêncio, do inteligível e do ininteligível.) Contudo o novo trabalho de Bergman aventura-se além de *O silêncio*, pelo menos na mesma medida em que este, com toda sua força e sutileza emocionais, avançava em relação a suas películas anteriores.

Esse feito dá, para o momento, a medida de uma obra que é irrefutavelmente "difícil". *Persona* está fadado a perturbar, desconcertar e frustrar a maior parte dos cinéfilos — ao menos da mesma maneira que o fez *Marienbad* em seu tempo. Ou no mínimo é isso o que se poderia supor. Entretanto, acumulando a imperturbabilidade à indiferença, a reação crítica a *Persona* evitou associar algo de muito desconcertante ao filme. Os críticos admitiram, brandamente, que o último trabalho de Bergman possui uma obscuridade desnecessária. Alguns acrescentam que desta vez ele exagerou o espírito de incessante desolação. Insinua-se que, com este filme, se aventurou para fora de sua profundidade, trocando arte por rebuscamento. Mas as dificuldades e recompensas de *Persona* são muito mais formidáveis do que tais objeções banais poderiam sugerir.

Por certo, a evidência dessas dificuldades está disponível, de todo modo — mesmo na ausência de controvérsia mais pertinente. Por que mais todas as discrepâncias e meros desvirtuamentos nos relatos fornecidos pelos críticos sobre o que realmente acontece durante o filme? Tal como *Marienbad*, *Persona* parece desafiadoramente obscuro. Sua aparência geral nada tem do abstrato poder de evocação do castelo, no filme de Resnais; o espaço e os acessórios de *Persona* são antirromânticos, frios, mundanos, clínicos (em um sentido bastante literal) e burguesamente modernos. Todavia não apenas um mistério se oculta nesse cenário. O espectador pode achar enigmáticos as ações e o diálogo apresentados, sendo incapaz de decifrar se certas cenas têm lugar no passado, presente ou futuro e se certas imagens e episódios pertencem à realidade ou à fantasia.

Uma abordagem usual de filmes que apresentam dificuldades desse gênero, atualmente comuns, é tratar tais distinções como irrelevantes e decidir que o filme é, na realidade, inteiramente da mesma qualidade. Em geral, isso significa situar a ação do filme em um universo meramente (ou totalmente) mental. Porém essa abordagem só encobre a dificuldade. *Dentro* daquilo que é mostrado, os elementos continuam a se relacionar uns com os outros em maneiras que originalmente sugeriram ao observador que alguns fatos eram realistas enquanto outros eram visionários (fossem fantasia, sonho, alucinação ou visitações extraterrenas). As conexões causais observadas em uma parte do filme continuam a ser escarnecidas em outra; o filme ainda dá várias explicações também convincentes e exclusivas sobre o mesmo acontecimento. Essas relações internas discordantes apenas são transportadas intactas, mas não reconciliadas, quando o conjunto do filme é relocalizado na mente. Devo argumentar que é tão pouco útil descrever *Persona* como um filme subjetivo — uma ação que tem lugar no interior da mente de uma única personagem — como o foi (e é fácil enxergar isso hoje) para a elucidação de *Marienbad*, um filme cujo desprezo pela cronologia convencional e por uma fronteira nitidamente delineada entre fantasia e realidade dificilmente podia ter constituído uma provocação menor que *Persona*.

Tampouco seria mais correto abordar esse filme em busca de uma narração objetiva, ignorando o fato de que *Persona* está semeado de signos que se anulam mutuamente. Mesmo a tentativa mais habilidosa de organizar uma história única e plausível a partir do filme necessariamente deixaria de lado ou contradiria algumas de suas principais partes, imagens e procedimentos. Encetada com menos habilidade, essa tentativa levou à leitura plana, empobrecida e, em parte, inexata, que a maior parte dos críticos e comentaristas efetuou sobre o filme de Bergman.

De acordo com essa leitura, *Persona* é um drama psicológico de câmara que descreve a relação entre duas mulheres. Uma delas é uma atriz de sucesso, cuja idade se aproxima dos quarenta anos, Elizabeth Vogler (Liv Ullman), que sofre de um enigmático colapso mental cujos principais sintomas são o mutismo e uma prostração quase catatônica. A outra mulher é a bela e jovem enfermeira de 25 anos, Alma (Bibi Andersson), encarregada de cuidar, de Elizabeth — inicialmente na clínica mental e, depois, na casa de praia alugada para elas, com esse propósito, pela psiquiatra da clínica que é a médica de Elizabeth e a supervisora de Alma. O que acontece no decorrer do filme, segundo o consenso dos críticos, é que, através de algum processo misterioso, as duas mulheres trocam suas identidades. A que era ostensivamente mais forte, Alma, torna--se mais fraca, assumindo de modo gradual os problemas e confusões de sua paciente; enquanto a mulher doente e abatida pelo desespero (ou psicose) acaba por recuperar sua capacidade de fala e retorna a sua vida anterior. (Não chegamos a ver essa troca ser consumada. O que é mostrado no final de *Persona* assemelha-se a um empate angustiante. No entanto noticiou--se que o filme, pelo menos pouco antes de ser lançado, continha uma breve cena final onde se via Elizabeth de novo no palco, aparentemente recuperada por completo. A partir disso, presume-se que o espectador poderia inferir que a enfermeira estivesse agora muda, tendo assumido a carga do desespero de Elizabeth.)

Partindo dessa versão construída, meio "história" e meio "significado", os críticos descobriram inúmeros significados adicionais. Alguns veem a relação entre Elizabeth e Alma como ilustrando uma lei impessoal que opera intermitentemente nos assuntos humanos; nenhuma responsabilidade última pertence a qualquer uma delas. Outros postulam um canibalismo consciente da inocente Alma pela atriz — e, desse modo, leem o filme como uma parábola das energias predatórias e demoníacas do artista, que varre incorrigivelmente a vida à cata de matéria-prima.* Outros críticos deslocam-se rapidamente para um plano ainda mais geral, extraindo de *Persona* um diagnóstico da dissociação da personalidade contemporânea; uma demonstração da inevitável falência da confiança e da boa vontade, bem como previsíveis visões corretas sobre temas tais como a alienada sociedade afluente, a natureza da loucura, a psiquiatria e suas limitações, a Guerra do Vietnã, o legado ocidental de culpa no sexo, e os Seis Milhões. (Em seguida, os críticos vão mais longe, como fez Michel Cournot, alguns meses atrás, em *Le Nouvel Observateur*, para censurar Bergman por esse didatismo vulgar que eles mesmos lhe imputaram.)

Mas, mesmo quando transformado em enredo, em minha visão, essa leitura dominante de *Persona* é uma grosseira simplificação e um desvirtuamento da obra. É verdade, Alma parece se tornar progressivamente mais insegura e vulnerável; no decorrer do filme, é reduzida a acessos de histeria, cruelda-

---

* Por exemplo, Richards Corliss, na edição do verão de 1967 de *Film Quarterly*: "Paulatinamente, Alma passa a entender que ela é apenas mais um dos 'acessórios de cena' de Elizabeth". Não deixa de ser verdade, no sentido em que Alma, depois de ler uma carta que Elizabeth escreve à psiquiatra, efetivamente alimenta essa ideia amarga sobre aquilo que Elizabeth está tramando. Não é verdade, entretanto, no sentido em que o espectador não dispõe de evidência para chegar a qualquer conclusão definitiva sobre o que está realmente ocorrendo. Todavia, é isto, precisamente, que Corliss assume, de modo a chegar a uma afirmação sobre Elizabeth que não é amparada por nada dito ou mostrado no filme: "A atriz deu à luz uma criança para ajudá-la a 'viver o papel' de mãe, mas não lhe agradava a determinação do menino em manter-se vivo depois de desempenhado o papel. Agora, ela quer livrar-se de Alma como se esta fosse um 'ponto' que já cumpriu sua função".

A mesma ênfase em Elizabeth, como um exemplo das energias parasitárias e inescrupulosas do artista, é dada por Vernon Young, em sua nota desfavorável sobre o filme, na edição do verão de 1967 de *Hudson Review*. Tanto Corliss como Young salientaram que Elizabeth tem o mesmo sobrenome do mágico-artista em *O mágico*.

de, ansiedade, dependência infantil e (é provável) desilusão. É também verdade que Elizabeth torna-se gradativamente mais forte, isto é, mais ativa, mais sensível; no entanto sua mudança é muito mais sutil e, praticamente até o final, recusa-se a falar. Entretanto é difícil que tudo isso seja considerado como equivalente à "troca" de atributos e identidades que os críticos desembaraçadamente mencionaram. Tampouco se pode tomar como certo, como o fizeram vários críticos, que Alma, por mais que tenha chegado a identificar-se, com dor e ansiedade, à atriz, assuma os dilemas de Elizabeth, quaisquer que sejam estes. (Eles estão longe de ficarem claros).

Minha opinião é a de que a vontade de inventar mais história deve ser contida. Tome-se, por exemplo, a cena que se inicia com a súbita presença de um homem de meia-idade, usando óculos escuros (Gunnar Björnstrand), nas proximidades da casa em que Elizabeth e Alma viviam em isolamento. Tudo o que vemos é que ele se aproxima de Alma, dirigindo-se a ela e continuando a chamá-la, apesar de seus protestos, pelo nome de Elizabeth; que ele tenta abraçá-la, ignorando a sua luta para se libertar; que durante toda esta cena a face impassível de Elizabeth nunca está a mais que alguns passos dali; que Alma, de súbito, rende-se aos abraços dele e diz: "Sim, eu sou Elizabeth" (enquanto esta ainda observa atentamente) e vai para a cama com ele, em meio a uma torrente de carícias. Então, vemos as duas mulheres juntas (pouco depois?); estão sós, comportando-se como se nada tivesse acontecido. Essa sequência pode ser tomada como ilustrando a crescente identificação de Alma com Elizabeth e como medida da extensão do processo pelo qual Alma aprende (na realidade? em sua imaginação?) a tornar-se Elizabeth. Enquanto esta talvez tenha voluntariamente renunciado a ser uma atriz, transformando-se em muda, Alma está involuntária e dolorosamente engajada em tornar-se aquela Elizabeth Vogler, a artista, que não mais existe. Todavia nada do que vemos justifica descrever essa cena como um acontecimento real — algo que ocorre no curso da trama, no mesmo nível da transferência inicial das duas mulheres para a casa de praia.* Tampouco podemos ter absoluta certeza de que isso, ou qualquer coisa semelhante, não esteja realmente acontecendo. Afinal, nós efetivamente a vimos ocorrer. (E é da natureza do cinema conferir a todos os eventos, sem indicações do contrário, um grau equivalente de realidade: tudo o que se mostra na tela está *ali*, presente.)

A dificuldade de *Persona* deriva do fato de que Bergman recusa o tipo oferecido de sinalização nítida para separar as fantasias da realidade, por exemplo, por Buñuel em *Belle de jour* (*A bela da tarde*). Buñuel coloca as pistas; quer que o espectador seja capaz de decifrar seu filme. A insuficiência das pistas oferecidas por Bergman pode ser tomada como indício de que ele pretende que o filme permaneça parcialmente codificado. O espectador pode apenas aproximar-se, mas nunca atingir a certeza sobre a ação. Entretanto, até onde a distinção entre fantasia e realidade tem alguma utilidade para a compreensão de *Persona*, eu defenderia que muito mais do que os críticos admitiram, aquilo que ocorre dentro ou ao redor da casa da praia é mais plausivelmente compreensível como fantasia de Alma. Uma primeira evidência a favor dessa tese é uma sequência que tem lugar logo depois que as duas mulheres chegam ao litoral. Depois de vermos Elizabeth entrar no quarto de Alma, ficar a seu lado, e afagar seus cabelos, vemos Alma, pálida, perturbada, interrogando Elizabeth na manhã seguinte: "Você veio a meu quarto a noite passada?", e Elizabeth, ligeiramente estranha, ansiosa, balançando a cabeça, negando. Agora, parece não haver razão para duvidar dessa resposta. O espectador não percebe nenhuma evidência de um plano maléfico da parte dela para minar a confiança de Alma em sua própria sanidade; nem há qualquer evidência para duvidar da memória ou da sani-

---

* É o que a maioria dos críticos faz com essa cena: assume que se trata de um fato real e a insere na "ação" do filme. Richard Corliss expõe a questão, sem qualquer indício de incerteza, da seguinte maneira: "Quando o marido cego de Elizabeth as visita, toma Alma por sua esposa (e) eles fazem amor". Mas a única evidência de que o homem é cego é o fato de usar óculos escuros — além da ânsia dos críticos em encontrar uma explicação "realista" para tais fatos implausíveis.

139

dade de Elizabeth, no sentido comum. Mas, se é esse o caso, dois pontos importantes foram assentados no início do filme. Um deles é que Alma está tendo alucinações — e, presume--se, continuará a tê-las. O outro é que alucinações ou visões irão aparecer na tela com o mesmo ritmo, a mesma aparência de realidade objetiva que as coisas "reais". (Entretanto, algumas pistas, demasiado complexas para ser descritas aqui, estão presentes na iluminação de certas cenas.) E uma vez assegurados esses pontos, parece altamente plausível tomar pelo menos a cena com o marido de Elizabeth como uma fantasia de Alma, bem como várias cenas que retratam um contato físico carregado, quase hipnótico, entre as duas mulheres.

No entanto, separar o que é fantasia do que é real em *Persona* (isto é, aquilo que Alma imagina daquilo que pode ser visto como realmente existindo) é uma tarefa sem importância. E ela logo se revela enganosa, a menos que submetida ao tema mais amplo da forma de exposição ou narração empregada no filme. Como já sugeri, *Persona* é construído segundo uma forma que resiste a ser reduzida a uma história — vale dizer, a história sobre a relação (embora ambígua e abstrata) entre duas mulheres, Elizabeth e Alma, paciente e enfermeira, estrela e ingênua, *alma* e *persona* (máscara). Tal redução a uma história significa, afinal, uma redução do filme de Bergman à dimensão única da psicologia. Não que essa dimensão não esteja aí; ela está. Mas, para compreender *Persona*, o espectador deve ultrapassar o ponto de vista psicológico.

Isso pode parecer impositivo, porque Bergman permite ao público interpretar a condição muda de Elizabeth de diversas formas: como ruptura mental involuntária e como decisão moral voluntária que conduz seja à autopurificação, seja ao suicídio. Contudo, independentemente do pano de fundo de sua condição, Bergman deseja envolver o espectador muito mais no próprio fato que em suas causas. Em *Persona*, o mutismo é antes de tudo um fato com um certo peso psíquico e moral, um fato que inicia seu próprio tipo de causalidade psíquica e moral sobre um "outro".

140

Estou inclinada a atribuir uma condição privilegiada à fala da psiquiatra a Elizabeth, antes desta partir com Alma para a casa de praia. A psiquiatra diz a uma Elizabeth silenciosa e impassível que conseguiu entender seu caso. Apreendeu que Elizabeth quer ser sincera, deixar de "representar", parar de mentir; fazer com que o interior e o exterior se harmonizem. E, assim, tendo rejeitado o suicídio como solução, decidiu ficar muda. A psiquiatra conclui aconselhando Elizabeth a que aguarde o momento propício e viva inteiramente a sua experiência, prevendo que ao final a atriz renunciará a sua mudez e retornará ao mundo... Mas, mesmo se tratamos essa fala como apresentando uma visão privilegiada, seria um erro tomá-la como a chave para *Persona*; ou mesmo assumir que a tese da psiquiatra explique completamente a condição de Elizabeth. (A doutora podia estar enganada, ou, pelo menos, estar simplificando a questão.) Ao situar esse discurso em um momento tão precoce do filme (antes, ainda, um relato superficial sobre os sintomas de Elizabeth é passado a Alma, quando a doutora lhe atribui o caso) e ao deixar de se referir a tal "explicação" outra vez, Bergman, com efeito, simultaneamente levou em consideração a psicologia e se livrou dela. Sem excluir a explicação psicológica, destina a um lugar relativamente menor qualquer consideração sobre o papel dos *motivos* da atriz na ação.

Persona assume uma posição além da psicologia — assim como, num sentido análogo, além do erotismo. É certo que o filme contém a matéria-prima de um tema erótico, como na "visita" do marido de Elizabeth, que termina na sua ida para a cama com Alma, enquanto Elizabeth observa. Acima de tudo, há o vínculo entre as duas mulheres que, em sua febril proximidade, suas carícias, sua simples paixão (admitida por Alma, em palavras, gestos e fantasias), dificilmente poderia deixar de sugerir, ao que parece, um envolvimento sexual poderoso, embora em grande parte inibido. Porém, com efeito, o que poderia ser sexual em sentimento é amplamente transposto em algo além da sexualidade, além do próprio erotismo. O episódio mais puramente sexual do filme é a cena em que Alma, sentada no quarto ao lado de Elizabeth, conta a história de uma improvisada orgia na praia; Alma fala, paralisada, dando asas à memória e ao mesmo tempo revelando conscientemente seu vergonhoso segredo a Elizabeth, sua grande oferenda de amor. Através da fala e sem qualquer recurso a imagens (por meio de um *flashback*), produz-se uma violenta atmosfera sexual. Mas essa sexualidade não tem nada a ver com o "presente" do filme e o relacionamento entre as duas mulheres. A esse respeito, *Persona* opera uma notável modificação da estrutura de *O silêncio*. No filme anterior, a relação de amor e ódio entre as duas irmãs projetava uma inequívoca energia sexual — particularmente os sentimentos da irmã mais velha (Ingrid Thulin). Em *Persona*, Bergman atingiu uma situação mais interessante ao, com delicadeza, retirar ou transcender as possíveis implicações sexuais do laço entre as duas mulheres. É um feito notável de aprumo moral e psicológico. Embora mantendo a indeterminação da situação (de um ponto de vista psicológico), não dá a impressão de fugir ao tema, e nada apresenta que seja psicologicamente improvável.

As vantagens de manter indeterminados os aspectos psicológicos de *Persona* (embora internamente críveis) estão em que Bergman pode fazer muitas coisas mais, além de contar uma história. Em vez de uma história plenamente desenvolvida, apresenta algo que é, em certo sentido, mais incipiente e, em outro, mais abstrato: um *corpus* de matéria-prima, um tema. A função da matéria-prima ou do tema pode ser tanto a sua opacidade, a sua multiplicidade, como a desenvoltura com que se deixa encarnar em uma determinada trama ou ação.

Em uma obra constituída com tais princípios, a ação pareceria intermitente, porosa, transportada através de sugestões de ausência, daquilo que não poderia ser univocamente dito. Isso não significa que a narrativa foi privada de "sentido". Significa que o sentido não está necessariamente ligado a uma trama determinada. Como alternativa, existe a possibilidade de uma narração ampliada, composta de fatos que não são (por completo) explicados, mas que, não obstante, são possíveis e podem mesmo ocorrer. O movimento para a frente de uma tal narrativa poderia ser medido pelas relações recíprocas entre suas partes — por exemplo, deslocamentos — mais que pela causalidade realística comum (basicamente psicológica). Poderia existir aquilo que se denominaria uma trama latente. Ainda assim, os críticos têm mais a fazer que deslindar o fio da história como se o autor — por mera inabilidade, erro, frivolidade, ou falta de perícia — o tivesse escondido. Em tais narrativas, não se trata de uma trama mal colocada, mas de uma trama que foi (ao menos em parte) anulada. Essa intenção, seja consciente por parte do artista ou meramente implícita na obra, deve ser tomada em seu valor nominal e respeitada.

Tome-se o tema da informação. Uma tática assumida pela narrativa tradicional é fornecer informação "completa" (com o que quero dizer tudo o que é necessário, de acordo com o padrão de relevância estabelecido no "mundo" proposto pela narrativa), de modo que o final da experiência de assistir ou de ler coincida, idealmente, com a plena satisfação do desejo de saber, de entender o que aconteceu e por quê. (Trata-se, sem dúvida, de uma busca de conhecimento altamente manipulada. O objetivo do artista é convencer seu público de que aquilo que ele não aprendeu no final, ele não *é capaz* de conhecer ou não deve se *preocupar* em conhecer.) Em contraste, um dos traços marcantes das novas narrativas é uma frustração deliberada e calculada do desejo de conhecer. Alguma coisa aconteceu no ano passado em Marienbad? O que ocorreu com a moça de *L'Avventura* (*A aventura*)? Para onde vai Alma quando sobe sozinha em um ônibus perto do final de *Persona*?

Uma vez concebido que o desejo de conhecer pode ser (em parte) sistematicamente frustrado, as velhas expectativas quanto à feitura da trama não mais se sustentam. Desses filmes (ou obras comparáveis de ficção em prosa) não se deve esperar que forneçam várias das satisfações familiares às narrativas tradicionais, tal como serem "dramáticos". A princípio, pode parecer

143

que uma trama ainda permanece, e está apenas sendo relatada de um ângulo oblíquo, desconfortável, onde a visão é obscurecida. Na realidade, a trama não está de forma alguma presente, em seu sentido antigo; a questão, nessas novas obras, não é atormentar, mas envolver o público de modo mais direto em outros temas, por exemplo, nos próprios processos de conhecer e ver. (Um precursor notável desse conceito de narração é Flaubert; o uso persistente dos detalhes secundários nas descrições, em *Madame Bovary*, é um exemplo do método.)

O resultado da nova narrativa, portanto, é uma tendência a desdramatizar. *Romance na Itália*, para citar outro exemplo, conta o que, à primeira vista, é uma história. No entanto uma história que procede por omissões. O público está sendo assaltado, como antes, pelo sentido de perda ou ausência de significado, ao qual o próprio artista não tem acesso. O reconhecimento de agnosticismo por parte do artista pode aparentar frivolidade ou desdém pelo público. Antonioni enfureceu muita gente ao dizer que ele mesmo não sabia o que acontecera com a moça perdida em *L'Avventura* — se ela havia, digamos, cometido suicídio ou fugido. Entretanto essa atitude devia ser tomada com a maior seriedade. Quando o artista declara que não "sabe" mais do que o público, está dizendo que todos os significados residem na própria obra, que nada existe "por trás" dela. Essas obras parecem carecer de sentido ou significado, apenas na medida em que atitudes críticas arraigadas estabeleceram como sentença para as artes narrativas (o cinema e a literatura em prosa) que o significado está tão só nesse excedente de "referência" externa à obra — ao "mundo real" ou à "intenção" do artista. Mas tal regra é, na melhor das hipóteses, arbitrária. O significado de uma narrativa não é idêntico a uma paráfrase dos valores associados por um público ideal aos equivalentes ou fontes "reais" dos elementos da trama, ou às atitudes projetadas pelo artista diante de tais elementos. Tampouco o significado (seja nos filmes, na ficção ou no teatro) é uma função de uma trama determinada. Outros tipos de narrativa são possíveis além daqueles baseados em uma história, na qual o problema fundamental é o tratamento de uma trama e a construção de personagens. Por exemplo, a matéria pode ser tratada como um *recurso temático*, de onde se derivam estruturas narrativas diferentes (e talvez concorrentes) enquanto variações. Porém é inevitável que os mandatos formais de uma tal construção devem diferir daqueles de uma história (ou mesmo uma série de histórias paralelas). A diferença, provavelmente, parecerá mais notável no tratamento do tempo.

Uma história envolve o público naquilo que acontece, no modo como uma situação se desenrola. O movimento é decididamente linear, sejam quais forem os meandros e as digressões. A pessoa se desloca de A para B, para em seguida antecipar C, enquanto C (se o caso é conduzido de maneira satisfatória) aponta o interesse na direção de D. Cada elo na cadeia é, por assim dizer, autoanulador, uma vez que tenha cumprido sua parte. Em contraste, o desenvolvimento de uma narrativa de tema-e-variação é muito menos linear. O movimento linear não pode ser completamente suprimido, visto que a experiência da obra permanece como um evento no tempo (o tempo de assistir ou ler). Todavia é possível que esse movimento para a frente seja marcadamente qualificado por um princípio retrógrado rival, que poderia tomar a forma, digamos, de contínuas referências cruzadas e invertidas. Tal obra convidaria a uma leitura múltipla, a uma reexperiência. Solicitaria ao espectador ou leitor, idealmente, que se posicionasse simultaneamente em vários pontos diferentes na narrativa.

Essa exigência, característica das narrativas de tema-e--variação, previne a necessidade de estabelecer um esquema cronológico convencional. Em vez disso, o tempo pode aparecer sob o aspecto de um perpétuo presente; ou os acontecimentos podem formar uma charada que torna impossível distinguir exatamente um passado, um presente e um futuro. *Marienbad* e *L'Immortelle*, de Robbe-Grillet, são exemplos rigorosos do último procedimento. Em *Persona*, Bergman lança mão de uma abordagem mista. Embora o tratamento da sequência de tempo no corpo do filme pareça toscamente realista ou cronológico, no início e no fim do filme, as distinções de "antes" e "depois" são muito empalidecidas, quase indecifráveis.

A meu ver, a construção de *Persona* é melhor descrita em termos dessa forma de variações-sobre-um-mesmo-tema. O tema é o da *duplicação*; as variações são as que derivam das principais possibilidades de tal tema (tanto no nível formal quanto no psicológico), como a cópia, a inversão, o intercâmbio recíproco, a unidade e a cisão, bem como a repetição. A ação não pode ser univocamente parafraseada. É correto falar de *Persona* em termos dos destinos de duas personagens chamadas Elizabeth e Alma, que estão engajadas em um desesperado duelo de identidades. Mas é igualmente pertinente tratar *Persona* como o relato do duelo entre duas partes míticas de um único eu: a pessoa corrompida que age (Elizabeth) e a alma engenhosa (Alma) que sucumbe, em contato com a corrupção.

Um subtema da duplicação é o contraste entre o esconder e o manifestar. A palavra latina *persona*, da qual deriva o termo inglês *person* (pessoa), significa máscara usada por um ator. Ser uma pessoa é, assim, possuir uma máscara; e em *Persona* ambas as mulheres usam máscaras. A de Elizabeth é sua mudez. A de Alma, sua saúde, seu otimismo, sua vida normal (está entrosada, gosta de seu trabalho e o desempenha bem etc.). Entretanto, no decorrer do filme, as duas máscaras se rompem.

Resumir esse drama, dizendo que a violência perpetrada pela atriz contra si própria é transferida a Alma, é demasiado simples. A violência e o senso de horror e impotência são, mais verdadeiramente, as experiências residuais da consciência submetida a uma provação. Ao não contar uma "história" sobre a provação psíquica de duas mulheres, Bergman usa essa ordália como elemento constitutivo de seu tema principal. E o tema da duplicação parece ser menos uma ideia formal do que psicológica. Como já salientei, Bergman reteve suficiente informação sobre a história das duas mulheres a ponto de tornar impossível determinar com clareza os principais traços (sem falar em todos eles) daquilo que se passa entre elas. Além disso, ele introduziu inúmeras reflexões sobre a natureza da representação (a posição da imagem, do mundo, da ação, do próprio meio fílmico). *Persona* não é apenas uma representação das relações entre duas personagens, mas uma meditação sobre o filme que é "sobre" elas.

As partes mais explícitas dessa meditação são as sequências de abertura e de encerramento, nas quais Bergman tenta criar o filme como um objeto: finito, fabricado, frágil e perecível e, portanto, algo que existe no espaço e no tempo.

Persona inicia com escuridão. Em seguida, dois pontos de luz ganham brilho gradativo, até vermos que são os dois carvões de uma lâmpada de arco voltaico; depois disso, reluz uma parte do guia. Então, segue-se uma série de rápidas imagens, algumas mal identificáveis — uma cena de caça de uma comédia-pastelão do cinema mudo; um pênis ereto; uma unha sendo fincada na palma de uma mão; uma visão de bastidor de uma atriz muito maquilada que declama para os refletores e a escuridão a sua frente (vemos essa imagem logo adiante e tomamos conhecimento de que se trata de Elizabeth desempenhando seu último papel, o de Electra); a autoimolação de um monge budista no Vietnã do Sul; vários corpos em uma morgue. Todas essas imagens passam velozmente, a maioria demasiado rápido para serem vistas; mas, gradativamente, diminuem o ritmo, como se consentindo em ajustarem-se à duração na qual o espectador pode percebê-las sem esforço. Vem assim a sequência final de imagens — projetadas em velocidade normal. Vemos um menino magro e de aparência enferma, com cerca de onze anos, deitado de bruços sob um lençol, sobre uma maca de hospital encostada a uma parede nua; o espectador, de início, é levado a associá-lo com os corpos há pouco mostrados. Mas o menino se agita, livra-se, desajeitado, do lençol, dobra-se sobre si mesmo, coloca um par de óculos redondos, alcança um livro e começa a ler. Então vemos diante dele uma nódoa, muito apagada, mas a ponto de se tornar uma imagem, o rosto de tamanho irreal, jamais completamente nítido, de uma bela mulher. Devagar, de forma hesitante, o menino alcança a imagem e passa a acariciá-la. (A superfície que toca sugere uma tela de cinema, mas também um retrato e um espelho.)

Quem é esse menino? A maioria das pessoas assumiu que ele é o filho de Elizabeth, porque tomamos ciência depois que ela tem um filho (cuja foto instantânea rasga em pedaços, quando seu marido a remete para o hospital) e porque pensam que o rosto na tela é o semblante da atriz. Na realidade, não é. A imagem não apenas está longe de ser nítida (o que é obviamente deliberado), como Bergman modula a imagem para trás e para diante entre o rosto de Elizabeth e o de Alma. Por essa única razão, parece fácil atribuir ao menino uma identidade literal. Em vez disso, penso, sua identidade é algo que não devemos esperar conhecer.

De todo modo, ele é visto outra vez até o fim do filme, quando, de maneira mais breve, depois de finda a ação, há uma montagem complementar de imagens fragmentárias, que termina com o menino outra vez alcançando carinhosamente a imensa ampliação imprecisa do rosto de uma mulher. Aí, Bergman corta para a tomada da lâmpada incandescente, mostrando o inverso do fenômeno que abre o filme. Os carvões começam a se apagar; lentamente, a luz desaparece. O filme morre, como antes, a nossos olhos. Morre como o faz um objeto ou uma coisa, declarando-se a si próprio gasto e, desse modo, independente da vontade do cineasta.

Todo relato que deixe de lado ou desconsidere como acidental a forma como *Persona* começa e termina não deve estar falando sobre o filme que Bergman realizou. Longe de ser estranha ou pretensiosa, como muitos críticos acharam, a assim chamada estrutura de *Persona* é, segundo me parece, uma afirmação central do tema da autorreflexão estética que perpassa todo o filme. O elemento de autorreflexão em *Persona* não deixa de ser uma preocupação arbitrária, acrescentada à ação dramática. Basicamente por um motivo: constitui a mais explícita afirmação, no nível formal, do tema da duplicação ou da cópia que está presente, em um nível psicológico, nas relações entre Alma e Elizabeth. As "duplicações" formais em *Persona*

148

são a mais ampla extensão do tema da duplicação que fornece a matéria-prima do filme.

Talvez o episódio particular mais notável, em que as ressonâncias formais e psicológicas do tema duplo são representadas de forma mais completa, seja a longa descrição feita por Alma da maternidade de Elizabeth e de seu relacionamento com o filho. Esse monólogo é repetido duas vezes em sua íntegra, a primeira mostrando Elizabeth enquanto ela ouve, a segunda mostrando Alma enquanto fala. A sequência termina espetacularmente, com o *close-up* de um rosto duplo ou compósito, metade Elizabeth, metade Alma.

Aqui, Bergman salienta a paradoxal promessa do filme — notadamente, sempre dá a ilusão de um acesso voyeurista a uma realidade não adulterada, de uma visão neutra das coisas tal como são. O que é filmado é sempre, em certo sentido, um "documento". Mas aquilo que os cineastas contemporâneos mostram, cada vez com frequência maior, é o próprio processo de ver, fornecendo fundamento ou evidência a várias maneiras diferentes de ver a mesma coisa, as quais o espectador pode manter simultânea ou sucessivamente.

O uso que Bergman faz dessa ideia, em *Persona*, é surpreendentemente original, mas a intenção mais ampla é familiar. Na forma como faz seu filme autorreflexivo, auto-observador, em última instância, autossaciado, podemos reconhecer não um capricho pessoal, mas a expressão de uma tendência autônoma. Com efeito, é precisamente a energia para esse gênero de preocupação "formalista" com a natureza e os parodoxos do próprio meio que foi desencadeada quando as estruturas formais de trama e personagem do século XIX (com seu pressuposto de uma realidade muito menos complexa que a visualizada pela consciência contemporânea) foram suplantadas. Aquilo que é, em geral, defendido como uma consciência super-refinada na arte contemporânea, levando a uma espécie de autocanibalismo, pode ser visto — de forma menos pejorativa — como a liberação de novas energias de pensamento e sensibilidade.

Essa é, para mim, a promessa por trás da tese familiar que

situa a diferença entre o cinema tradicional e o novo no *status* modificado da câmera. Na estética dos filmes tradicionais, a câmera procurava permanecer despercebida, tentava eclipsar--se no espetáculo que apresentava. Em contraste, o que é visto como o novo cinema pode ser reconhecido, como destacou Pasolini, pela "presença sentida da câmera". (Desnecessário dizer, o novo cinema não significa apenas o cinema da última década. Para citar apenas dois predecessores, lembremos de *O homem com a câmera*, de Vertov (1929), com o seu jogo pirandelliano com o contraste entre o filme como objeto físico e o filme como imagem ao vivo, e *Häxan*, de Benjamin Christensen (1921), com seus saltos de um para outro lado, entre a ficção e o documentário jornalístico.) Mas Bergman vai além do critério de Pasolini, inserindo na consciência do espectador a presença sentida do filme enquanto objeto. Isso ocorre não apenas no início e no fim, como no meio de *Persona*, quando a imagem — uma tomada do rosto horrorizado de Alma — se estilhaça, como um espelho, e logo se queima. Quando a cena seguinte começa, imediatamente depois (como se nada tivesse acontecido), o espectador tem não somente uma imagem persistente da angústia de Alma, mas um sentido de choque adicional, uma apreensão mágico-formal do filme, como se este tivesse entrado em colapso sob o encargo de registrar um sofrimento tão drástico e, depois, tivesse sido, como o foi, magicamente reconstituído.

A intenção de Bergman, no início e no final de *Persona* e nessa aterrorizadora cisão na metade, é completamente diferente — na verdade, é o oposto romântico — da intenção brechtiana de alienar o público, fornecendo contínuos lembretes de que aquilo que está vendo é teatro. Bergman parece apenas marginalmente preocupado com o pensamento de que poderia ser salutar ao público ser lembrado que o que está vendo é um filme (um artefato, algo fabricado), e não a realidade. Em vez disso, faz uma declaração sobre a complexidade do que pode ser representado, uma asserção de que um conhecimento profundo, destemido, de alguma coisa mostrar-se-á no final destrutivo. Uma personagem dos filmes de Bergman, que perceba algo intensamente, acabará por consumir o que conhece, sendo forçada a mudar para outras coisas.

Esse princípio de intensidade na raiz da sensibilidade de Bergman determina os modos específicos em que ele utiliza novas formas narrativas. Algo como a vivacidade de Godard, a inocência intelectual de *Jules e Jim*, o lirismo de Bertolucci em *Antes da revolução* e de *Le départ*, de Skolimowski, estão fora de seu âmbito. A obra de Bergman caracteriza-se pela lentidão, pelo ritmo deliberado — algo como o caráter pesado de Flaubert. Daí, a qualidade dolorosamente não modulada de *Persona* (e de *O silêncio*, antes dele), a qualidade apenas superficialmente descrita como pessimismo. Não se trata de Bergman ser pessimista quanto à vida e à situação humanas — como se fosse uma questão de ter certas opiniões —, mas, ao contrário, de que a qualidade de sua sensibilidade, quando ele é fiel a ela, tem um único tema: as profundezas em que a consciência pode mergulhar. Se a manutenção da personalidade requer salvaguardar a integridade das máscaras, e a verdade sobre uma pessoa sempre significa o seu desmascaramento, o estilhaçamento da máscara, então a verdade sobre a vida como um todo é o despedaçar de toda a fachada — por trás da qual se encontra uma crueldade absoluta.

É aqui, segundo penso, que se devem situar as alusões ostensivamente políticas em *Persona*. As referências de Bergman ao Vietnã e aos Seis Milhões são bastante diferentes das referências à Guerra da Argélia, ao Vietnã e à China, nos filmes de Godard. Ao contrário deste, Bergman não é um cineasta tópico ou historicamente orientado. Elizabeth, assistindo a uma notícia na TV sobre um bonzo em Saigon que se autoimola, ou olhando a fotografia famosa de um menino do gueto de Varsóvia sendo conduzido à morte, são, para Bergman, acima de tudo, imagens de violência total, de crueldade impenitente. Aparecem em *Persona* como imagens do que não pode ser supostamente contido ou digerido, ao invés de oportunidades para pensamentos políticos e morais corretos. Em sua função, tais imagens não diferem dos primeiros *flashbacks* da palma de uma mão em que a unha é cravada, ou dos corpos anônimos na morgue. A história ou a política ingressam em *Persona* apenas na forma de pura violência. Bergman faz um uso "estético" da violência — distante da propaganda usual da esquerda liberal.

O tema de *Persona* é a violência do espírito. Se as duas mulheres violam-se mutuamente, é possível dizer que cada uma se violentou com a mesma profundidade. No paralelo final a esse motivo, o próprio filme parece ser violado — emergindo para, em seguida, afundar no caos do "cinema" e do filme-como-objeto.

O filme de Bergman, profundamente inquietante, às vezes aterrorizador, relata o fato horrível da dissolução da personalidade: o brado de Alma a Elizabeth em certo ponto: "Eu não sou você!". E ele retrata o horror do roubo de personalidade (se voluntário ou não, o filme não deixa claro), que é, no plano mítico, apresentado como vampirismo: vemos Elizabeth beijando o pescoço de Alma; em determinado instante, Alma sorve o sangue de Elizabeth. Obviamente, o tema das trocas vampíricas de substância pessoal não precisa ser tratado como uma história de horror. Tome-se o alcance emocional muito diferente desse material em *The sacred fount*, de Henry James. A diferença mais evidente entre o tratamento de James e o de Bergman é o grau de sofrimento sentido que se representa. Por toda sua inequívoca aura desagradável, os intercâmbios vampíricos entre as personagens, no último romance de James, são apresentados como, em parte, voluntários e, de alguma forma obscura, justos. Bergman exclui com rigor o domínio da justiça (no qual as personagens têm o que elas "merecem"). Não se proporciona ao espectador, de algum ponto de vista externo confiável, qualquer ideia da verdadeira postura moral de Elizabeth e Alma; seu enredamento é um dado, não o resultado de alguma situação prévia que se nos permite compreender; o estado de espírito é de desespero, onde todas as atribuições de voluntariedade parecem superficiais. Tudo o que se nos oferece é um conjunto de compulsões ou gravitações, em que as duas mulheres soçobram, trocando "força" e "fraqueza".

Mas talvez a diferença primordial entre a abordagem de Bergman e a de James derive de sua posição contrastante com respeito à linguagem. Na medida em que o discurso continua, no romance de James, a textura da pessoa também o faz. A continuidade da linguagem constitui uma ponte sobre o abismo da perda, do afundamento da personalidade em absoluto desespero. Entretanto em *Persona* é precisamente a linguagem — sua continuidade — que é posta em questão. (Bergman é o mais moderno dos artistas; e o cinema, o abrigo natural daqueles que suspeitam da linguagem, um veículo pronto para o vasto peso de suspeita diante da "palavra", alojado na sensibilidade moderna. À medida que a purificação da linguagem tornou-se a tarefa particular de autores da poesia e da prosa modernistas, como Stein, Beckett e Robbe-Grillet, boa parte do novo cinema passou a ser um veículo para os que anseiam demonstrar as futilidades e as duplicidades da linguagem.) O tema já aparecera em *O silêncio*, com a linguagem incompreensível em que a irmã tradutora recai, incapaz de se comunicar com o velho porteiro que a atende quando, no final do filme, ela está deitada à beira da morte, no hotel vazio da cidade-guarnição imaginária. Contudo Bergman não leva o tema além do âmbito razoavelmente banal da "falência de comunicação" da alma isolada na dor, e do silêncio de abandono e de morte. Em *Persona*, o tema da carga e do fracasso da linguagem é desenvolvido de um modo muito mais complexo.

Persona toma a forma de um monólogo virtual. Além de Alma, há somente duas outras personagens que falam, a psiquiatra e o marido de Elizabeth, que aparecem em cena muito brevemente. Na maior parte do filme, ficamos com as duas mulheres, isoladas na praia — e apenas uma delas, Alma, fala, cautelosa mas incessantemente. Uma vez que a atriz renunciou à fala como uma espécie de atividade contaminadora, a enfermeira mudou-se para demonstrar a inocuidade e a utilidade da comunicação verbal. Embora a verbalização do mundo em que Alma está empenhada sempre traga algo estranho, ela é, a princípio, um ato totalmente generoso, concebido para o benefício de sua paciente. Mas isso logo muda. O silêncio da atriz torna-se uma provocação, uma tentação, uma armadilha. O que Bergman revela é uma situação que lembra a peça de um único ato de Strindberg, *O mais forte*, um embate entre duas pessoas, uma das quais é agressivamente silenciosa. E, como na peça de Strindberg, aquela que fala, que abre sua alma, revela-se mais fraca que aquela que se mantém silenciosa. Com efeito, a qualidade desse silêncio se altera sem cessar, tornando-se cada vez mais potente: a mulher muda continua se modificando. Cada um dos gestos de Alma — de afeto confiante, de inveja, de hostilidade — é invalidado pelo inexorável silêncio de Elizabeth.

Alma também é traída pelo próprio discurso. A linguagem é apresentada como um instrumento de fraude e crueldade (os sons penetrantes do noticiário; a dolorida carta de Elizabeth à psiquiatra, que Alma lê); como um instrumento de desmascaramento (a explicação da psiquiatra do porquê Elizabeth "escolheu" o silêncio; o repreensivo retrato delineado por Alma dos segredos da maternidade de Elizabeth); como um instrumento de autorrevelação (a confidente narrativa de Alma sobre a orgia improvisada na praia); e como arte e artifício (a fala que Electra-Elizabeth pronuncia no palco, quando subitamente passa ao silêncio; o drama radiofônico que Alma liga no quarto de Elizabeth, no hospital, fazendo com que esta sorria). *Persona* demonstra a falta de uma linguagem apropriada, uma linguagem que tenha genuína plenitude. Tudo o que resta é uma linguagem de lacunas, adequada a uma narrativa enfileirada ao longo de uma série de hiatos na "explicação". E tais ausências de elocução tornam-se mais poderosas que as palavras: a pessoa que põe uma fé acrítica nas palavras é atraída da compostura e da autoconfiança relativa à angústia histérica.

Aqui, na verdade, situa-se o exemplo mais poderoso do tema da troca. A atriz cria um vácuo através do silêncio. A enfermeira, através da fala, mergulha nele — exaurindo a si própria. Nauseada pela vertigem implantada pela ausência da linguagem, Alma, a certa altura, implora a Elizabeth que apenas repita palavras e frases sem sentido que lhe grita. Mas, durante todo o tempo à beira-mar, apesar de todo tato, bajulação e, por fim, protestos frenéticos por parte de Alma, Elizabeth recusa-se (de modo obstinado? cruel? desamparado?) a falar. Ela tem somente dois lapsos. Uma vez, quando Alma, furiosa, ameaça-a com uma panela de água fervente, a aterrorizada Elizabeth encosta-se à parede e grita: "Não, não me machuque!". Por um momento Alma triunfa; tendo alcançado o objetivo, ela pousa a panela. Mas Elizabeth torna-se completamente silenciosa outra vez, até que o filme é avançado (aqui, a sequência de tempo é indeterminada), uma breve cena no quarto nu do hospital mostra Alma curvando-se sobre a cama de Elizabeth, suplicando à atriz que diga uma palavra. Impassível, Elizabeth aquiesce. A palavra é "Nada".

O tratamento bergmaniano do tema da linguagem, em *Persona*, também sugere uma comparação com filmes de Godard, em particular *Deux ou trois choses* (a cena do café). Outro exemplo é o curta-metragem recente *Anticipation*, uma história de antiutopia, situada em um mundo futuro extrapolado do nosso, que é governado pelo sistema de *"spécialisation intégrale"*; nesse mundo há dois tipos de prostitutas, um representando o amor físico ("gestes sans paroles") e o outro, o amor sentimental ("paroles sans gestes"). Comparado ao contexto narrativo de Bergman, o método de fantasia de ficção científica em que Godard dispôs seu tema permite-lhe, ao mesmo tempo, uma maior abstração e a possibilidade de uma resolução do problema (o divórcio entre linguagem e amor, entre a mente e o corpo), colocado de forma tão abstrata, tão "estética", no filme. No final de *Anticipation*, a prostituta falante aprende a fazer amor e o discurso fragmentado do viajante interplanetário é reparado — e as pálidas correntes coloridas de quatro vincos fundem-se em plena cor. O estilo de *Persona* é mais complexo, e muito menos abstrato. Não há final feliz. No término do filme, máscara e pessoa, silêncio e fala, ator e "alma" permanecem divididos — por mais que se mostrem parasítica e vampiricamente entrelaçados.

(1967)

GODARD

Talvez seja verdade que é preciso optar entre ética e estética, mas não é menos verdade que, qualquer que seja a escolhida, a outra sempre estará à espera no final do caminho, pois a definição da condição humana deve estar presente na própria mise-en--scène.

Nos anos recentes, a obra de Godard tem sido discutida mais apaixonadamente que a de qualquer outro cineasta contemporâneo. Embora ele tenha plenos direitos a ser classificado como o maior diretor, além de Bresson, a trabalhar ativamente no cinema atual, é contudo comum que pessoas inteligentes se irritem e se frustrem com seus filmes, chegando a achá-los insuportáveis. Os filmes de Godard ainda não foram elevados à condição de clássicos ou obras-primas — como os melhores de Eisenstein, Griffith, Gance, Dreyer, Lang, Pabst, Renoir, Vigo, Welles etc.; ou, para tomar alguns exemplos mais próximos, *A aventura* e *Jules e Jim*. Isto é, seus filmes ainda não são vistos como embalsamados, imortais, inegável e meramente "belos". Eles retêm seu poder jovial de ofender, de parecerem "feios", irresponsáveis, frívolos, pretensiosos e vazios. Os cineastas e o público ainda estão aprendendo com os filmes de Godard, ainda polemizam com eles.

Enquanto isso, Godard (em parte, porque roda um novo filme em poucos meses) procura manter-se agilmente à frente da confiança inexorável da canonização cultural; estendendo velhos problemas e abandonando ou complicando antigas soluções — ofendendo antigos admiradores em número quase equivalente aos dos novos admiradores que adquire. Seu 13º longa-metragem, *Deux ou trois choses que je sais d'elle* [Duas ou três coisas que eu sei dela, 1966], é talvez o mais austero e difícil de todos os seus filmes. Seu 14º longa, *La chinoise (A chinesa,*

156

1967), estreou em Paris no último verão e conquistou o primeiro Prêmio Especial do Júri do Festival de Cinema de Veneza, em setembro; mas Godard não saiu de Paris para recebê-lo (sua primeira premiação em um festival importante) porque apenas começara a rodar seu próximo filme, *Weekend* (*Weekend à francesa*) que estava sendo exibido em Paris em janeiro deste ano.

Até aqui, quinze longa-metragens foram realizados e exibidos sendo o primeiro o famoso *A bout de souffle* (*Acossado*), em 1959. Os filmes subsequentes, na ordem, são:

Le petit soldat (*O pequeno soldado*, 1960)
Une femme est une femme (*Uma mulher é uma mulher*, 1961)
Vivre sa vie (*Viver a vida*, 1962)
Les carabiniers (*Tempo de guerra*, 1963)
Le mépris (*O desprezo*, 1963)
Bande à part (1964)
Une femme mariée (*Uma mulher casada*, 1964)
Alphaville (1965)
Pierrot le fou (*O demônio das onze horas*, 1965)
Masculin féminin (*Masculino-feminino*, 1966)
Made in USA (1966)

mais os três últimos que já mencionei. Além disso, foram feitos quatro curtas entre 1954 e 1958, sendo os mais interessantes os dois de 1958, *Charlotte et son Jules* e *Une histoire d'Eau*. Há também sete "episódios": o primeiro, "La paresse", foi uma das partes de *Les septs pechés capitaux* (*Os sete pecados capitais*, 1961); os três mais recentes foram todos realizados em 1967 — "Anticipation", em *Le plux vieux métier du monde* (*A mais antiga profissão do mundo*); uma seção de *Far from Vietnan*, o filme coletivo montado por Chris Maker; e um episódio no ainda não exibido *Gospel-70*, de produção italiana. Levando-se em conta que Godard nasceu em 1930, e que ele fez todos seus filmes no interior da indústria cinematográfica comercial, trata-se de um corpo de obra surpreendente. Desafortunadamente, muitos dos filmes não foram vistos nos Estados Unidos (entre as principais lacunas, *Pierrot le fou* e *Deux ou trois choses*), ou nunca foram distribuídos para os cinemas de arte (como *Le petit soldat* e *Les carabiniers*), quando não contaram somente com uma breve e insignificante exibição apenas em Nova York. Embora, evidentemente, nem todos os filmes tenham igual qualidade, essas lacunas são importantes. O trabalho de Godard (ao contrário daquele da maioria dos diretores, cujo desenvolvimento artístico é muito menos pessoal e experimental) merece (na verdade exige) ser visto em sua integridade. Um dos aspectos mais modernos do talento artístico de Godard é que cada um dos seus filmes deriva seu valor final de seu lugar num empreendimento maior, uma obra de vida. Cada filme é, em certo sentido, um fragmento, o qual, devido às continuidades estilísticas da obra de Godard, lança luz sobre os outros.

Na verdade, praticamente nenhum outro diretor, com exceção de Bresson, pode igualar a marca de Godard de fazer *apenas* filmes inequívoca e descomprometidamente de autor. (Compare-se Godard, a esse respeito, com dois de seus mais talentosos contemporâneos: Resnais, que, depois de realizar o sublime *Muriel*, caiu para *La guerre est finie* (*A guerra acabou*) e Truffaut, que foi capaz de suceder *Jules e Jim* com *La peau douce* — o quarto longa-metragem de cada um desses diretores.) O fato de Godard ser, seguramente, o diretor mais influente de sua geração deve, por certo, muito a ele se ter demonstrado incapaz de adulterar sua própria sensibilidade, ao mesmo tempo que permanecia sempre imprevisível. Vamos assistir a um filme de Bresson razoavelmente convictos de que estamos diante de uma obra-prima. Vamos ao último filme de Godard preparados para ver algo acabado e caótico, uma "obra em progresso", que resiste à admiração fácil. As qualidades que fazem de Godard, ao contrário de Bresson, um herói cultural (assim como, da mesma forma que a Bresson, um dos mais importantes artistas de seu tempo) são precisamente suas pródigas energias, os riscos evidentes que assume, o sutil individualismo de seu domínio de uma arte coletiva, drasticamente comercializada.

Mas Godard não é apenas um iconoclasta inteligente. Ele

é um "demolidor" intencional do cinema — dificilmente o primeiro que esta arte conheceu, mas sem dúvida o mais persistente, prolífico e oportuno. Sua abordagem de regras estabelecidas da técnica cinematográfica, como o corte moderado, a consistência de ponto de vista e a nitidez da linha narrativa, pode ser comparada ao repúdio da linguagem tonal dominante na música, por parte de Schoenberg, quando este ingressou em sua fase atonal, ou ao desafio colocado pelos cubistas a regras consagradas da pintura, como a figuração realista e o espaço pictórico tridimensional.

Os grandes heróis culturais de nosso tempo têm partilhado duas qualidades: todos têm sido ascéticos de alguma forma exemplar, além de grandes demolidores. Mas esse perfil comum permitiu duas atitudes diferentes, embora igualmente compulsórias, diante da própria cultura. Alguns — como Duchamp, Wittgenstein e Cage — equipararam sua arte e seu pensamento a uma atitude desdenhosa em relação à alta cultura e ao passado, ou pelo menos mantêm uma postura irônica de ignorância e incompreensão. Outros — como Joyce, Picasso, Stravinsky e Godard — exibem uma hipertrofia do apetite pela cultura (ainda que, com frequência, mais ávidos de escombros culturais que de realizações consagradas pelos museus); eles operam através de uma varredura voraz da cultura, proclamando que nada é alheio à sua arte.

Do apetite cultural em tal escala deriva a criação de uma obra que é do gênero de um compêndio subjetivo: casualmente enciclopédica, antologizante, formal e tematicamente eclética, e marcada por uma rápida mudança de estilos e formas. Desse modo um dos traços mais notáveis da obra de Godard são os seus audaciosos esforços de hibridização. Suas despreocupadas combinações de tonalidades, temas e métodos narrativos sugerem algo como a união de Brecht e Robbe-Grillet, Gene Kelly e Francis Ponge, Gertrude Stein e David Riesman, Orwell e Robert Rauschenberg, Boulez e Raymond Chandler, Hegel e o *rock'n'roll*. Técnicas da literatura, do teatro, da pintura e da televisão misturam-se livremente em seu trabalho, ao lado das alusões espirituosas e impertinentes à própria história do cinema. Os elementos parecem amiúde contraditórios — como quando (nos filmes recentes) aquilo que Richard Roud denomina "um método narrativo de fragmentação/colagem",* extraído da pintura e da poesia avançadas, combina-se com a estética nua, neorrealista e de difícil observação da linguagem televisiva (vejam-se as entrevistas, filmadas em *close-up* frontal e em plano médio, em *Uma mulher casada*, *Masculino-feminino* e *Duas ou três coisas*); ou quando Godard emprega composições visuais altamente estilizadas (como os azuis e os vermelhos recorrentes em *Uma mulher é uma mulher*, *O desprezo*, *O demônio das onze horas*, *A chinesa* e *Weekend*), ao mesmo tempo que parece ávido por incentivar a aparência de improvisação e por levar a cabo uma busca incansável das manifestações "naturais" de personalidade diante do olhar perscrutador da câmera. Mas, por mais dissonantes que sejam em princípio tais fusões, os resultados que Godard retira delas revela-se algo harmônico, plástico e eticamente envolvente, bem como emocionalmente estimulante.

O aspecto conscientemente refletivo — mais precisamente, reflexivo — dos filmes de Godard é a chave para seu vigor. Sua obra constitui uma formidável meditação sobre as *possibilidades* do cinema, que irá reafirmar o que eu já tinha argumentado, que ele entra na história do filme como sua primeira figura conscientemente destrutiva. Para colocar de outra forma, deve--se notar que Godard é, por certo, o primeiro grande diretor a ingressar no cinema, no nível da produção comercial, com uma intenção explicitamente crítica. "Sou tão crítico agora como na época dos *Cahiers du Cinéma*", ele declarou. (Godard escreveu regularmente para essa revista entre 1956 e 1959, e continua a colaborar vez por outra com ela.) "A única diferença é que, em vez de escrever crítica, eu agora a filmo." Em outra passagem ele descreve *O pequeno soldado* como uma "autocrítica" e esse termo aplica-se também a todos os seus filmes.

---

* Em seu excelente *Godard* (Nova York, Doubleday and Co., 1968), o primeiro estudo abrangente sobre esse diretor a ser publicado em língua inglesa.

Mas a extensão em que os filmes de Godard falam na primeira pessoa, e contêm reflexões elaboradas e frequentemente bem-humoradas sobre o cinema como meio, não é um capricho pessoal mas uma expressão de uma tendência bem estabelecida das artes a se tornarem mais autoconscientes, mais autorreferentes. Como todo *corpus* artístico relevante nos critérios da cultura moderna, os filmes de Godard são simplesmente o que são, além de serem eventos que impelem o público a reconsiderar o significado e o alcance da forma de arte da qual eles são exemplos; não são apenas obras de arte, mas atividades meta-artísticas voltadas para a reorganização de toda a sensibilidade do público. Longe de deplorar essa tendência, acredito que o futuro mais promissor do cinema como arte encontra-se nessa direção. Mas o modo como os filmes avançam rumo ao final do século enquanto arte séria, tornando-se mais auto-observadores e críticos, ainda permite uma grande dose de variação. O método de Godard está bastante distante das estruturas solenes, requintadamente conscientes e autoaniquiladoras do grande filme de Bergman, *Persona*. Os procedimentos de Godard são muito mais despreocupados, divertidos, amiúde espirituosos, às vezes irreverentes, outras vezes simplesmente tolos. Como qualquer polemista talentoso (o que Bergman não é), Godard tem a coragem de simplificar a si mesmo. Essa qualidade de simplificação em grande parte de sua obra é tanto uma forma de generosidade com relação ao seu público quanto uma agressão contra este; e, em parte, apenas o transbordamento de uma sensibilidade inesgotavelmente viva.

A atitude que Godard traz ao meio fílmico é com frequência denominada, de maneira depreciativa, "literária". O que em geral se quer significar com essa acusação, como quando Satie foi acusado de compor música literária, ou Magritte de fazer uma pintura literária, é uma preocupação com as ideias, com a conceitualização, em detrimento da integridade sensória e da força emocional da obra — mais geralmente, o hábito (uma espécie de mau gosto, supõe-se) de violentar a unidade essencial de uma dada forma de arte através da introdução de elementos estranhos a ela. O fato de Godard ter enfrentado corajosamente a tarefa de representar ou incorporar ideias abstratas, como nenhum outro diretor de cinema tinha feito até então, é um dado inegável. Vários filmes chegam mesmo a incluir aparições de intelectuais convidados: uma personagem ficcional concorda com um filósofo real (a heroína de *Viver a vida* interroga Brice Parain, em um café, sobre a linguagem e a sinceridade; em *A chinesa*, a moça maoista discute com Francis Jeanson, em um trem, sobre a ética do terrorismo); um crítico e um diretor desenvolvem um solilóquio especulativo (Roger Leenhardt disserta sobre a inteligência, de forma ardente e comprometida, em *Uma mulher casada*); um grande homem da história do cinema tem a oportunidade de reinventar sua própria imagem pessoal um tanto empanada (Fritz Lang como o próprio, uma figura do coro meditando sobre a poesia alemã, sobre Homero, sobre a direção cinematográfica e a integridade moral, em *O desprezo*). Por conta própria, muitas personagens de Godard meditam aforisticamente sobre si próprios, ou envolvem seus amigos em tópicos como a diferença entre direita e esquerda, a natureza do cinema, o mistério da linguagem e o vazio espiritual subjacente às satisfações da sociedade de consumo. Além disso, os filmes de Godard não são apenas construídos sobre ideias, mas muitas de suas personagens são ostensivamente literárias. Na verdade, a partir de numerosas referências a livros, de menções a nomes de escritores, de citações e de longos excertos de textos literários, espalhados por todos os seus filmes, Godard dá a impressão de estar envolvido em uma infindável festa agonal com o próprio fato da literatura — que ele tenta resolver, em parte, incorporando a literatura e as identidades literárias em seus filmes. Além disso, ao lado de seu emprego original da literatura como um objeto cinematográfico, Godard está preocupado com ela tanto como modelo para o filme quanto como revivescimento e alternativa ao cinema. Em suas entrevistas e em seus próprios textos críticos, a relação entre cinema e literatura é um tema recorrente. Uma das diferenças salientadas por Godard é que a literatura existe "como arte desde o seu exato princípio", enquanto o cinema, não. Todavia ele nota também uma poderosa semelhança entre as duas artes: "nós, os romancistas e os cineastas, estamos condenados a uma análise do mundo, do real; o mesmo não ocorre com os pintores e os músicos".

Ao tratar o cinema como, basicamente, um exercício de inteligência, Godard exclui toda distinção nítida entre inteligência "literária" e "visual" (ou cinematográfica). Se o filme é, na lacônica definição de Godard, a "análise" de algo "com imagens e sons", não pode haver impropriedade em fazer da literatura um tema para a análise cinematográfica. Por mais alheio ao cinema que esse tipo de material possa parecer, pelo menos em tal profusão, Godard, sem dúvida, argumentaria que os livros e outros veículos de consciência cultural são partes do mundo; portanto, pertencem aos filmes. Na verdade, ao situar no mesmo plano o fato de as pessoas lerem e pensarem, e frequentarem seriamente os cinemas e o fato de elas chorarem e correrem, e fazerem amor, Godard trouxe à luz um novo veio de lirismo e *pathos* para o cinema: na cultura livresca, na paixão cultural genuína, na imaturidade intelectual, na miséria de alguém que se enforca em seus próprios pensamentos. (Um exemplo de seu método original com um tema mais familiar, a poesia da iletralidade rústica, é a sequência de vinte minutos, em *Tempo de guerra*, em que os soldados desembrulham seus troféus em fotos e cartões-postais.) Sua ideia é que nenhum material é intrinsecamente inassimilável. Mas o que se requer é que a literatura efetivamente sofra sua transformação como material, tal como todas as outras coisas. Tudo o que pode ser fornecido são extratos literários, cacos de literatura. A fim de ser absorvida pelo cinema, a literatura precisa ser desmantelada ou dividida em unidades irregulares; então, Godard pode se apropriar de uma parcela do "conteúdo" intelectual de qualquer livro (ficção ou não ficção), emprestar do domínio público da cultura qualquer tom de voz contrastante (nobre ou vulgar), invocar, num instante, todo diagnóstico do mal contemporâneo que seja tematicamente relevante à sua narrativa, não importa o quão inconsistente isso possa ser com o âmbito psicológico ou a competência mental das personagens, conforme já definidas.

Desse modo, até onde os filmes de Godard são "literários" em algum sentido, parece claro que sua aliança com a literatura é baseada em interesses bastante diferentes daqueles que ligaram os diretores experimentais anteriores com a escrita avançada de sua época. Se Godard inveja a literatura, não é tanto pelas inovações formais efetuadas no século XX como pela pesada carga de conceituação explícita que se acomoda no interior das formas da literatura em prosa. Sejam quais forem as noções que Godard tenha extraído da leitura de Faulkner, Beckett ou Maiakovski, para as inovações formais no cinema, a introdução de um pronunciado gosto literário (o seu próprio?) em seus filmes serve principalmente como um meio para assumir uma voz mais pública ou elaborar declarações mais gerais. Enquanto a tradição fundamental da direção cinematográfica de vanguarda tem sido o cinema "poético" (filmes, como os efetuados pelos surrealistas nas décadas de 1920 e 1930, inspirados na emancipação da poesia moderna em relação à narrativa linear e ao discurso sequencial, em benefício da apresentação direta e da associação sensória e polivalente de ideias e imagens), Godard elaborou um cinema grandemente não poético, onde um dos modelos literários básicos é o ensaio em prosa. Godard chegou mesmo a dizer: "Considero-me um escritor de ensaios. Escrevo ensaios em forma de romances, ou romances em forma de ensaios".

Note-se que, aqui, Godard tornou o romance intercambiável com o filme — o que é correto, de certa forma, pois é a tradição do romance que pesa mais significativamente sobre o cinema, e é o exemplo daquilo em que o romance recente se transformou que estimula Godard.* "Eu achei a ideia para um

---

* Do ponto de vista histórico, poderia parecer que a literatura moderna foi muito mais intensamente influenciada pelo cinema que vice-versa. Mas o tema da influência é complexo. Por exemplo, a diretora tcheca Vera Chytilova afirmou que o modelo para a forma díptica de seu brilhante primeiro longa-

romance", resmunga o herói de *O demônio das onze horas*, a certa altura, assumindo, em parcial autozombaria, a voz trêmula de Michel Simon. "Não escrever a vida de um homem, mas somente a vida, a vida em si. Aquilo que há entre as pessoas, espaço [...] som e cores [...]. Deve haver um modo de consegui-lo; Joyce tentou, é preciso ser capaz de fazer melhor." Sem dúvida, Godard fala aí de si próprio como diretor e parece confiante em que o filme pode realizar o que a literatura não pôde, sendo a incapacidade da literatura devida, em parte, à situação *crítica* menos favorável em que cada obra literária importante é depositada. Já falei da obra de Godard como conscientemente demolidora das velhas convenções cinematográficas. Mas essa tarefa de demolição é executada com o *élan* de alguém que trabalha em uma forma de arte experimentada como jovem, no limiar de seu maior desenvolvimento e não em seu final. Godard vê a destruição das velhas regras como um esforço construtivo — em contraste com a visão recebida sobre o destino atual da literatura. Segundo ele escreveu, "os críticos literários, com frequência, louvam obras como *Ulisses* ou *Fim de jogo* porque elas esgotam um certo gênero, fecham as portas sobre ele. Mas no cinema estamos sempre louvando as obras que *abrem* portas".

A relação com modelos oferecidos pela literatura ilumina uma parcela significativa da história do cinema. O filme, ao mesmo tempo protegido e patrocinado pela virtude de sua condição dual, como entretenimento de massas e como forma de arte, permanece como o último reduto dos valores do romance e do teatro do século XIX — mesmo para muitas das pessoas que acharam acessíveis e agradáveis alguns pós-romances como

---

-metragem, *Algo mais*, foram as narrativas alternadas de *Palmeiras selvagens*; mas, então, seria possível uma forte defesa da poderosa influência das técnicas cinematográficas sobre os métodos maduros de construção narrativa em Faulkner. E Godard, a certa altura, inspirado pelo mesmo livro de Faulkner, pretendeu ter os dois filmes que rodou no verão de 1966, *Made in USA* e *Duas ou três coisas*, projetados ao mesmo tempo, um rolo de um alternando-se ao rolo do outro.

Ulisses, *Entre os atos*, *O inominável*, *Naked Lunch* e *Pale Fire*, bem como os dramas corrosivamente desdramatizados de Beckett e Pinter — e os *happenings*. Dessa forma, a crítica padrão levantada contra Godard é que suas tramas são não dramáticas, arbitrárias, amiúde simplesmente incoerentes; e que seus filmes são, em geral, emocionalmente frios e estáticos, exceto por uma agitada superfície de movimentos sem sentido, mal equilibrados com ideias sem dramaticidade e desnecessariamente obscuros. O que seus detratores não apreendem, por certo, é que Godard não deseja fazer o que eles o censuram por deixar de fazer. Assim, o público tomou de início os cortes abruptos de *Acossado* como sinal de amadorismo, ou como zombaria impertinente das normas óbvias da técnica cinematográfica; na realidade, aquilo que de certo modo era como se a câmera tivesse parado, inadvertidamente, por alguns segundos, no curso de uma tomada, para retomar seu funcionamento outra vez, constituía um efeito que Godard, resoluto, obteve na sala de montagem, cortando fora tomadas perfeitamente suaves. (Entretanto, se assistimos a *Acossado* hoje em dia; os cortes anteriormente atrevidos e as excentricidades da câmera sustentada na mão são quase invisíveis, tão ampla foi a imitação dessas técnicas.) Não é menos intencional o desprezo de Godard pelas convenções formais da narrativa fílmica baseada no romance do século XIX — sequências de acontecimentos de causa e efeito, cenas de aclimatação, desenlaces lógicos. No Festival de Cinema de Cannes, vários anos atrás, Godard sustentou um debate com Georges Franju, um dos mais talentosos e idiossincráticos diretores veteranos do cinema francês. "Mas, certamente, sr. Godard", teria dito o exasperado Franju, "o senhor pelo menos reconhece a necessidade de ter um começo, um meio e um fim em seus filmes." "Sem dúvida", replicou Godard, "mas não necessariamente nessa ordem."

A despreocupação de Godard parece-me plenamente justificada. O que realmente surpreende é que os diretores de cinema não tenham, por certo tempo, através da exploração do fato de que tudo que é "mostrado" (e ouvido) na experiência fílmica está incessantemente *presente*, se libertado de noções de narrativa que pertencem essencialmente ao romance. Mas, como já indiquei, até hoje a única alternativa bem compreendida foi a de romper completamente com as estruturas formais da prosa de ficção, de dispensar inteiramente "história" e "personagens". Tal alternativa, praticada sempre fora da indústria do cinema comercial, resultou no filme "abstrato", ou no filme "poético" baseado na associação de imagens. Em contraste, o método de Godard é ainda narrativo, embora divorciado da literaticidade e da confiança na explicação psicológica que a maioria das pessoas associa ao romance autêntico. E por modificarem, em vez de romperem completamente com as convenções da prosa de ficção subjacentes à principal tradição do cinema, que os filmes de Godard chocam a tantos como mais desconcertantes que os filmes diretamente "poéticos" ou "abstratos" da vanguarda cinematográfica oficial.

Assim, é precisamente a presença e não a ausência de histórias nos filmes de Godard que dá origem à crítica padrão movida contra eles. Por insatisfatórios que seus enredos possam parecer a muitas pessoas, dificilmente seria correto descrever os filmes de Godard como desprovidos de trama — da mesma forma que, digamos, *O homem com a câmera*, de Djiga Vertov e os dois filmes mudos de Buñuel (*L'Age d'or* e *Un chien andalou*), ou *Scorpio Rising* de Kenneth Anger, filmes nos quais está completamente ausente uma linha de argumento como estrutura narrativa. Como qualquer filme comum de longa-metragem, os filmes de Godard mostram um grupo inter-relacionado de personagens ficcionais situado em uma ambientação coerente e reconhecível: em seu caso, em geral, contemporânea e urbana (Paris). Mas embora a sequência dos acontecimentos em um filme de Godard sugira uma história plenamente articulada, ela não resulta nisso; o público é presenteado com uma linha narrativa que é parcialmente abolida ou apagada (o equivalente estrutural do corte abrupto). Desconsiderando a norma do romance tradicional, que recomenda explicar as coisas tão plenamente quanto elas pareçam exigir, Godard fornece motivos simplistas ou, com frequência, simplesmente deixa inexplicados os motivos; as ações são, repetidas vezes, opacas e não ocasionam consequências; às vezes, o próprio diálogo não é inteiramente audível. (Há outros filmes, como *Romance na Itália*, de Rossellini, e *Muriel*, de Resnais, que empregam um sistema narrativo comparavelmente "não realista", onde a história é decomposta em elementos objetivados desconexos; mas Godard, o único diretor com todo um corpo de obra ao longo dessas linhas, sugeriu uma diversidade de rotas para a "abstração" de uma narrativa ostensivamente realista muito maior que a de qualquer outro diretor. É também importante distinguir entre as várias estruturas de abstração — por exemplo, a trama sistematicamente "indeterminada" de *Persona*, de Bergman, e os enredos "intermitentes" dos filmes de Godard.)

Ainda que os procedimentos narrativos de Godard aparentemente fiquem devendo menos aos modelos cinematográficos que aos literários (pelo menos, ele nunca menciona o passado de vanguarda do cinema nas entrevistas e declarações, mas cita frequentemente como modelos as obras de Joyce, Proust e Faulkner), ele nunca tentou, nem parece concebível que venha a fazê-lo no futuro, uma transposição para o filme de qualquer das grandes obras da ficção contemporânea pós-romance. Pelo contrário, como muitos diretores, Godard prefere o material medíocre, até mesmo subliterário, considerando-o mais fácil de dominar e de transformar pela *mise-en-scène*. "Realmente, não gosto de contar uma história", escreveu Godard, simplificando um pouco a questão. "Prefiro usar uma espécie de tapeçaria, um fundo no qual eu possa bordar minhas próprias histórias. Mas, geralmente, preciso de uma história. Se for convencional também serve, talvez até seja melhor." Assim, Godard descreveu implacavelmente o romance no qual se baseou o seu brilhante filme *O desprezo*, a obra homônima de Moravia, como um "romance agradável sobre uma viagem de trem, cheio de sentimentos antiquados. Mas é com essa espécie de romance que se pode fazer os melhores filmes". Conquanto *O desprezo* não se distancie da história de Moravia, os filmes de Godard mostram, em geral, poucos traços de suas origens literárias. (No outro extremo e de forma mais típica está *Masculino-feminino*, que não guarda relação reconhecível com os contos de Maupassant, dos quais Godard extraiu sua inspiração original, "La femme de Paul" e "La signe".)

Sejam texto ou pretexto, a maior parte dos romances que Godard escolheu como ponto de partida são histórias de ação fortemente baseadas em enredos. Ele tem um carinho particular pelo *kitsch* americano: *Made in USA* baseou-se em *The Jugger*, de Richard Stark, *O demônio das onze horas* em *Obsession*, de Lionel White, e *Bande à part* em *Fool's Gold*, de Dolores Hitchen. Godard recorre às convenções da narrativa popular americana como base fértil e sólida para suas próprias inclinações antinarrativas. "Os americanos sabem contar histórias; os franceses, não. Flaubert e Proust não sabem como narrar; eles fazem algo mais." Embora esse algo mais seja precisamente o que Godard faz, ele discerniu a utilidade de começar da narrativa crua. Uma alusão a tal estratégia é a memorável dedicatória de *Acossado*: "A Monogram Pictures". (Em sua versão original, *Acossado* não tinha créditos e a primeira imagem do filme era precedida apenas por essa concisa saudação aos mais prolíficos fornecedores de filmes de ação rápida e de baixo orçamento de Hollywood, durante os anos 1930 e o começo dos anos 1950.) Godard não estava sendo impudente ou leviano, pelo menos não em demasia. O melodrama é apenas uma das fontes integrais de suas tramas. Pense-se na perseguição do tipo de história em quadrinhos de *Alphaville*; no romantismo dos filmes de gângster de *Acossado*, de *Bande à part* e de *Made in USA*; no clima de *thriller* de espionagem de *O pequeno soldado* e de *O demônio das onze horas*. O melodrama — que se caracteriza pelo exagero, pela frontalidade e pela opacidade da "ação" — proporciona um quadro de referência tanto para a intensificação como para a transcendência dos procedimentos realistas tradicionais da narrativa fílmica séria, mas de uma forma que não está necessariamente condenada (como ocorreu com os filmes surrealistas) a parecer esotérica. Ao adaptar materiais comuns, vulgares e de segunda mão — mitos populares de ação e fascínio sexual —, Godard ganha uma considerável liberdade para "abstrair", sem perder a oportunidade de um público de cinema comercial.

O fato de esses elementos comuns efetivamente se prestarem a esse tipo de tratamento de abstração (e mesmo o conterem em germe) foi amplamente demonstrado por um dos primeiros grandes diretores, Louis Feuillade, que trabalhou com a desconsiderada forma do seriado policial (*Fantomas*, *Les vampires*, *Judex*, *Ti Minh*). Tal como o modelo subliterário de onde vêm suas raízes, esses seriados (os maiores dos quais foram feitos entre 1913 e 1916) pouco contribuem aos padrões de verossimilhança. Destituídos de qualquer preocupação com a psicologia, que começava a fazer sua aparição no cinema, na obra de Griffith e De Mille, a história é povoada por personagens grandemente intercambiáveis e tão repleta de incidentes que apenas pode ser seguida de maneira geral. Mas não são esses os padrões pelos quais os filmes devem ser julgados. Aquilo que importa nos seriados de Feuillade são os seus valores formais e emocionais, produzidos por uma sutil justaposição do realista e do altamente improvável. O realismo dos filmes repousa em seu estilo. Feuillade foi um dos primeiros diretores europeus a lançar mão de extensas tomadas em locação; a implausibilidade advém da natureza selvagem das ações inscritas nesse espaço físico e dos ritmos artificialmente acelerados, das simetrias formais e da repetitividade da ação. Nos filmes de Feuillade, como em certas fitas iniciais de Lang e Hitchcock, o diretor conduziu a narrativa melodramática a extremos absurdos, de modo que a ação assume uma qualidade alucinatória. Por certo, esse grau de abstração de material realista na lógica da fantasia requer um uso generoso de elipses. Se os padrões de tempo e de espaço e os ritmos abstratos de ação devem predominar, a ação em si deve ser "obscura". Em certo sentido, tais filmes têm nitidamente histórias — do tipo mais direto e pleno de ação. Mas, em outro sentido, o da continuidade, da coerência e da inteligibilidade última dos acontecimentos, a história não tem nenhuma importância. A perda dos intertítulos esparsos de alguns dos filmes de Feuillade, os quais sobreviveram apenas em uma montagem única, dificilmente parece ter importância. Da mesma maneira, a formidável impenetrabilidade dos enredos de *The Big Sleep* (*À beira do abismo*), de Hawks, e de *Kiss me Deadly* (*A morte num beijo*) também tem pouca importância e, ao contrário, parece bastante satisfatória. Essas narrativas fílmicas alcançam seu peso emocional e estético precisamente através de sua incompreensibilidade, tal como a "obscuridade" de certos poetas (Mallarmé, Roussel, Steves, Empson) não é uma deficiência em sua obra mas um importante meio técnico para acumular e compor emoções relevantes e para estabelecer diferentes níveis e unidades de "sentido". O caráter obscuro dos enredos de Godard é, igualmente, funcional (*Made in USA* aventura-se mais longe nessa direção) e parte do projeto de abstrair seus materiais.

Todavia, ao mesmo tempo, sendo tais materiais o que são, Godard retém algo da vivacidade de seus modelos literários e fílmicos simplistas. Da mesma forma que emprega as convenções narrativas dos romances da *Série Noire* e dos filmes de ação de Hollywood, transpondo-os para elementos abstratos, Godard reage à sua energia casual e sensória, introduzindo alguma coisa dela em seu próprio trabalho. Um dos resultados é que a maioria de seus filmes dá a impressão de velocidade, de por vezes estarem à beira da urgência. Por comparação, o temperamento de Feuillade parece mais pertinaz. Em alguns temas essencialmente limitados (como a inocência, a crueldade e a graça física), seus filmes apresentam um número similarmente inesgotável de variações formais. Sua opção pela forma de final aberto do seriado é, assim, inteiramente apropriada. Após os vinte episódios de *Les vampires*, quase sete horas de projeção, fica claro que não havia nenhum fim necessário para as explorações do estupendo Musidora e sua gangue de bandidos mascarados, o mesmo ocorrendo com a luta primorosamente equilibrada entre arquicriminosos e arquidetetives em *Judex*. O ritmo de incidente estabelecido por Feuillade está sujeito à repetição e ao embelezamento indefinidamente prolongados, como uma fantasia sexual elaborada em segredo por um longo período de tempo. Os filmes de Godard movem-se em um ritmo muito diferente; falta-lhes a unidade da fantasia, bem como a gravidade obsessiva e a infatigável e quase mecânica repetitividade.

A diferença pode ser creditada ao fato de que o enredo de ação alucinatório, absurdo e abstrato, embora um recurso central para Godard, não domina a forma de seus filmes como o fez no caso de Feuillade. Conquanto o melodrama permaneça um termo da sensibilidade de Godard, aquilo que emerge cada vez mais como termo oposto são os recursos do fato. O tom impulsivo e dissociado do melodrama contrasta com a gravidade e a indignação controlada da exposição sociológica (note-se o tema recorrente da prostituição, que aparece naquele que é, virtualmente, o primeiro filme de Godard, o curta-metragem *Une femme coquette*, realizado em 1955 e que continua em *Viver a vida*, *Uma mulher casada*, *Duas ou três coisas* e *Anticipation*) e com o tom ainda mais frio do puro documentário e da semissociologia (em *Masculino-feminino*, *Duas ou três coisas*, *A chinesa*).

Embora Godard tenha brincado com a ideia da forma serial, como no fim de *Bande à part* (que promete uma continuação, nunca realizada, relatando outras aventuras de seu herói e sua heroína na América do Sul) e como na concepção geral de *Alphaville* (apresentado como a última aventura de um herói francês de seriados, Lemmy Caution), os filmes de Godard não se relacionam inequivocamente a um gênero único. O final em aberto de seus filmes não significa a superexploração de algum gênero particular, como em Feuillade, mas a devoração sucessiva de gêneros. O contraponto da atividade infatigável das personagens, nos filmes de Godard, é uma expressa satisfação com os limites ou o caráter estereotipado da "ação". Assim, em *O demônio das onze horas*, Marianne, farta e entediada, afasta o que resta do enredo; em certo ponto, ela diz diretamente à câmera: "Vamos deixar o romance de Julio Verne e voltar ao *roman policier*, com armas e tudo o mais". A declaração emocional retratada em *Uma mulher é uma mulher* é resumida no desejo expresso pelo Alfredo/Belmondo e pela Ângela/ Anna

172

Karina de serem Gene Kelly e Cyd Charisse, num musical do final dos anos 1940 coreografado em Hollywood por Michael Kidd. Logo no começo de *Made in USA*, Paula Nelson comenta: "Sangue e mistério, já de início. Sinto-me como se estivesse correndo para lá e para cá num filme de Walt Disney estrelado por Humphrey Bogart. Portanto, deve ser um filme político". Mas esse comentário dá a medida que *Made in USA* é e não é, ao mesmo tempo, um filme político. O fato de as personagens de Godard ocasionalmente parecerem fora da "ação" para se situarem como atores em um gênero de filme é apenas em parte um exemplo de uma nostálgica predileção pela primeira pessoa por parte do Godard diretor; acima de tudo, é uma irônica renúncia ao compromisso com qualquer gênero ou com qualquer maneira de enfocar a ação.

Se o princípio organizador dos filmes de Feuillade é a repetitividade serial e a elaboração obsessiva, o de Godard é a justaposição de elementos contrários de extensão e explicitude imprevisíveis. Enquanto a obra de Feuillade concebe explicitamente a arte como a gratificação e o prolongamento da fantasia, o trabalho de Godard implica uma função bastante diferente da arte: o deslocamento sensório e conceitual. Cada um dos filmes de Godard é uma totalidade que mina a si própria, uma totalidade destotalizada (para emprestar uma expressão de Sartre).

Em vez de uma narrativa unificada pela coerência dos eventos (um "enredo") e por um tom consistente (cômico, sério, onírico, insensível ou seja o que for), a narrativa dos filmes de Godard é regularmente quebrada ou segmentada pela incoerência dos fatos e por guinadas abruptas no tom e no nível do discurso. Os fatos aparecem ao espectador, em parte, como convergindo para uma história e, em parte, como uma sucessão de quadros independentes.

A forma mais óbvia em que Godard segmenta em quadros a sequência de narração progressiva é com o recurso à teatralização explícita de parte de seu material, desmentindo mais uma vez o persistente preconceito de que há uma incompatibilidade essencial entre os meios do teatro e os do fume. As convenções do musical de Hollywood, com músicas e desempenhos de palco interrompendo a história, fornecem um precedente para Godard — inspirando a concepção geral de *Uma mulher é uma mulher*, o trio de dançarinos no café, em *Bande à part*, as sequências musicadas e a paródia de protesto pelo Vietnã desempenhada externamente em *O demônio das onze horas*, o telefonema cantado em *Weekend*. Seu outro modelo é, certamente, o teatro não realista e didático exposto por Brecht. Um aspecto da brechtinização de Godard é seu estilo diferenciado de construção de microdivertimentos políticos: em *A chinesa*, o texto de teatro político representando a agressão americana no Vietnã; ou o diálogo feifferiano dos dois operadores de rádio que abre *Duas ou três coisas*. Mas a influência mais profunda de Brecht reside naqueles artifícios formais utilizados por Godard para se contrapor ao desenvolvimento da trama comum e complicar o envolvimento emocional do público. Um dos expedientes são as declarações diretas à câmera feitas pelos personagens em muitos filmes, notadamente *Duas ou três coisas*, *Made in USA* e *A chinesa* ("Devemos falar como se estivéssemos citando a verdade", diz Marina Vlady no início de *Duas ou três coisas*, parafraseando Brecht — "Os atores devem citar".) Uma outra técnica frequente derivada de Brecht é a dissecção da narrativa fílmica em pequenas sequências: em *Viver a vida*, além disso, Godard coloca na tela sinopses preambulares para cada cena, que descrevem a ação seguinte. A ação de *Tempo de guerra* é quebrada em pequenas partes brutais introduzidas por longos títulos, a maioria dos quais representa cartões enviados para casa por Ulisses e Michelangelo; os títulos são manuscritos, o que os torna mais difíceis de ler e devolve ao público cinematográfico o fato de que está sendo convidado a ler. Um outro artifício, mais simples, é a subdivisão relativamente arbitrária da ação em sequências numeradas, como quando os créditos de *Masculino-feminino* anunciam um filme composto de "quinze atos precisos" (*quinze faits précis*). Um artifício mínimo é a afirmação irônica e pseudoquantitativa de algo, como em *Uma mulher casada*, com o breve monólogo do filhinho de Charlotte explicando como fazer uma coisa não especificada em exatamente dez passos: ou em *O demônio das onze horas*, quando a voz de Ferdinand anuncia no começo de uma cena: "Oitavo capítulo: Cruzamos a França". Outro exemplo: o próprio título do filme, *Duas ou três coisas* — sendo a senhora de quem se sabe certamente mais do que duas ou três coisas a cidade de Paris. E, em reforço a essas metáforas da retórica da desorientação, Godard põe em prática muitas técnicas especificamente sensoriais que servem para fragmentar a narrativa cinematográfica. Com efeito, boa parte dos elementos comuns da estilística visual e aural de Godard — corte rápido, uso de planos desemparelhados, tomadas instantâneas, alternância de tomadas à luz do sol com outras feitas à sombra, contraponto de imagens pré-fabricadas (avisos, pinturas, quadros de anúncios, cartões-postais, cartazes), música descontínua — funcionam dessa maneira.

À parte a sua estratégia geral de "teatro", talvez a aplicação mais surpreendente do princípio dissociativo em Godard seja o seu tratamento das ideias. Sem dúvida, as ideias não são desenvolvidas nos filmes de Godard de forma sistemática, como o seriam em um livro. Nem se pretende que o sejam. Em contraste com seu papel no teatro brechtiano, as ideias em seus filmes são basicamente elementos formais, unidades de estímulo sensório e emocional. Elas funcionam pelo menos na mesma medida tanto para dissociar e fragmentar quanto para indicar ou iluminar o "significado" da ação. Com frequência, as ideias, apresentadas em blocos de palavras, tangenciam a ação. As reflexões de Nana sobre a sinceridade e a linguagem em *Viver a vida*, as observações de Bruno sobre a verdade e a ação em *O pequeno soldado*, a autoconsciência articulada de Charlotte em *Uma mulher casada* e de Juliette em *Duas ou três coisas*, a assustadora aptidão de Lemmy Caution para as alusões literárias cultas em *Alphaville* não são funções da psicologia realista dessas personagens. (Talvez a única das personagens intelectualmente reflexivas de Godard que ainda parece "dentro de um tipo" quando rumina ideias seja Ferdinand em *O demônio das onzes horas*.) Ainda que Godard proponha o discurso fílmico como constantemente aberto a ideias, estas são apenas um elemento em uma forma narrativa que postula uma relação intencionalmente ambígua, aberta e espirituosa de *todas* as partes com o esquema geral.

O gosto de Godard pela interpolação de "textos" literários na ação, que já mencionei, é uma das variantes principais sobre a presença de ideias em seus filmes. Entre os inúmeros exemplos: o poema de Maiakovski recitado pela moça prestes a ser executada por um esquadrão de fuzilamento, em *Tempo de guerra*; o trecho de um conto de Poe lido em voz alta, no penúltimo episódio de *Viver a vida*; as linhas de Dante, Hölderlin e Brecht citadas por Lang, em *O desprezo*; a oração de Saint-Just feita por um personagem vestido de Saint-Just, em *Weekend*; o trecho da *História da arte*, de Elie Faure, que Ferdinand lê em voz alta à sua jovem filha, em *O demônio das onze horas*; as frases de *Romeu e Julieta*, na tradução francesa, ditadas pelo professor de inglês, em *Bande à part*; a cena de *Bérénice*, de *Racine*, recitada por Charlotte e seu amante, em *Uma mulher casada*; a citação de Fritz Lang enunciada por Camille, em *O desprezo*; as passagens de Mao repetidas pelo agente da FLN, em *O pequeno soldado*; e as recitações sálmicas do pequeno livro vermelho, em *A chinesa*. Em geral, alguém anuncia antes de começar a declamar, ou pode ser visto tomando um livro para lê-lo. Certas vezes, porém, faltam tais sinais óbvios para o advento de um texto — como ocorre com os excertos de *Bouvard e Pecuchet* ditos por dois fregueses, em um café, em *Duas ou três coisas* ou com a longa passagem de *Morte a crédito* lida pela empregada ("Madame Celine"), em *Uma mulher casada*. (Conquanto geralmente literário, o texto pode ser de um filme: como o trecho de *Joana D'arc*, de Dreyer, que Nana assiste em *Viver a vida* ou o instante da filmagem de Godard rodada na Suécia, vista como uma paródia de *O silêncio*, de Bergman, que Paul e as duas moças assistem em *Masculino-feminino*.) Tais textos introduzem elementos psicologicamente dissonantes na ação; fornecem variedade rítmica (freando temporariamente a ação); interrompem esta última e oferecem comentários ambíguos sobre ela; e também variam e ampliam o ponto de vista representado no filme. O espectador está destinado a se equivocar se encara esses textos de forma simples, seja como opiniões das personagens na película, seja como amostras de algum ponto de vista unificado defendido pelo filme, presumivelmente caro ao diretor. É mais provável que o oposto seja, ou venha a ser, o caso. Ajudadas por "ideias" e "textos", as narrativas dos filmes de Godard tendem a consumir os pontos de vista neles apresentados. Mesmo as ideias políticas expressas em sua obra — em parte marxistas, em parte anarquistas, num estilo canônico da intelectualidade francesa do pós-guerra — estão sujeitas a essa regra.

Assim como as ideias, que funcionam parcialmente como elementos divisórios, os fragmentos de erudição cultural incrustados nos filmes de Godard servem, em parte, como uma forma de mistificação e um meio para a refração da energia emocional (Em *O pequeno soldado*, por exemplo, quando Bruno diz a Verônica, da primeira vez que ele a vê, que ela lhe lembra uma heroína de Giraudoux e, depois, se indaga se os olhos dela são de um cinza Renoir ou de um cinza Velásquez, o principal impacto dessas referências é a sua inverificabilidade pelo público.) Inevitavelmente, Godard menciona a ameaça de uma bastardização da cultura, um tema tratado mais amplamente em *O desprezo*, na figura do produtor americano com seu livrinho de provérbios. E, sobrecarregados como são os seus filmes com artefatos de alta cultura, é talvez inevitável que ele deva também invocar o projeto de livrar-se da carga de cultura — como faz Ferdinand, em *O demônio das onze horas*, quando abandona sua vida em Paris pela romântica viagem em direção ao sul, levando apenas um velho livro de histórias em quadrinhos. Em *Weekend*, Godard situa contra a barbárie fútil da burguesia urbana proprietária de automóveis a possível violência saneadora de uma juventude rebarbarizada, imaginando um exército de libertação de estilo *hippie* que erra pelos campos e cujas principais diversões parecem ser a contemplação, a pilhagem, o jazz e o canibalismo. O tema da desopressão cultural é tratado de forma mais completa e irônica, em *A chinesa*. Uma sequência mostra os jovens revolucionários culturais limpando suas prateleiras de todos os seus livros, exceto o livrinho vermelho. Uma outra breve sequência mostra apenas uma lousa, de início preenchida com os nomes caprichosamente ordenados de inúmeros astros da cultura ocidental, de Platão a Shakespeare e Sartre; estes são em seguida apagados, um por um, pensativamente, sendo Brecht o último a partir. Os cinco estudantes pró-chineses que vivem juntos desejam ter somente um ponto de vista, o do presidente Mao; mas Godard mostra, sem insultar a inteligência de ninguém, como é quimérica e inadequada à realidade (ainda que muito atraente) essa esperança. Por todo o seu radicalismo natural de temperamento, o próprio Godard ainda parece um partidário dessa outra revolução cultural, a nossa, que recomenda ao artista-pensador manter uma multiplicidade de pontos de vista diante de qualquer material.

Todos os artifícios que Godard emprega para manter a mudança de ponto de vista dentro de um filme podem ser vistos, de uma outra forma, como acessórios de uma estratégia positiva, a de sobrepor inúmeras vozes narrativas, para efetivamente superar a diferença entre a narração em primeira e em terceira pessoas. Desse modo, *Alphaville* se inicia com três amostras de discurso na primeira pessoa: inicialmente, uma afirmativa preambular dita fora da câmera por Godard, em seguida, uma declaração do computador-governante Alpha 60, e apenas então a usual voz soliloquizante, a do herói-agente secreto, mostrado a guiar sinistramente seu imenso carro rumo à cidade do futuro. Em vez, ou além, de usar "títulos" entre as cenas como sinais narrativos (por exemplo, *Viver a vida, Uma mulher casada*), Godard parece agora favorecer a instalação de uma voz narrativa no filme. Essa voz pode pertencer ao principal protagonista: os devaneios de Bruno, em *Pequeno soldado*, o subtexto de livre-associação de Charlotte, em *Uma mulher casada*, o comentário de Paul em *Masculino-feminino*. Pode ser a voz do diretor, como, em *Bande à part* e em "O grande escroque", episódio de *Les plus belles escroqueries du monde* (1963). O

178

mais interessante é quando há duas vozes, como em *Duas ou três coisas*, no qual tanto Godard (cochichando) como a heroína comentam a ação. *Bande à part* introduz a noção de uma inteligência narrativa que pode "abrir um parêntese" na ação e se dirigir diretamente ao público, explicando o que Franz, Odile e Arthur estão realmente sentindo naquele momento; o narrador pode intervir ou comentar ironicamente a ação ou o próprio ato de se assistir a um filme. (Passados quinze minutos da fita, Godard diz fora da câmera: "Para os retardatários, o que aconteceu até aqui foi...") Dessa maneira, dois tempos diversos mas concorrentes são estabelecidos no filme — o tempo da ação mostrada e o tempo da reflexão do narrador sobre o que está sendo mostrado — de um modo que permite a livre passagem, em um ou em outro sentido, entre a narração na primeira pessoa e a apresentação da ação na terceira pessoa.

Ainda que a voz narradora já tenha tido um papel fundamental em alguns de seus primeiros trabalhos (por exemplo, o virtuoso monólogo cômico do último dos curtas pré-*Acossado*, *Une histoire d'Eau*), Godard continua a ampliar e complicar a tarefa de narração oral, chegando a tais refinamentos recentes como o início de *Duas ou três coisas*, quando, de fora da câmera, ele apresenta sua atriz principal, Marina Vlady, pelo nome e, em seguida, a descreve como a personagem que irá representar. Tais procedimentos tendem, por certo, a reforçar o aspecto autorreflexivo e autorreferente dos filmes de Godard, pois a presença narrativa última é simplesmente o fato do próprio cinema; daí se segue que, em benefício da verdade, o *meio* cinematográfico precisa ser levado a manifestar-se ante o espectador. Os métodos que Godard emprega para fazê-lo vão desde o expediente comum do ator que lança rápidos apartes espirituosos para a câmera (isto é, para o público) em meio à ação, até a utilização da tomada ruim (Anna Karina tartamudeia uma fala, pergunta se está tudo bem e, logo, repete a fala) em *Uma mulher é uma mulher. Tempo de guerra* apenas começa, quando ouvimos ruídos de tosse e de arrastar de pés e um aviso de alguém, talvez um compositor ou um técnico de som, no estúdio. Em *A chinesa*

Godard insiste no ponto de que se trata de cinema, recorrendo, entre outros estratagemas, a relances da claquete, de tempos em tempos, e ao corte rápido para Raoul Coutard, o operador de câmera neste e na maioria de seus filmes, sentado atrás de seu maquinismo. Mas, então, logo imaginamos algum subordinado levantando outra claquete enquanto aquela cena era rodada e mais alguém que tinha que estar por trás de outra câmera para fotografar Coutard. Jamais seria possível penetrar no veio final e experimentar o cinema sem a mediação do cinema.

Argumentei antes que uma consequência da desconsideração de Godard pela regra estética de ter um ponto de vista fixo é que ele dissolve a distinção entre a narração na primeira e na terceira pessoas. Mas talvez fosse mais preciso dizer que Godard propõe uma nova concepção de ponto de vista, apostando assim na possibilidade de fazer cinema na primeira pessoa. Com isso não quero dizer que seus filmes sejam subjetivos ou pessoais; também o são os trabalhos de muitos outros diretores, particularmente a vanguarda cinematográfica e os cineastas *underground*. Pretendo afirmar algo mais restrito, que possa indicar a originalidade de suas realizações: notadamente, a maneira pela qual Godard, especialmente em seus filmes recentes, construiu uma presença narrativa, a do cineasta, que é o elemento *estrutural* mais importante na narrativa cinematográfica. O cineasta na primeira pessoa não é uma personagem real dentro do filme. Vale dizer, ele não deve ser visto na tela (exceto no episódio de *Far from Vietnam*, que mostra apenas Godard numa conversa, intercalada com trechos de *A chinesa*), embora seja ouvido, de vez em quando, e estejamos crescentemente conscientes de sua presença do lado de fora da câmera. Mas essa *persona* fora da tela não é uma inteligência lúcida, autoral, como o protagonista — observador destacado de muitos romances desenvolvidos na primeira pessoa. A primeira pessoa última dos filmes de Godard, sua versão particular do cineasta, é a pessoa responsável pelo filme que permanece externa a ele, como uma mente assediada por preocupações mais complexas e flutuantes que as que qualquer filme particular pode representar ou incorporar.

O drama mais profundo de um filme de Godard nasce do choque entre essa infatigável consciência mais ampla do diretor e o argumento determinado e limitado do filme específico que ele se propõe a fazer. Desse modo, cada filme é, simultaneamente, uma atividade criativa e uma atividade destrutiva. O diretor virtualmente consome seus modelos, suas fontes, suas ideias, seus derradeiros entusiasmos morais e artísticos — e a forma do filme consiste em vários meios de deixar o público saber que é isso o que está acontecendo. Tal dialética atingiu seu maior desenvolvimento até aqui em *Duas ou três coisas*, um filme mais radicalmente na primeira pessoa que qualquer outro realizado por Godard.

A vantagem do método da primeira pessoa é, presumivelmente, que este aumenta imensamente a liberdade do cineasta enquanto, ao mesmo tempo, fornece incentivos para um maior rigor formal — os mesmos propósitos partilhados por todos os pós-romancistas sérios deste século. Assim, Gide faz Edouard, o autor-protagonista de *Os moedeiros falsos*, condenar todos os romances anteriores porque os seus contornos são "definidos", de forma que, por mais perfeitos, o que eles contêm é "cativo e sem vida". Ele desejava escrever um romance que "corresse livremente" porque escolhera "não antever o seu desenrolar". Mas a libertação do romance revelou-se consistir em escrever um romance sobre o ato de escrever um romance: em apresentar a "literatura" dentro da literatura. Num contexto diferente, Brecht descobriu o "teatro" dentro do teatro. Godard descobriu o "cinema" dentro do cinema. Por mais livres, espontâneos ou pessoalmente autoexpressivos que seus filmes possam parecer, o que precisa ser levado em conta é que Godard subscreve uma concepção altamente alienada de sua arte: um cinema que devora o cinema. Cada filme é um fato ambíguo que precisa ser simultaneamente divulgado e destruído. A consideração mais explícita de Godard sobre esse tema é o doloroso monólogo de autoindagação que marcou sua contribuição a *Far from Vietnam*. Talvez a afirmação mais aguda desse tema seja uma cena, em *Tempo de guerra* (semelhante ao final de uma película de dois rolos de Mack Sennett, *Mabel's Dramatic Career*), na qual Michelangelo tira folga do trabalho para visitar uma sala de cinema, aparentemente pela primeira vez, pois reage como o público fazia há sessenta anos atrás, quando os filmes começaram a ser exibidos. Ele acompanha os movimentos dos atores na tela com todo o corpo, mergulha sob o assento quando aparece um trem e, no final, arrebatado pela visão de uma moça que toma banho no filme dentro do filme, atira-se para fora da cadeira e salta até o palco. Depois de ficar na ponta dos pés, buscando olhar dentro da banheira, e de tatear à procura da jovem ao longo da superfície da tela, ele finalmente tenta agarrá-la — rasgando parte da tela dentro da tela, para revelar que a moça e o banheiro são uma projeção numa parede suja. O cinema, como diz Godard, em "O grande escroque", "é a fraude mais bela do mundo".

Embora todos os seus expedientes distintivos sirvam ao propósito fundamental de romper a narrativa ou variar a perspectiva, Godard não procura uma variação sistemática de pontos de vista. Às vezes, por certo, ele efetivamente elabora uma poderosa concepção plástica — como os intrincados padrões visuais das relações entre Charlotte e seu amante e entre ela e seu marido, em *Uma mulher casada*; e a brilhante metáfora formal da fotografia monocromática em três "cores políticas", em *Anticipation*. Todavia a obra de Godard sente falta, caracteristicamente, do rigor formal, uma qualidade preeminente em toda a obra de Bresson e de Jean-Marie Straub, bem como nos melhores filmes de Welles e Resnais.

A aceleração por meio de cortes em *Acossado*, por exemplo, não faz parte de qualquer esquema rítmico abrangente, uma observação que é confirmada pelo relato de Godard sobre a razão dela. "Descobri em *Acossado* que, quando uma discussão entre duas pessoas torna-se enfadonha e tediosa, pode-se perfeitamente cortar fragmentos entre as falas. Tentei fazê-lo uma vez e funcionou muito bem, então fiz a mesma coisa por todo o filme." É possível que Godard exagere a casualidade de sua atitude na sala de cortes, mas é bem conhecida a sua confiança na intuição durante as filmagens. Nenhum de seus filmes conta com um roteiro detalhado previamente e muitos foram improvisados, dia a dia, durante amplas fases da filmagem; nas películas recentes, rodadas com som direto, Godard faz os atores usarem delicados fones de ouvido de modo que, quando estão sendo filmados, ele possa falar com cada um separadamente, alimentando-os com suas falas ou colocando interrogações que eles devem responder (entrevistas de frente para a câmera). Além disso, embora geralmente utilize atores profissionais, Godard tem se mostrado crescentemente aberto à incorporação de presenças aleatórias. (Exemplos: em *Duas ou três coisas*, fora do alcance da câmera, Godard entrevista uma jovem que trabalha no salão de beleza que ele alugou para um dia de filmagem; Samuel Fuller, no papel dele próprio, conversa com Ferdinand/Belmondo, em uma festa no início de *O demônio das onze horas*, porque Fuller, um diretor americano que Godard admira, estava por acaso em Paris à época e visitava as filmagens.) Quando usa o som direto, Godard também conserva, em geral, qualquer ruído natural ou aleatório captado na trilha sonora, mesmo aqueles não relacionados com a ação. Embora os resultados de tal permissividade nem sempre sejam interessantes, alguns dos efeitos mais felizes de Godard foram invenções de última hora ou resultados de acidentes. O sino da igreja que toca enquanto Nana morre em *Viver a vida*, simplesmente aconteceu, para surpresa de todos, durante as tomadas. A desconcertante cena em negativo em *Alphaville* assumiu aquela forma porque, no último instante, Coutard comunicou a Godard que não havia equipamento suficiente no estúdio para iluminar adequadamente a cena (era de noite); ele decidiu prosseguir de qualquer modo. Godard afirmou que o final espetacular de *O demônio das onze horas*, o suicídio de Ferdinand por autodinamitação, "foi inventado no local, ao contrário do início, que foi organizado. É uma espécie de *happening*, mas controlado e dominado. Dois dias antes de começar eu não tinha nada, absolutamente nada. Bem, eu dispunha do texto e de um certo número de locações". A sua convicção de que é possível absorver o acaso, lançando mão dele como instrumento adicional para desenvolver novas estruturas, ultrapassa o simples fato de fazer preparações mínimas para um filme e manter as condições de filmagem flexíveis para a própria montagem. "Às vezes, eu tenho cenas mal filmadas, por falta de tempo ou dinheiro", disse Godard. "Agrupá-las cria uma impressão diferente; eu não rejeito essa ideia; ao contrário, procuro fazer o melhor para tirar o máximo dela."

A abertura de Godard ao milagre aleatório é sustentada por seu gosto pelas filmagens em locação. Em sua obra, até hoje — incluindo longas, curtas e episódios —, apenas seu terceiro longa-metragem, *Uma mulher é uma mulher*, foi rodado em estúdio; o restante foi filmado em locações "encontradas". (O pequeno quarto de hotel onde se passa *Charlotte et son Jules* era o local em que Godard vivia na época; o apartamento de *Duas ou três coisas* pertencia a um amigo; e o apartamento de *A chinesa* é a residência atual de Godard.) Na verdade, um dos aspectos mais brilhantes e assombrosos das fábulas de ficção científica de Godard — o episódio de *RoGoPag* (1962), "O novo mundo"; *Alphaville* e *Anticipation* — é que elas foram inteiramente filmadas em locais e prédios irretocados, nas cercanias da Paris de meados dos anos 1960, como o Aeroporto de Orly, o Hotel Scribe e o novo edifício do Conselho de Eletricidade. Isso, por certo, é exatamente o que interessa a Godard. As fábulas sobre o futuro são, ao mesmo tempo, ensaios sobre o presente. O filão de fantasia inspirada no cinema, que perpassa a obra de Godard, é sempre qualificado pelo ideal da verdade documentária.

Da inclinação de Godard para a improvisação, para a incorporação de acidentes e filmagem em locação, poder-se-ia inferir a linhagem proveniente da estética neorrealista, famosa pelos filmes italianos dos últimos 25 anos, começando com *Ossessione* [Obsessão] e *La terra trema* [A terra treme], de Visconti, até atingir o apogeu nos filmes do pós-guerra de Rossellini e na estreia recente de Olmi. Mas Godard, conquanto um fervoroso admirador de Rossellini, nem mesmo é um neoneorrealista, sendo dificilmente o seu propósito retirar o artifício da arte. O que ele almeja é combinar as tradicionais polaridades do pensamento livre espontâneo e da obra acabada, da anotação casual e da declaração totalmente premeditada. Espontaneidade, casualidade, naturalidade não são valores em si para Godard, que está basicamente interessado na *convergência* de espontaneidade e disciplina emocional de abstração (a dissolução do "tema central"). Naturalmente, os resultados estão longe de serem metódicos. Ainda que Godard tenha atingido a base de seu estilo próprio muito rapidamente (por volta de 1958), a infatigabilidade de seu temperamento e a sua voracidade intelectual o impeliram a adotar uma postura essencialmente exploratória em relação à direção cinematográfica, na qual ele pode responder um problema proposto, mas não resolvido, em um filme simplesmente iniciando um outro. No entanto, vista em seu conjunto, a obra de Godard fica muito mais próxima em problemas e em alcance da de um purista e formalista radical do cinema, como Bresson, que da dos neorrealistas — embora a relação com Bresson deva ser traçada sobretudo em termos de contrastes.

Bresson também atingiu seu estilo maduro bastante rápido, mas toda sua trajetória consistiu em obras inteiramente premeditadas, independentes, concebidas dentro dos limites de sua estética pessoal de concisão e intensidade. (Nascido em 1910, Bresson realizou oito filmes de longa-metragem, o primeiro em 1943 e o mais recente em 1967.) A arte de Bresson se caracteriza por uma qualidade pura e lírica, por um tom naturalmente elevado e por uma unidade meticulosamente construída. Em uma entrevista conduzida por Godard (*Cahiers du Cinèma* nº 178, maio de 1966), Bresson disse que, de seu ponto de vista, "a improvisação é a base da criação no cinema". Mas o estilo de um filme de Bresson é, seguramente, a antítese da improvisação. No filme acabado, uma tomada deve ser, ao mesmo tempo, autônoma e necessária; isso significa que há somente uma maneira idealmente correta de compor cada tomada (embora se possa chegar a isso de forma intuitiva) e de montá-la em uma narrativa. Por toda a sua grande energia, os filmes de Bresson projetam um ar de intencionalidade formal, de terem sido organizados de acordo com um ritmo incansável e sutilmente calculado, que exigiu que tudo aquilo que havia de não essencial fosse cortado. Dada a sua estética austera, parece apropriado que o tema característico de Bresson seja ou uma pessoa literalmente prisioneira, ou alguém embaraçado em um dilema cruciante. Na verdade, se se aceita a unidade de narrativa e de tonalidade como um padrão primordial no cinema, o ascetismo de Bresson (seu recurso máximo a materiais mínimos, a qualidade meditativa "fechada" de seus filmes) parece ser o único procedimento verdadeiramente rigoroso.

A obra de Godard exemplifica uma estética (e, fora de dúvida, um temperamento e uma sensibilidade) oposta à de Bresson. A energia moral que informa a direção de Godard, embora não menos poderosa que a de Bresson, conduz a um ascetismo bastante diferente: o labor de infindável autoquestionamento que se torna um elemento constitutivo da obra de arte. "Mais e mais, a cada filme", disse ele em 1965, "parece-me que o maior problema ao filmar é decidir onde e por que começar uma tomada e por que encerrá-la". A questão é que Godard não consegue enxergar senão soluções arbitrárias para esse problema. Ao passo que cada tomada é autônoma, nenhuma soma de pensamento pode torná-la necessária. Uma vez que, para ele, o filme é preeminentemente uma estrutura aberta, a distinção entre o que é essencial e o que não é essencial em qualquer filme dado perde o sentido. Da mesma forma que não se pode descobrir padrões absolutos e imanentes para determinar a composição, a duração e o lugar de uma tomada, não pode haver nenhuma razão verdadeiramente sólida para excluir o que quer que seja de um filme. Essa visão do filme como uma coleção em vez de uma unidade está por trás das caracterizações aparentemente fáceis que Godard fez de muitos de seus filmes recentes. "*Pierrot le fou* não é realmente um filme, é uma tentativa de cinema." Sobre *Duas ou três coisas*: "Em suma, não é um filme, é uma tentativa de filme, apresentada como tal". *Uma mulher casada* é descrita nos títulos: "Fragmentos de um filme rodado em 1964"; e *A chinesa* recebe o subtítulo: "Um filme em processo de realização". Ao reivindicar não oferecer mais que "esforços" ou "tentativas", Godard reconhece a abertura e a arbitrariedade estruturais de sua obra. Cada filme permanece um fragmento, no sentido em que suas possibilidades de elaboração jamais podem ser esgotadas. Tomando-se como seguras a aceitabilidade, e mesmo a desejabilidade, do método de justaposição ("Prefiro simplesmente enfileirar as coisas uma ao lado da outra"), que reúne elementos contrários sem reconciliá-los, não pode haver, com efeito, nenhum fim internamente necessário para um filme de Godard, como o há para um filme de Bresson. Todo filme ou deve parecer abruptamente interrompido, ou arbitrariamente encerrado — amiúde com a morte violenta, no último rolo, de uma ou mais de uma das personagens principais, como em *Acossado, O pequeno soldado, Viver a vida, Tempo de guerra, O desprezo, Masculino-feminino* e *O demônio das onze horas.*

Previsivelmente, Godard defendeu essas perspectivas enfatizando a relação (em vez da diferença) entre a "arte" e a "vida". Godard alega jamais ter sentido, enquanto trabalha, aquilo que em sua opinião um romancista precisa sentir: "Que estou diferenciando a vida da criação". O conhecido terreno mítico é mais uma vez ocupado: "O cinema está em algum lugar entre a vida e a arte". Sobre *O demônio das onze horas*, Godard anotou: "A vida é o tema, com o '*Scope* e a cor como seus atributos [...] A vida por suas próprias qualidades, da forma como eu gostaria de captá-la, usando panorâmicas da natureza, planos fixos da morte, tomadas breves, tomadas longas, o som suave e alto, os movimentos de Anna e Jean-Paul. Em resumo, a vida enchendo a tela como uma tampa enche uma banheira que simultaneamente se esvazia na mesma proporção". É nisso, segundo Godard, que ele difere de Bresson, o qual, quando roda um filme, tem "uma ideia de mundo" que está "tentando colocar na tela ou, o que vem a dar no mesmo, uma ideia de cinema" que tenta "aplicar ao mundo". Para um diretor como Bresson, "o cinema e o mundo são moldes a serem preenchidos, enquanto em *Pierrot* não há nem molde, nem matéria".

Por certo, os filmes de Godard não são banheiras; e ele alimenta seus complexos sentimentos do mundo e de sua arte na mesma extensão e, em grande parte, da mesma maneira que Bresson. Mas apesar do lapso de Godard em uma retórica dissimulada, seu contraste com Bresson persiste. Para este último, que foi originalmente pintor, são a austeridade e o rigor dos meios cinematográficos que fazem essa arte (embora bem poucos filmes) valiosa para ele. Para Godard, é o fato de o cinema ser um meio tão livre, promíscuo e receptivo que dá às películas, inclusive a muitas fitas de qualidade inferior, sua autoridade e promessa. O filme pode misturar formas, técnicas, pontos de vista; não pode ser identificado com nenhum ingrediente principal. Na verdade, o que o cineasta precisa mostrar é que nada é excluído. "É possível colocar qualquer coisa em um filme", diz Godard. "É preciso colocar qualquer coisa em um filme."

Uma película é concebida como um organismo vivo: não tanto um objeto, mas uma presença ou um encontro — um evento plenamente histórico ou contemporâneo, cujo destino é ser transcendido pelos fatos futuros. Buscando criar um cinema que habite o presente real, Godard coloca regularmente em seus filmes referências a crises políticas atuais: a Argélia, a política interna de De Gaulle, Angola, a Guerra do Vietnã. (Cada um de seus quatro últimos longas-metragens inclui uma cena onde as personagens centrais denunciam a agressão americana no Vietnã, e Godard declarou que enquanto perdure essa guerra ele colocará tal sequência em todo filme que fizer.) Os filmes podem incluir referências ainda mais casuais e sentimentos improvisados — uma estocada em André Malraux; um cumprimento a Henri Langlois, diretor da Cinemathèque Française; um ataque aos operadores irresponsáveis que mostram filmes de escala menor em tamanho cinemascope; ou uma dica para um filme não distribuído de um colega e amigo. Godard saúda a oportunidade de usar o cinema topicamente, "jornalisticamente". Lançando mão do estilo de entrevista do *cinéma-vérité* e do documentário televisivo, ele pode solicitar às personagens suas opiniões sobre a pílula ou a importância de Bob Dylan. O jornalismo pode fornecer a base para um filme: Godard, que escreve os argumentos de todas as suas fitas, cita a "documentação de 'Ou en est la prostitution?', por Marcel Sacotte", como uma das fontes de *Viver a vida*; a história de *Duas ou três coisas* foi sugerida por uma reportagem especial publicada em *Le Nouvel Observateur*, sobre donas de casa nos novos conjuntos de apartamentos para famílias de baixa renda, que se tornam prostitutas de tempo parcial para aumentar seus ganhos mensais.

Como a fotografia, o cinema sempre foi uma arte que registra a temporalidade; mas até esta altura esse tem sido um aspecto inadvertido dos longas-metragens de ficção. Godard é o primeiro grande diretor que intencionalmente incorpora certos aspectos contingentes do momento social particular em que roda a película — às vezes, fazendo disso o quadro de referência do filme. Assim, o quadro de referência de *Masculino-feminino* é um relatório sobre a situação da juventude francesa durante três meses politicamente críticos do inverno de 1965, entre a primeira eleição presidencial e as provas finais; e *A chinesa* analisa a facção dos estudantes comunistas de Paris que se inspira na revolução cultural maoista, no verão de 1967. Mas, por certo, Godard não pretende fornecer fatos num sentido literal, o sentido que nega a relevância da imaginação e da fantasia. Em sua visão, "podemos começar seja com a ficção, seja com o documentário. Mas, com qualquer um que se comece, inevitavelmente vamos deparar com o outro". Talvez o desenvolvimento mais interessante de seu ponto de vista seja não os filmes que têm a forma de reportagem, mas aqueles que tomam a forma de fábulas. A interminável guerra universal que fornece o tema de *Les carabiniers* é ilustrada por documentários da Segunda Guerra Mundial e a imundície em que vivem os míticos protagonistas (Michelangelo, Ulisses, Cleópatra, Vênus) é concretamente a França atual. *Alphaville* é, nas palavras de Godard, "uma fábula de fundo realista", pois a cidade intergaláctica é também, literalmente, a Paris de hoje.

Não preocupado com o tema da impureza — não há materiais inúteis para o filme —, Godard está, no entanto, envolvido em uma aventura extremamente purista: a tentativa de divisar uma estrutura fílmica que fale num tempo presente mais puro. Seu esforço é o de fazer fitas que existam no presente real, e não falar sobre o passado, narrar alguma coisa que já tenha ocorrido. Nisso, certamente, Godard segue um caminho já trilhado pela literatura. A ficção, até recentemente, era a arte do passado. Os eventos relatados em um drama épico ou em um romance já estão, quando o leitor abre o livro, no passado. Mas, em grande parte da nova ficção, os fatos passam diante de nós como em um presente que coexiste com o tempo da voz narrativa (mais precisamente, com o tempo no qual a voz narrativa está se dirigindo ao leitor). Os fatos existem, portanto, no presente — pelo menos tão no presente como o próprio leitor. É por essa razão que escritores como Beckett, Stein, Burroughs e Robbe-Grillet preferem usar o tempo presente ou seu similar. (Uma outra estratégia: fazer da distinção entre tempo passado, presente e futuro no interior da narração um enigma explícito e insolúvel — como, por exemplo, em certas histórias de Borges e Landolfi e em *Pale Fire*.) Mas se o processo é factível para a literatura, parecerá ainda mais apropriado para o filme fazer um movimento comparável, uma vez que, de certo modo, a narrativa fílmica conhece *apenas* o tempo presente. (Tudo que é mostrado está igualmente presente, não importando quando ocorreu.) A fim de que o filme possa explorar sua liberdade natural é necessário que tenha um compromisso mais solto, menos literal, com o contar uma "história". A história no sentido tradicional — algo que já aconteceu — é substituída por uma situação fragmentada onde a supressão de certos vínculos explicativos entre as cenas cria a ideia de uma ação que é continuamente renovada, e se desenrola no tempo presente.

E, necessariamente, esse tempo presente deve aparecer como uma visão de certa forma comportamental, externa, antipsicológica, da situação humana, pois a compreensão psicológica depende de se ter em mente, ao mesmo tempo, as dimensões de passado, presente e futuro. Enxergar alguém psicologicamente é traçar as coordenadas temporais em que está situado. Uma arte que vise o tempo presente não pode aspirar a esse tipo de "profundidade" ou interioridade na descrição dos seres humanos. A lição já está clara a partir da obra de Stein e Beckett; Godard a demonstra para o filme.

Ele alude explicitamente a essa opção apenas uma vez, com relação a *Viver a vida*, que, ele diz, foi "construído [...] em quadros para acentuar o lado teatral do filme. Além disso, tal divisão correspondia à visão externa das coisas que melhor me permitia transmitir o sentimento do que ocorria internamente. Em outras palavras, um procedimento oposto ao empregado por Bresson em *Pickpocket*, no qual o drama é visto a partir do interior. Como se pode apresentar o 'interior'? Segundo penso, permanecendo prudentemente no exterior". Mas, embora existam vantagens óbvias em se colocar "externamente" (flexibilidade de forma, liberdade em relação às soluções superpostas limitadoras), a escolha não é tão nítida como Godard sugere. Talvez nunca se fique "no interior" no sentido que Godard atribui a Bresson — um procedimento consideravelmente diferente do registro de motivos e do sumário da vida interior de uma personagem promovidos pelo romance realista do século XIX. Na verdade, por esses padrões, Bresson é, ele próprio, consideravelmente "externo" a suas personagens; por exemplo, mais envolvido em sua presença somática, no ritmo de seus movimentos, na pesada carga de sentimento inexprimível que elas carregam.

Todavia, Godard está certo ao dizer que, comparado a Bresson, ele se situa "externamente". Uma das formas pelas quais ele se mantém assim é por meio da mudança constante do ponto de vista em que o filme é contado, através da justaposição de elementos narrativos contrastantes: aspectos realistas ao lado de aspectos implausíveis da história, sinais escritos interpostos entre as imagens, "textos" recitados em voz alta que interrompem o diálogo, entrevistas estáticas contrapostas a ações rápidas, interpolação de uma voz do narrador que explica ou comenta a ação, e assim por diante. Uma segunda forma é a apresentação das "coisas" de uma maneira vigorosamente neutra, em contraste com a visão inteiramente íntima de Bresson, que vê as coisas como objetos usados, disputados, amados, ignorados e consumidos por pessoas. As coisas nos filmes de Bresson — uma colher, uma cadeira, um naco de pão, um par de sapatos — estão sempre marcadas por seu uso humano. A questão é como elas são usadas — se inteligentemente (como o prisioneiro utiliza sua colher, em *Un condamné à mort* e como a heroína de *Mouchette* lança mão de caçarola e tigelas para preparar a refeição matinal), ou se canhestramente. Nos filmes de Godard, as coisas exibem um caráter totalmente alienado. De forma característica, elas são usadas com indiferença nem inteligente, nem canhestra; simplesmente estão ali. "Objetos existem", escreveu Godard, "e se se presta mais atenção a eles que às pessoas, é precisamente porque eles existem mais que essas pessoas. Objetos mortos ainda têm vida. Pessoas vivas muitas vezes já morreram." Embora as coisas possam servir de pretexto para *gags* visuais (como o ovo suspenso, em *Uma mulher é uma mulher*, e os cartazes de cinema no depósito em *Made in USA*), ou possam introduzir um elemento de grande beleza plástica (como o fazem em *Duas ou três coisas* os estudos de Pongeist sobre o toco de cigarro queimando e as bolhas que se separam e voltam a se juntar sobre a superfície de uma xícara de café quente), elas sempre ocorrem em um contexto de dissociação emocional, servindo para reforçá-la. A forma mais notável de Godard apresentar as coisas dissociadamente é a sua imersão ambivalente no fascínio da imagética *pop* e a sua exibição (apenas em parte irônica) da moeda corrente simbólica do capitalismo urbano — máquinas de fliperama, embalagens de detergente, automóveis velozes, anúncios de neon, cartazes de rua, magazines de moda. Por extensão, tal fascínio por coisas alienadas dita a ambientação da maior parte dos filmes de Godard: autoestradas, aeroportos, anônimos quartos de hotel ou insípidos apartamentos modernos, cafés profusamente iluminados, salas de cinema. Os acessórios e os ambientes dos filmes de Godard são o cenário da alienação — esteja ele exibindo o *pathos* na facticidade mundana da vida real de personagens urbanas deslocadas, como os pequenos arruaceiros, as donas de casa descontentes, os estudantes de esquerda, as prostitutas (a vida do dia a dia), ou apresentando fantasias antiutópicas sobre o futuro cruel.

Um universo apresentado como fundamentalmente desumanizado ou dissociado é também um mundo que conduz à rápida "associação" de seus ingredientes. Mais uma vez, o contraste pode ser efetuado com a atitude de Bresson, que é rigorosamente não associativa e, portanto, preocupada com a profundidade de qualquer situação; em um filme de Bresson, há certas trocas de energia pessoal organicamente derivadas e mutuamente relevantes que florescem ou esgotam a si próprias (de um modo ou de outro, unificando a narrativa e suprindo-a com um término orgânico). Para Godard, não existem conexões genuinamente orgânicas. No panorama de dor, apenas são possíveis três respostas de real interesse, estritamente não relacionadas: a ação violenta, a prova das "ideias", e a transcendência do amor romântico repentino e arbitrário. Mas cada uma dessas possibilidades é compreendida como revogável ou artificial. Elas não são atos de satisfação pessoal; não tanto soluções como dissoluções de um problema. Tem sido notado que muitos dos filmes de Godard projetam uma visão masoquista da mulher, beirando à misoginia e a um infatigável romantismo sobre o "casal". Trata-se de uma combinação de atitudes estranhas, mas comum. Tais contradições são análogos psicológicos ou éticos das pressuposições formais mais importantes de Godard. Em uma obra concebida como aberta, associativa, composta de "fragmentos", construída através da justaposição (parcialmente aleatória) de elementos contrários, qualquer princípio de ação ou qualquer resolução emocional decisiva está fadada a ser um artifício (de um ponto de vista ético) ou a ser ambivalente (de um ponto de vista psicológico).

Cada filme é uma teia provisória de impasses emocionais e intelectuais. Com a provável exceção de seu ponto de vista sobre o Vietnã, não há atitude que Godard incorpore em seus filmes que não seja simultaneamente posta entre parênteses e, portanto, criticada, por uma dramatização da lacuna entre a elegância e a sedução das ideias e a selvagem e lírica opacidade da condição humana. O mesmo senso de impasse caracteriza os juízos morais de Godard. Com todo o emprego que fazem da metáfora e do fato da prostituição para sintetizar as misérias contemporâneas, os filmes de Godard não podem ser vistos como "contra" a prostituição e "a favor" do prazer e da liberdade, no sentido inequívoco em que os filmes de Bresson exaltam diretamente o amor, a honestidade, a coragem e a dignidade, deplorando a crueldade e a covardia.

Da perspectiva de Godard, a obra de Bresson está destinada a parecer "retórica", ao passo que ele está empenhado em destruir a retórica por meio de um uso generoso da ironia —, resultado comum toda vez que uma inteligência incansável e de certa forma dissociada luta por eliminar um romantismo irreprimível e uma tendência a moralizar. Em muitos de seus filmes, Godard deliberadamente procura o quadro de referência da paródia, da ironia enquanto contradição. Por exemplo, *Uma mulher é uma mulher* procede por meio da colocação de um tema ostensivamente sério (uma mulher frustrada tanto como mulher quanto como pretensa mãe) num quadro ironicamente sentimental. "O assunto de *Une femme est une femme*", disse Godard, "é uma personagem que consegue resolver uma certa situação, mas eu concebi esse tema dentro do quadro de um musical neorrealista: uma *contradição absoluta*, mas é precisamente por isso que eu quis fazer o filme." Outro exemplo é o tratamento lírico de uma intriga bastante grosseira de gangsterismo amador em *Bande à part*, inclusive com a aguda ironia do "final feliz" em que Odile parte ao lado de Franz para a América Latina em busca de outras aventuras românticas. Mais um exemplo: a nomenclatura de *Alphaville*, um filme em que Godard levanta alguns de seus temas mais sérios, é uma coleção de identidades de histórias em quadrinhos (as personagens têm nomes como Lemmy Caution, o herói de uma famosa série francesa de aventuras; Harry Dickson; professor

Leonard Nosferatu, aliás Von Braun; professor Jeckill) e o papel principal é desempenhado por Eddie Constantine, o ator americano expatriado cujo rosto representou um clichê dos filmes "B" de detetive, na França, durante duas décadas; na verdade, o título inicial de Godard para o filme era "Tarzan contra IBM". Ainda um exemplo: o filme que ele resolveu rodar sobre o tema duplo dos assassinatos de Ben Barka e Kennedy, *Made in USA*, foi concebido como uma reconstituição paródica de *The Big Sleep* (*À beira do abismo*), reprisado em um cinema de Paris no verão de 1966 — com o papel do detetive de impermeável (Bogart) desempenhado agora por Anna Karina. O risco desse uso pródigo da ironia é que as ideias serão expressas a seu ponto de autocaricatura e as emoções somente quando mutiladas. A ironia intensifica o que já é uma considerável limitação das emoções nos filmes, resultante da insistência no caráter puramente presente da narração cinematográfica, em que situações com sentimentos menos profundos serão desproporcionalmente representadas — em detrimento de estados vivamente retratados de dor, ódio, desejo, satisfação erótica profunda e sofrimento físico. Assim, enquanto Bresson, na sua quase invariável melhor forma, é capaz de transmitir profundas emoções sem sequer ser sentimental, Godard, no mínimo de sua eficácia, delineia viravoltas de enredo que ou parecem insensíveis, ou sentimentais (parecendo ao mesmo tempo emocionalmente planas).

Godard me parece mais bem-sucedido — seja no raro pathos que conseguiu em *Masculino-feminino*, seja na frieza crua de filmes tão diretamente passionais como *Tempo de guerra*, *O desprezo*, *O demônio das onze horas* e *Weekend*. Essa frieza é uma qualidade persistente de sua obra. Por toda sua violência de trivialidade sexual e incidente, os filmes guardam uma relação surda e destacada com o grotesco e com o doloroso, bem como com o seriamente erótico. As pessoas são, por vezes, torturadas e, com frequência, morrem nos filmes de Godard, mas quase casualmente. (Ele tem uma predileção particular por acidentes de automóvel: o final de *O desprezo*, o desastre em *O demônio das onze horas*, o panorama insensível de carnificina na estrada em *Weekend*.) Raramente se vê cenas de sexo, e quando isso ocorre o que interessa a Godard não é comunhão sensual, mas aquilo que o sexo revela "sobre os hiatos entre as pessoas". Os momentos orgiásticos aparecem quando os jovens dançam juntos, ou dançam, ou jogam, ou correm — as pessoas correm maravilhosamente nas películas de Godard —, não quando elas fazem amor.

"Cinema é emoção", diz Samuel Fuller em *O demônio das onze horas*, uma reflexão que se presume partilhada por Godard. Mas a emoção, para ele, sempre vem acompanhada por algum adereço de finura, por alguma transmutação de sentimento que ele nitidamente coloca no centro dos processos de criação artística. Isso explica parte da preocupação de Godard com a linguagem, tanto sonora como visual, na tela. A linguagem funciona como um meio de distanciamento emocional frente à ação. O elemento pictórico é emocional, imediato; entretanto, as palavras (incluindo avisos, textos, histórias, ditos, recitações, entrevistas) têm uma temperatura mais baixa. Enquanto as imagens convidam o espectador a se identificar com aquilo que é visto, a presença de palavras torna o espectador um crítico.

Mas o uso brechtiano que Godard faz da linguagem é somente um aspecto da questão. Por mais que ele deva a Brecht, seu tratamento da linguagem é mais complexo e equívoco e se relaciona principalmente aos esforços de certos pintores que usam ativamente as palavras para minar a imagem, para censurá-la, para fazê-la opaca e ininteligível. Não se trata simplesmente de que Godard dê à linguagem um lugar até hoje não concedido por nenhum outro diretor antes dele. (Compare-se a verbosidade dos filmes de Godard com o rigor e a austeridade verbais do diálogo de Bresson.) Ele não vê qualquer coisa no meio fílmico que impeça que um dos temas do cinema seja a própria linguagem — da mesma forma que esta se transformou no tema de boa parte da poesia contemporânea e, num sentido metafórico, de parte da pintura importante, como a de Jasper

Johns. Mas parece que a linguagem pode se tornar o tema do cinema apenas no ponto em que o cineasta se vê obcecado pelo caráter problemático da linguagem — como evidentemente ocorre com Godard. O que outros diretores enxergaram como um acessório para o maior "realismo" (a vantagem dos filmes falados em relação aos filmes mudos) passa a ser, nas mãos de Godard, um instrumento virtualmente autônomo, por vezes subversivo.

Já assinalei as maneiras variadas em que Godard utiliza a linguagem como discurso — não somente como diálogo, mas como monólogo, como discurso recitado, incluindo a citação, e como interrogação e comentário fora da tela. A linguagem é igualmente um importante elemento visual ou plástico em seus filmes. Às vezes, a tela é inteiramente preenchida com um texto impresso ou letreiro, que se torna o substituto ou contraponto de uma imagem pictórica. (Alguns exemplos apenas: os créditos elípticos estilizados que abrem cada filme; as mensagens de cartão-postal dos dois soldados em *Tempo de guerra*; os cartazes, anúncios, capas de discos e de revistas em *Viver a vida*, *Uma mulher casada* e *Masculino-feminino*; as páginas do jornal de Ferdinand, parte delas ilegível, em *O demônio das onze horas*; a conversa com capas de livros, em *Uma mulher é uma mulher*; a capa da série de brochuras "*Idées*" usada tematicamente, em *Duas ou três coisas*; os lemas maoistas nas paredes do apartamento, em *A chinesa*.) Não se trata somente de que Godard não encare o cinema como essencialmente fotografias que se movem; para ele, o fato de os filmes, que se propõem, a ser um meio pictórico, admitirem a linguagem é precisamente o que confere ao cinema seu alcance e liberdade superiores em comparação com outras formas de arte. Os elementos pictóricos ou fotográficos são, em certo sentido, apenas as matérias-primas do cinema de Godard; o ingrediente transformador é a linguagem. Assim, criticá-lo pela tagarelice de seus filmes é não compreender seus materiais e suas intenções. É quase como se a imagem pictórica tivesse uma qualidade estática, demasiado próxima da "arte", que Godard quer contaminar com a doença das palavras. Em *A chinesa*, um cartaz na parede da comuna estudantil maoista diz: "É preciso substituir vagas ideias por imagens claras". Mas esse é tão só um lado do problema, como sabe Godard. Às vezes, as imagens são demasiado claras, demasiado simples. (*A chinesa* é o tratamento compassivo e espirituoso do desejo arquirromântico de fazer-se inteiramente simples, completamente claro. A dialética intensamente permutada entre imagem e linguagem está longe de ser estável. Como ele declara de própria voz no início de *Alphaville*: "Algumas coisas na vida são demasiado complexas para a transmissão oral. Desse modo, fazemos ficção a partir delas, para torná-las universais". Entretanto, uma vez mais, fica claro que tornar as coisas universais pode levar à supersimplificação, que deve ser combatida pela concreticidade e pela ambiguidade das palavras.

Godard sempre foi fascinado pela opacidade e coercibilidade da linguagem, e um traço recorrente das narrativas dos filmes é alguma sorte de deformação do discurso. No seu estágio talvez mais inocente, mas ainda assim opressivo, o discurso pode se tornar o monólogo histérico, como em *Charlotte et son Jules* e *Une histoire d'eau*. O discurso pode se transformar em algo vacilante e incompleto, como no uso inicial de passagens de entrevistas — em *O grande escroque* e *Acossado*, em que Patrícia entrevista um escritor (representado pelo diretor J.-P. Melville), no Aeroporto de Orly. O discurso pode se tornar repetitivo, como na alucinatória dublagem do diálogo pelo tradutor quadrilíngue em *O desprezo* e como em *Bande à part* na repetição de frases grotescamente intensas durante o ditado do professor de inglês. Há diversos exemplos da desumanização direta do discurso — como o crocitar em câmera lenta do computador Alpha 60 e o empobrecido discurso mecanizado de seus catatônicos súditos humanos em *Alphaville*; sem falar do discurso "fragmentado" do viajante em *Anticipation*. O diálogo pode estar descompassado com a ação, como no comentário antifonário em *O demônio das onze horas*; ou simplesmente deixar de fazer sentido, como no relato da "morte da lógica" que se segue a uma explosão nuclear sobre Paris em *Le nouveau monde*.

Por vezes, Godard impede que o discurso seja completamente entendido — como na primeira cena de *Viver a vida* e no som estridente e parcialmente ininteligível da gravação da voz de "Richard Po-", em *Made in USA*, e na longa confissão erótica na abertura de *Weekend*. Complementando essas mutilações do discurso e da linguagem, há as muitas discussões explícitas da linguagem como problema nos filmes de Godard. O problema de como é possível fazer sentido moral ou intelectual por meio da linguagem é debatido em *Viver a vida* e *Uma mulher casada*; o mistério de "traduzir" de uma linguagem para outra é um dos temas de *O desprezo* e de *Bande à part*; a linguagem do futuro é assunto de especulação por parte de Guillaume e Veronique em *A chinesa* (as palavras serão ditas como se fossem som e matéria); o lado inferior, sem sentido, da linguagem é demonstrado no intercâmbio no café entre Marianne, o lavrador e o atendente de bar em *Made in USA*; e o esforço de purificar a linguagem da dissociação filosófica e cultural é o assunto principal e explícito de *Alphaville* e *Anticipation*, sendo que o sucesso dos esforços de um indivíduo para fazê-lo oferece a resolução dramática de ambos os filmes.

A esta altura da obra de Godard, o problema da linguagem parece ter-se tornado o tema central. Por trás de sua verbosidade intrusa, suas películas são assediadas pela duplicidade e banalidade da linguagem. Até onde existe uma "voz" que fala em seus filmes, é uma voz que contesta todas as outras. A linguagem é o contexto mais amplo em que o tema recorrente da prostituição, em Godard, precisa ser situado. Além do interesse sociológico, a prostituição é sua metáfora ampliada para o destino da linguagem, isto é, da própria consciência. A aglutinação dos dois temas fica mais clara que nunca no pesadelo de ficção científica de *Anticipation*: num hotel de aeroporto, em algum lugar no futuro (ou seja, atualmente), os viajantes têm a opção de duas espécies de companhias sexuais temporárias, uma que faz o amor físico sem falar e outra que pode recitar as palavras de amor mas é incapaz de tomar parte de qualquer contato físico. A esquizofrenia da carne e da alma é a ameaça que inspira a preocupação de Godard com a linguagem, e lhe confere os termos dolorosos e autoindagadores de sua arte infatigável. Como declara Natasha no final de *Alphaville*: "Há palavras que não sei". Mas é esse penoso conhecimento, de acordo com o mito narrativo dominante de Godard, que marca o princípio de sua redenção; e — por uma extensão da mesma meta — da redenção da própria arte.

(*fevereiro 1968*)

Parte III

O QUE ESTÁ ACONTECENDO NA AMÉRICA (1966)

[O texto que segue é a resposta a um questionário enviado pelos diretores da *Partisan Review* a várias pessoas, no verão de 1966. A enquete começa: "Existe um grande grau de ansiedade sobre a direção da vida americana. De fato, há motivos para temer que a América esteja ingressando em uma crise moral e política". Após mais algumas linhas nesse estilo de exposição incompleta, os colaboradores são convidados a organizar suas respostas em torno de sete perguntas específicas: 1. Tem alguma importância saber quem está na Casa Branca? Ou há algo em nosso sistema que forçaria qualquer presidente a agir como Johnson está fazendo? 2. Quão sério é o problema da inflação? O problema da pobreza? 3. Qual o significado da cisão entre o governo e os intelectuais americanos? 4. A América branca está comprometida em garantir a igualdade ao negro americano? 5. Aonde você acha que a nossa política externa está nos conduzindo? 6. De modo geral, o que você acha que irá acontecer no país? 7. Você acha que há esperanças nas atividades dos jovens de hoje?

A minha resposta, reproduzida abaixo, apareceu na edição do inverno de 1967 daquela revista, ao lado de contribuições remetidas por Martin Duberman, Michael Harrington, Tom Hayden, Nat Hentoff, H. Stuart Hughes, Paul Jacobs, Tom Kahn, Leon H. Keyserling, Robert Lowell, Jack Ludwig, Jack Newfield, Harold Rosenberg, Richard H. Rovere, Richard Schlatter e Diana Trilling.]

Tudo aquilo que se sinta sobre este país é, ou deveria ser, condicionado pela percepção do *poder* americano: dos Estados

Unidos como o arqui-império do planeta, que detém o futuro biológico e histórico do homem em suas garras de King Kong. Os Estados Unidos de hoje, com Ronald Reagan como o novo papai da Califórnia e John Wayne mastigando costeletas de porco na Casa Branca é exatamente a mesma Terra de Matutos descrita por Mencken. A principal diferença é que o que está acontecendo nos Estados Unidos tem muito mais importância no final da década de 1960 do que tinha na década de 1920. Naquela época, se se tivesse entranhas vigorosas, seria possível zombar, às vezes carinhosamente, da barbárie americana e considerar a inocência da nação de certa forma cativante. Nos dias de hoje, tanto a barbárie como a inocência são letais, extravagantes.

Em primeiro lugar, assim, o poder americano é indecente em sua escala. Mas também a qualidade da vida americana é um insulto às possibilidades de crescimento humano; e a poluição do espaço estadunidense, com engenhocas e carros, TV e arquitetura em caixotes, violenta os sentidos, transformando em neuróticos sombrios a maioria de nós, e em perversos atletas espirituais e sonoros autotranscendentes os melhores dentre nós.

Gertrude Stein disse que os Estados Unidos são o país mais idoso do mundo. Certamente, é o mais conservador. Têm o máximo a perder com mudanças (sessenta por cento da riqueza mundial nas mãos de um país que tem seis por cento da população do planeta). Os americanos sabem que suas costas estão contra a parede: "eles" querem tirar tudo isso de "nós". Na minha opinião, a América merece que tal aconteça.

Três fatos sobre este país.

Os Estados Unidos foram fundados sobre um genocídio, sobre o pressuposto inquestionável do direito dos brancos europeus de exterminar uma população nativa, tecnologicamente atrasada e de cor, a fim de tomar o continente.

Os Estados Unidos tiveram não somente o mais brutal sistema de escravidão na era moderna como um sistema jurídico único (comparado a outros sistemas escravocratas, digamos, os da América Latina e das colônias americanas), o qual não reconhecia, em nenhum aspecto, os escravos como pessoas.

Enquanto nação — enquanto distinta de uma colônia — a América foi criada principalmente pela população pobre excedente da Europa, reforçada por um pequeno grupo que estava simplesmente *Europamüde*, cansado da Europa (um lema literário da década de 1840). Todavia, mesmo os mais pobres conheciam tanto uma "cultura", em grande parte inventada pelos melhores colocados socialmente e administrada a partir de cima, como uma "natureza", que fora pacificada no decorrer de séculos. Tais pessoas chegaram a um país onde a cultura indígena era meramente considerada inimiga e estava em processo de ser implacavelmente aniquilada, e onde a natureza, por sua vez, também era inimiga, uma força primitiva, não modificada pela civilização (isto é, pelas necessidades humanas), que devia ser derrotada. Após ter sido "conquistada", a América foi ocupada com novas gerações de indivíduos pobres e erigida de acordo com a aparatosa fantasia da boa vida que as pessoas culturalmente destituídas e desarraigadas deviam partilhar no início da era industrial. E assim se parece o país.

Os forasteiros exaltam a "energia" americana, atribuindo a ela tanto a nossa prosperidade econômica sem paralelos como a esplêndida vivacidade de nossas artes e entretenimentos. Mas, seguramente, trata-se de uma energia nociva em suas origens e pela qual pagamos um preço demasiado caro, um dinamismo hipernatural e humanamente desproporcionado que desgasta os nervos de todos nós até deixá-los em carne viva. Basicamente, é a energia da violência, da angústia e do ressentimento disseminados, desencadeada por deslocamentos culturais crônicos que precisam ser, em sua maior parte, ferozmente sublimados. Essa energia foi sobretudo sublimada no cru materialismo e na ânsia de aquisição. Na febril filantropia. Em cruzadas morais cercadas de trevas, a mais espetacular das quais foi a Lei Seca.

Em um talento aterrador para tornar medonhos o campo e as cidades. Na loquacidade e tormento de uma minoria de moscões: artistas, profetas, rastreadores de corrupção, maníacos e loucos. E nas neuroses autopunitivas. Mas a violência nua continua a irromper, colocando tudo em questão.

Não é preciso dizer que os Estados Unidos não são o único país violento, feio e infeliz na face da Terra. Ainda uma vez, é um problema de escala. Somente 3 milhões de índios viviam aqui quando o homem branco chegou, fuzil na mão, para seu novo início. Hoje, a hegemonia americana ameaça a vida não apenas de 3 milhões mas de incontáveis milhões que, como os índios, nunca *ouviram* falar dos "Estados Unidos da América" e muito menos de seu mítico império, o "mundo livre". A política americana ainda é alimentada pela fantasia do Destino Manifesto, embora os limites fossem outrora colocados pelas fronteiras do continente, ao passo que, atualmente, o destino do país engloba o mundo todo. Ainda existem hordas de peles-vermelhas a serem dizimadas antes que a virtude triunfe; como explicam os clássicos do faroeste, índio bom é índio morto. Essa afirmação pode soar como exagero para aqueles que vivem na atmosfera especial e mais finamente modulada de Nova York e seus arredores. Cruze o rio Hudson. Você descobrirá que não apenas *alguns* americanos mas virtualmente todos eles pensam dessa maneira.

Por certo, essas pessoas não sabem o que estão falando, literalmente. Mas não há desculpa. É isso, de fato, que torna tudo possível. O voraz moralismo americano e a fé dos habitantes do país na violência não são apenas sintomas gêmeos de alguma neurose de caráter que assume a forma de uma adolescência protelada, que pressagia uma eventual maturidade. Constituem uma neurose nacional plenamente desenvolvida e firmemente instalada, fundada, como todas as neuroses, na eficaz negação da realidade. Até aqui isso funcionou. Exceto por certas porções do Sul cem anos atrás, os Estados Unidos jamais conheceram a guerra. Um motorista de táxi me dizia, no dia que podia ter sido o Armageddon, quando os Estados Unidos e a Rússia estavam em rota de colisão, próximo às praias de Cuba: "Eu não me preocupo. Servi na última, e agora estou fora do limite para a convocação. Eles não podem me pegar de novo. Mas sou totalmente a favor que façam as coisas já. O que estamos esperando? Vamos resolver logo isso". Uma vez que as guerras sempre aconteceram lá longe e nós sempre vencemos, por que não jogar a bomba? Se tudo que é preciso é apertar um botão, melhor assim. A América é uma mistura curiosa — um país apocalíptico e um país valetudinário. O cidadão médio pode acalentar as fantasias de John Wayne, mas ele tem com a mesma frequência o temperamento de Mr. Woodhouse, de Jane Austen.

Para responder, brevemente, algumas das questões:

1. Eu *não* acredito que Johnson é forçado por "nosso sistema" a agir como está fazendo: por exemplo, no Vietnã, onde a cada fim de tarde ele escolhe pessoalmente os objetivos para os bombardeios das missões do dia seguinte. Mas eu acho que há algo de terrivelmente errado com um sistema *de facto* que permite ao presidente um arbítrio virtualmente ilimitado na execução de uma política externa imoral e imprudente, a tal ponto que a persistente oposição de, digamos, o presidente do Comitê de Relações Exteriores do Senado não significa exatamente nada. O sistema *de jure* atribui ao Congresso o poder de declarar guerra — com a exceção, aparentemente, das incursões imperialistas e das expedições de genocídio. Essas, é melhor deixar não declaradas.

Entretanto, não pretendo sugerir que a política externa de Johnson seja o capricho de uma clique que assumiu o comando, escalou o poder do Executivo central, castrou o Congresso e manipulou a opinião pública. Johnson é, *ai!*, bastante representativo. Da mesma forma que Kennedy não o era. Se há uma conspiração, ela é (ou foi) a dos líderes nacionais mais esclarecidos, até agora amplamente selecionados pela plutocracia da Costa Leste. Eles engendraram a precária aquiescência aos propósitos liberais que predominou neste país por mais de uma geração, um consenso político tornado possível pelo caráter fortemente apolítico de um eleitorado descentralizado, basicamente preocupado com temas locais. Se a *Bill of Rights* fosse apresentada para um referendo nacional como nova peça legislativa, encontraria a mesma sina do Conselho de Revisão Civil da Cidade de Nova York. A maioria das pessoas neste país acredita naquilo em que Goldwater acredita, e sempre o fez. Mas boa parte deles não tem consciência disso. Resta esperar que não o descubram.

4. Não acredito que a América branca esteja comprometida com a garantia de igualdade para o negro americano. Isso ocorre apenas com a minoria de americanos brancos, em geral educados e afluentes, poucos dos quais teve algum contato social prolongado com os negros. Este é um país apaixonadamente racista; e continuará a sê-lo no futuro previsível.

5. Penso que as políticas externas deste governo deverão conduzir a cada vez mais guerras, sempre mais amplas. Nossa principal esperança, e a principal restrição à paranoia e à belicosidade americanas, repousa no cansaço e na despolitização da Europa Ocidental, no vivo temor face aos Estados Unidos, no receio de uma outra guerra mundial com a Rússia e os países da Europa Oriental e na corrupção e na inconfiabilidade dos nossos Estados clientes no Terceiro Mundo. É difícil encetar uma guerra santa sem aliados. Mas os Estados Unidos são suficientemente loucos para tentar fazê-lo.

6. O significado da cisão entre o governo e os intelectuais? É simples: os nossos líderes são genuínos matutos, com todos os traços exibicionistas dessa espécie, e os intelectuais liberais (cujas lealdades mais profundas se voltam para uma fraternidade internacional do razoável) não são *tão* cegos assim. Nessa altura, além disso, eles nada têm a perder por proclamarem seu descontentamento e sua frustração. Mas é conveniente lembrar que os intelectuais liberais, tal como os judeus, tendem a ter uma teoria clássica da política, na qual o Estado detém o monopólio do poder; ao esperarem que os detentores de posições de autorida-

de possam se provar homens esclarecidos, que exercem o poder com justiça, eles se constituem em aliados naturais, embora cautelosos, do sistema estabelecido. Assim como os judeus russos sabiam ter pelo menos uma chance com os funcionários do czar, mas literalmente nenhuma com os cossacos saqueadores e os camponeses embriagados (Milton Himmelfarb o salientou), os intelectuais liberais esperam mais naturalmente influenciar as "decisões" dos governantes que os voláteis "sentimentos" das massas. Somente quando se torna claro que, de fato, o próprio governo está sendo provido com cossacos e camponeses, pode-se dar uma ruptura como a atual. Quando (e se) o homem na Casa Branca que dá patadas nas pessoas e coça o seu saco em público for substituído pelo homem que não gosta de ser tocado e considera Yevtushenko "um sujeito interessante", os intelectuais americanos deixarão de estar tão desalentados. A vasta maioria deles não é de revolucionários, e nem saberia sê-lo se tentasse. Em sua maior parte um professorado assalariado, eles se sentem tão à vontade no sistema quando ele funciona um pouco melhor que o que agora ocorre, como qualquer outra pessoa.

7. Um comentário um pouco mais extenso sobre esta última pergunta.

Sim, encontro muita promessa nas atividades dos jovens. Praticamente a única esperança com que se pode contar em qualquer parte do país, atualmente, está no modo como os jovens estão agindo, no estardalhaço que fazem. Incluo aí tanto seu renovado interesse pela política (enquanto protesto e ação comunitária, não como teoria) como a forma como se vestem, dançam, têm os cabelos, agitam e fazem amor. Incluo também a homenagem que eles prestam ao pensamento e aos rituais do Oriente. E, não menos importante, seu interesse pelas drogas — a despeito da execrável vulgarização desse projeto por Leary e seus colegas.

Um ano atrás, Leslie Fiedler, num ensaio notavelmente teimoso e interessante intitulado "Os novos mutantes", chamava a atenção para o fato de que o novo estilo dos jovens indicava um embaçamento das diferenças sexuais, assinalando a criação de uma nova estirpe de andróginos juvenis. Os grupos *pop* de cabeludos com sua massa de fãs adolescentes e a diminuta elite de meninos contestadores, de Berkeley ao East Village, foram englobados como representantes da era "pós-humanista" que se inaugura atualmente, na qual presenciamos uma "metamorfose radical do macho ocidental", uma "revolta contra a masculinidade", e mesmo uma "rejeição da potência masculina convencional". Para Fiedler, essa nova guinada nos costumes pessoais, diagnosticada como ilustrando um "patrocínio programático de um modo de existência antipuritano", é algo a ser deplorado. (Embora, às vezes, em sua maneira característica de manter um pé em cada posição, Fiedler pareça estar apreciando vicariamente esse processo, *basicamente* ele parece lamentá-lo.) Mas por que, ele nunca deixa explícito. Talvez seja porque ele esteja seguro de que tal modo de existência solapa a política radical e suas visões morais diretamente. Ser radical no velho sentido (alguma versão de marxismo, ou socialismo, ou anarquismo) significaria estar ainda ligado aos valores "puritanos" tradicionais do trabalho, da sobriedade, da realização e da construção de uma família. Fiedler sugere, como o fizeram, entre outros, Philip Rahv, Irving Howe e Malcolm Muggeridge, que o novo estilo da juventude é, necessariamente, em sua base, apolítico, e o seu espírito revolucionário uma espécie de infantilismo. O fato de que o mesmo menino ingresse no SNCC,* ou embarque em um submarino Polaris, ou concorde com Conor Cruise O' Brien *e* fume maconha, seja bissexual e adore os Supremes é visto como uma contradição, um tipo de fraude ética ou de indecisão intelectual.

Não creio que esse seja o caso. A desporalização dos sexos, para mencionar o elemento que Fiedler observa com tal fascinação, é o estágio seguinte, natural e desejável da revolução sexual (sua dissolução, talvez) que ultrapassou a ideia do sexo como

---

* Student Nonviolent Coordinating Committee [Comitê de Coordenação dos Estudantes Não Violentos]. (N. T.)

uma área danificada mas discreta de atividade humana, superou a descoberta de que a "sociedade" reprime a livre expressão da sexualidade (ao fomentar a culpa) e a descoberta de que a maneira que vivemos e as opções comumente disponíveis de caráter reprimem quase inteiramente a experiência profunda do prazer, bem como a possibilidade de autoconhecimento. "Liberdade sexual" é um lema frívolo e superado. O que, quem está sendo libertado? Para as pessoas mais velhas, a revolução sexual é uma ideia que permanece sem sentido. Pode-se ser favorável ou contrário a ela; se se é favorável, a ideia permanece limitada dentro das normas do freudianismo e suas derivações. Mas Freud *era* um puritano, ou um "dedo-duro", como um dos estudantes de Fiedler constrangedoramente deixou escapar. Assim como Marx. É certo que os jovens veem além de Freud e de Marx. Deixemos os professores serem os curadores desse legado na verdade precioso e descarregarem todas as obrigações de piedade. Não há razão para desalento se os meninos não continuam a prestar obediência aos antigos deuses dissidentes.

Parece-me obtuso, embora compreensível, patrocinar o novo tipo de radicalismo, que é pós-freudiano e pós-marxista, pois esse radicalismo é tanto uma experiência como uma ideia. Sem a experiência pessoal, se se observa de fora, ele parece confuso e quase fora de propósito. É fácil ser desconcertado pelos adolescentes que se lançam de um lado para outro com seus olhos fechados à música quase ensurdecedora das discotecas (a menos que você também esteja dançando), pelos manifestantes cabeludos carregando flores e sinos com a mesma frequência que cartazes de "Fora do Vietnã", pela desarticulação de um Mario Savio. Tem-se consciência também da elevada taxa de baixas entre essa minoria talentosa e visionária dentre os jovens, do tremendo custo em sofrimento pessoal e em desgaste mental. Os impostores, os palermas e os simplesmente irreverentes existem aos montes em seu seio. Mas os desejos complexos dos melhores entre eles: alistar-se e "dar baixa"; ser bonito de olhar e de tocar, bem como ser bom; ser amoroso e quieto, bem como militante e eficaz — tais desejos fazem sentido em nossa situação presente. Para simpatizar, certamente, você tem que estar convencido de que as coisas nos Estados Unidos realmente se encontram tão desesperadamente ruins quanto eu indiquei. Isso é difícil de enxergar; a desesperança das coisas é obscurecida pelos confortos e pelas liberdades que o país oferece. A maioria das pessoas, compreensivelmente, não acredita, de fato, que a situação esteja tão má. É por isso que, para elas, as extravagâncias dessa juventude não podem ser mais que um item chocante no desfile permanente de modismos culturais, a ser avaliado com um olhar amigável mas essencialmente enfastiado e conhecedor. O olhar pesaroso que diz: Eu também fui radical, quando jovem. Quando esses meninos vão crescer para compreender o que nós tivemos que compreender, que as coisas jamais serão realmente diferentes, a não ser, talvez, ainda piores?

A partir de minha própria experiência e observação, posso testemunhar que existe uma profunda concordância entre a revolução sexual, redefinida, e a revolução política, redefinida; que ser socialista e fazer uso de determinadas drogas (num espírito totalmente autêntico, não como um analgésico ou uma muleta) não são coisas incompatíveis, que não há incompatibilidade entre a exploração do espaço interior e a retificação do espaço social. O que alguns desses meninos percebem é que toda a estrutura de personalidade do homem americano moderno, e de seus imitadores, precisa ser reformulada (velhos companheiros como Paul Goodman e Edgar Z. Friedenberg vêm sugerindo isso há tempos); que a reformulação inclui também a "masculinidade" ocidental. Eles acreditam que certas remodelações socialistas das instituições e a ascendência, pela via eleitoral ou por outros meios, de líderes melhores não irá efetivamente mudar coisa alguma. E estão certos.

Tampouco ouso ridicularizar a guinada para o Oriente (ou, de modo mais geral, para os sábios do mundo não branco) por parte de um grupo mínimo de jovens — por mais desinformada e pueril que seja comumente essa adesão. (Mas então, nada poderia ser mais ignorante que a insinuação de Fiedler de que os modos de pensamento orientais são "femininos" e "passivos", sendo esta a razão pela qual os meninos desmasculinizados são atraídos por eles.) Por que não deveriam procurar sabedoria alhures? Se os Estados Unidos *são* o ápice da civilização branca ocidental, como declaram todos, da esquerda à direita, então deve haver algo terrivelmente equivocado com a civilização ocidental branca. Esta é uma verdade dolorosa; poucos de nós estão dispostos a ir tão longe. É mais fácil, muito mais fácil, acusar os meninos, reprová-los por serem "não participantes do passado" e "desligados da história" . Mas não é à história real que Fiedler está se referindo com tanta solicitude. É apenas à *nossa* história, que ele pretende igualar à "tradição humana", à tradição da própria "razão". Sem dúvida, é difícil afirmar a vida neste planeta a partir de uma perspectiva histórica genuinamente universal; tal esforço induz à vertigem e se assemelha a um convite ao suicídio. Entretanto, de uma perspectiva histórica mundial, esta história local que alguns jovens estão repudiando (com sua predileção pelos palavrões, seu peiote, seu arroz macrobiótico, sua arte dadaísta etc.) passa a parecer bastante menos agradável e menos obviamente digna de perpetuação. A verdade é que Mozart, Pascal, a álgebra booleana, Shakespeare, o governo parlamentar, as catedrais barrocas, Newton, a emancipação da mulher, Kant, Marx, e os balés de Balanchine não redimem aquilo que esta civilização particular fez com o mundo. A raça branca *é* o câncer da história humana; é a raça branca e somente ela — suas ideologias e suas invenções — que erradica as civilizações autônomas onde quer que chegue, que perturbou o equilíbrio ecológico do planeta, que agora ameaça a existência da própria vida humana. O que as hordas mongóis tentaram fazer é muito menos ameaçador que o dano que o homem ocidental "faustiano", com seu idealismo, sua arte magnífica, seu senso de aventura intelectual, suas devoradoras energias para a conquista, já fez, e ainda ameaça fazer.

É justamente isso que certos meninos sentem, embora poucos deles possam colocá-lo em palavras. Ainda uma vez, eu penso que estão certos. Não pretendo argumentar que eles conseguirão prevalecer, ou mesmo que possam mudar alguma coisa neste país. Mas alguns deles talvez salvem suas próprias almas. Os Estados Unidos são um belo país para inflamar as pessoas, de Emerson e Thoreau a Mailer, Burroughs, Leo Szilard, John Cage, e Judith e Julian Beck, com o projeto de tentar salvar suas próprias almas. A salvação torna-se um objetivo quase mundano e inevitável quando as coisas andam tão mal, realmente intoleráveis.

Uma última comparação, que espero não pareça forçada. Os judeus deixaram o gueto no início do século XIX, tornando-se assim um povo fadado a desaparecer. Mas um dos produtos secundários de sua fatídica absorção no mundo moderno foi uma incrível explosão de criatividade nas artes, na ciência, e na educação secular — o deslocamento de uma energia espiritual poderosa mas frustrada. Esses artistas e intelectuais inovadores não foram judeus alienados, como se diz com frequência, mas pessoas que foram alienados *como* judeus.

Não tenho mais esperanças quanto aos Estados Unidos que quanto aos judeus. Este é um país amaldiçoado, em minha visão; espero somente que, quando a América afunde, ela não arraste consigo o restante do planeta. Mas é preciso notar que, durante a sua agonia elefantina, o Estados Unidos também estão produzindo a sua mais sutil geração minoritária, jovens que são alienados *enquanto* americanos. Eles não sentem atração pelas verdades caducas de seus tristes antepassados (embora sejam verdades). Os mais velhos deveriam prestar maior atenção ao que eles dizem.

(1966)

VIAGEM A HANÓI

Embora eu sempre tenha sido uma apaixonada opositora da agressão americana no Vietnã, aceitei o inesperado convite para uma visita a Hanói, que chegou em meados de abril, com a ideia bastante firme de que não escreveria sobre a viagem após meu retorno. Não sou nem jornalista, nem ativista política (conquanto uma veterana subscritora de petições e participante de marchas contra a guerra), tampouco uma especialista em Ásia, mas acima de tudo uma autora teimosamente não especializada que, até aqui, tem sido em grande parte incapaz de incorporar em seus romances ou ensaios suas convicções políticas radicais e seu senso de dilema moral, por ser uma cidadã do império americano. Assim, duvidei que meu relato de uma jornada como essa pudesse acrescentar alguma coisa à já eloquente oposição à guerra. E contribuir com a polêmica contra a guerra me parecia a única razão importante para uma americana escrever atualmente sobre o Vietnã.

Talvez a dificuldade começasse aí, com a falta de um propósito que justificasse, em minha própria mente, o fato de eu ter sido convidada a ir ao Vietnã do Norte. Se eu tivesse chegado a alguma conclusão mais clara sobre a utilidade (para mim ou para qualquer outra pessoa) de minha visita, provavelmente teria achado mais fácil classificar e assimilar o que vi. Se por ventura chegasse a me recordar de que era uma escritora e que o Vietnã era "material", é possível que tivesse rechaçado algumas das confusões que me assediaram. Da forma como as coisas se passaram, os primeiros dias de minha estada foram profundamente desencorajadores, com a maior parte de minhas energias voltadas para tentar manter meu desânimo dentro de limites toleráveis. Mas agora que estou de volta e, desde o momento em que retornei, quero mais do que tudo escrever sobre o Vietnã do Norte, não me arrependo de minha decisão inicial. Ao recusar-me um papel que poderia ter-me abrigado de minha ignorância, poupando-me uma boa dose de desconforto pessoal, inadvertidamente auxiliei a quaisquer descobertas que eventualmente fiz durante a viagem.

É evidente que não foi apenas essa recusa original a encarar a viagem como uma tarefa pessoal que abriu caminho para minha confusão. Em parte, minha perplexidade foi direta e inevitável: o reflexo honesto de estar culturalmente deslocada. Além disso, devo mencionar que poucos americanos que visitam Hanói hoje em dia vão sozinhos, sendo a prática comum, para conveniência dos vietnamitas, reunir grupos às vezes de dois, em geral de três, quatro, ou cinco pessoas que quase sempre não se conhecem entre si antes da viagem. Fui ao Vietnã como uma em um grupo de três. E não tinha encontrado nenhum dos dois outros americanos em cuja companhia viajei — Andrew Kopkind, jornalista, e Robert Greenblatt, matemático de Cornell que atualmente trabalha em tempo integral para o movimento contra a guerra — antes de nos reunirmos no Camboja, no final do último mês de abril. Todavia essa jornada implica uma proximidade ininterrupta e não totalmente voluntária, do tipo propício a um romance ou a uma emergência perigosa, durando, sem uma única pausa, pelo menos um mês. (Fomos convidados por duas semanas. Foram necessários dez dias, devido a atrasos e a conexões perdidas, para irmos de Nova York, via Paris e Phnom Penh, a Hanói, além de uma semana para fazer o percurso de volta. Naturalmente, minha situação com meus companheiros exigiu uma parcela considerável da atenção que, se eu tivesse viajado sozinha, teria sido destinada aos vietnamitas: às vezes na forma de uma obrigação outras vezes como um prazer. Havia a necessidade prática de aprender a viver de modo amigável e inteligente com dois estranhos, em circunstâncias de intimidade instantânea (estranhos ainda que, ou talvez principalmente porque, fossem pessoas que eu já conhecia de nome e, no caso de Andy Kopkind, por seus textos, que eu admirava).

Aproximamo-nos ainda mais por estarmos no que era para os três uma parte desconhecida do mundo (nem Bob Greenblatt, nem eu tínhamos estado antes na Ásia; Andy Kopkind fizera uma viagem cinco anos atrás, visitando Saigon, Bangcoc, Filipinas e o Japão), sem encontrar ninguém cuja língua materna fosse e inglês (com exceção de um funcionário do USIS* e de um jornalista norte-americano no Laos, onde fomos obrigados a parar por quatro dias no caminho de ida, e quatro colegiais americanos patrocinados pelo SDS,** que chegaram a Hanói no início de nossa segunda semana). Tudo isso somado, parece inevitável que tenhamos dedicado uma boa dose de tempo conversando — grata e febrilmente com frequência — entre nós.

Contudo não pretendo sugerir que tais elementos de minha situação deem conta do tom tristonhamente negativo de minhas impressões iniciais do Vietnã. Uma explicação mais séria para isso deveria se referir não às distrações e às pressões advindas do fato de ser um membro de um trio arbitrariamente reunido, embora inseparável, em uma neva terra, mas às demandas e limitações da aproximação ao Vietnã, que eu mesma fui capaz de fazer. Feita miserável e irada, durante quatro anos, pela consciência do cruciante sofrimento do povo vietnamita nas mãos de meu governo, agora que eu estava realmente ali, cumulada de presentes e flores, de retórica e chá, e de gentilezas de aparência exagerada, não *senti* nada mais do que já sentira a 20 mil quilômetros de distância. Porém estar em Hanói foi muito mais misterioso, mais desconcertante intelectualmente de que eu esperava. Descobri que não podia deixar de me preocupar com até que ponto eu entendia os vietnamitas e eles a mim e a meu país.

E, no entanto, esse problema que eu coloquei, por mais frustrante que se tenha mostrado, foi talvez o mais importan-

* United States Information Service [Serviço de Informação dos Estados Unidos]. (N. T.)

** Students for a Democratic Society [Estudantes para uma Sociedade Democrática]. (N. T.)

te e frutífero, pelo menos em meu caso. Pois não foi informação (pelo menos no sentido comum) que eu fora buscar. Como qualquer pessoa preocupada com o Vietnã nos últimos anos, já conhecia bastante coisa; e não podia esperar informação maior ou significativamente melhor, em meras duas semanas, que aquela de que já dispunha. Desde as primeiras reportagens de Harrison Salisbury, em *The New York Times*, sobre sua visita em dezembro e janeiro de 1965-6, depois relatada em um livro, *Behind the Lines — Hanoi* [Por trás da linha — Hanói], e *The Other Side* [O outro lado], obra escrita em conjunto por Staughton Lynd e Tom Hayden, os primeiros norte-americanos do movimento contra a guerra a visitar o Vietnã do Norte, até as análises de Philippe Devillers e Jean Lacouture, na imprensa francesa, e os artigos recentes de Mary McCarthy, que tenho lido após meu retorno aos Estados Unidos, foi possível acumular um relato múltiplo que transmite em detalhes como Hanói e largas parcelas do Vietnã do Norte parecem a um estrangeiro solidário ou pelo menos razoavelmente objetivo. Qualquer interessado pode conseguir informação sobre as realizações do país desde a saída dos franceses, em 1954: a expansão dos serviços médicos, a reorganização da educação, a criação de uma modesta base industrial e os primeiros passos para uma agricultura diversificada. São mais fáceis ainda de obter relatos sobre os anos de bombardeios implacáveis a todos os centros populacionais do Vietnã do Norte por parte dos Estados Unidos — com exceção do centro de Hanói (que foi, entretanto, inundada com bombas "antipessoais" ou de fragmentação, aquelas que não danificam edifícios; "somente" matam seres humanos) — e a destruição de virtualmente todas as novas escolas, hospitais e fábricas construídos depois de 1954, bem como da maioria das pontes, cinemas, pagodes, igrejas e catedrais católicas. Em meu caso, vários anos de leitura e de telejornais forneceram um portfólio de variegadas imagens do Vietnã: corpos atingidos por napalm, cidadãos em suas bicicletas, aldeias de cabanas com teto de colmo, cidades arrasadas como Nam Dinh e Phu Ly, os abrigos cilíndricos individuais colocados à beira das calçadas

217

de Hanói, os espessos chapéus amarelos de palha usados pelos escolares como proteção contra as bombas de fragmentação. (Horrores indeléveis, pictóricos e estatísticos, fornecidos por cortesia da televisão, de *The New York Times* e de *Life*, sem que fosse preciso consultar os livros francamente partidários de Wilfred Burchett ou a documentação reunida pelo Tribunal Internacional sobre os Crimes de Guerra da Fundação Russell.) Mas o confronto com os originais dessas imagens não se mostrou uma experiência simples; na realidade, vê-los e tocá-los produziu um efeito ao mesmo tempo estimulante e entorpecedor. Comparar a realidade concreta com a imagem mental foi, na melhor das hipóteses, um processo mecânico ou meramente aditivo, enquanto extrair novos fatos dos funcionários vietnamitas e dos cidadãos comuns que eu encontrava representou uma tarefa para a qual não me acho particularmente equipada. A menos que pudesse sentir em mim alguma alteração de consciência, de percepção, pouco teria adiantado minha ida efetiva ao Vietnã. Mas foi isso precisamente o mais difícil, uma vez que eu tinha como instrumento apenas minha própria sensibilidade, marcada por uma cultura e desorientada.

Na verdade, o problema era que o Vietnã tornara-se a tal ponto um fato de minha consciência como norte-americana, que eu estava tendo enorme dificuldade para tirá-lo para fora de minha cabeça. A primeira experiência de estar ali assemelhou-se absurdamente a encontrar um astro de cinema favorito, que durante anos desempenhou um papel em nossa vida de fantasias, e descobrir que a pessoa real é muito mais baixa, menos viva, com menos carga erótica e basicamente diferente. Foram mais convincentes as experiências menos reais, como a noite de nossa chegada. Fiquei nervosa durante todo o voo no pequeno avião da Comissão de Controle Internacional que saíra com atraso de Vientiane; e, ao aterrissar à noite no aeroporto Gia Lam, de Hanói, várias horas depois, eu me vi sobretudo aliviada por estar viva e no chão, e dificilmente preocupada com o que sabia, com onde estava ou com quem estava comigo. Levando nos braços minhas flores, cruzei a pista de aterrissagem às escuras, procurando guardar os nomes dos sorridentes membros do Comitê de Paz, que tinham vindo nos receber. E, se nosso voo e aterrissagem tiveram a qualidade de uma alucinação, o restante daquela noite pareceu acima de tudo uma projeção numa tela de fundo, com extensões supervívidas e esboços de tempo, escala e movimento. Primeiramente, houve os poucos minutos ou a hora de espera por nossa bagagem, no edifício árido do aeroporto, enquanto conversávamos desajeitadamente com os vietnamitas. Então, quando fomos distribuídos em três carros e saímos para a escuridão; houve o ritmo da incursão a Hanói. A pouca distância do aeroporto, os carros desviaram para uma estrada esburacada e suja e cruzamos a trêmula ponte flutuante sobre o rio Vermelho, que substituíra a anterior, feita de ferro, que fora bombardeada; mas, uma vez no outro lado, os veículos pareceram ir demasiado rápido e, entrando em Hanói, passando por ruas sombrias, abriram uma rude faixa na corrente de figuras indistinguíveis em bicicletas, até que paramos em frente ao nosso hotel. Seu nome, Thong Nhat, significa "reunificação", disse alguém: um edifício imenso, de estilo indeterminado. Algumas pessoas sentavam-se espalhadas pelo salão muito banal, a maioria não orientais, mas àquela altura inidentificáveis. Depois de nos levar aos andares de cima e nos mostrar nossos amplos quartos, foi servida uma ceia tardia num salão de refeições desolado, com fileiras de ventiladores de hélice a girar vagarosamente sobre nossas cabeças. "Nossos" vietnamitas esperam por nós no saguão. Quando nos reunimos a eles, indagamos se, apesar da hora, não poderiam sair conosco para uma caminhada. E assim saímos, frágeis de excitação. Ao longo das ruas; então quase vazias, deparamos com filas de caminhões estacionados entre barracas que, segundo nos contaram, abrigavam "oficinas móveis" ou "fábricas dispersas" funcionando a noite toda. Prosseguimos até o pagode Mot Cot no Petit Lac e, demorando-nos ali, ouvimos algumas histórias — para mim, praticamente ininteligíveis — sobre o passado vietnamita. Uma vez de volta ao saguão do hotel, Oanh, evidentemente o líder do grupo do Comitê de Paz, exortou-nos gentilmente a

219

ir para a cama. As pessoas em Hanói, explicou, levantam-se e tomam o café da manhã muito cedo (desde que começaram os bombardeios, a maioria das lojas abrem às cinco horas da manhã e fecham as portas algumas horas depois), e eles viriam buscar-nos às oito, no dia seguinte, que acontecera ser a data do aniversário de Buda, a fim de irmos a um pagode. Lembro-me de ter dito um até logo relutante aos vietnamitas e a meus dois companheiros; devo, no quarto, ter perdido uns quinze minutos procurando lidar com a alta abóbada do véu contra mosquitos que cobria a cama; e, finalmente, de ter caído num sono difícil e agitado, mas feliz.

Por certo, o Vietnã do Norte pareceu irreal naquela primeira noite. Mas continuou a parecer irreal, ou ao menos incompreensível, por muitos dias ainda. Evidentemente, essa visão inicial obsedante de uma Hanói noturna em tempo de guerra foi corrigida por experiências diurnas mais mundanas. O Hotel Thong Nhat encolheu até seu tamanho comum (podia-se mesmo visualizá-lo em sua encarnação anterior, o Metrópole dos dias da colonização francesa); indivíduos de várias idades e personalidades emergiram do silencioso tráfego coletivo de ciclistas e pedestres; e o Petit Lac e as ruas sombreadas de árvores de suas cercanias tornaram-se locais de expediente cotidiano, onde caminhávamos casualmente, sem nossos guias, sempre que não estivesse demasiado quente e um ou dois de nós pudesse dispor de algum tempo. Embora tão distante e tão diferente das cidades que eu conhecera, as dos Estados Unidos e da Europa, Hanói rapidamente ganhou uma familiaridade sobrenatural. Todavia, quando eu era honesta comigo mesma, tinha de admitir que o lugar era simplesmente demasiado estranho, que eu, de fato, não entendia absolutamente nada, a não ser "à distância".

Em seu brilhante episódio no filme *Longe do Vietnã*, Godard reflete (enquanto ouvimos sua voz, vemo-lo sentado atrás de uma câmera cinematográfica ociosa) que seria bom se cada um de nós construísse um Vietnã dentro de si, especialmente se não podemos de fato ir até lá (ele quis filmar seu episódio no Vietnã do Norte, mas teve seu visto recusado). A ideia de Godard — uma variante da máxima do Che segundo a qual, para quebrar a hegemonia norte-americana, os revolucionários tinham o dever de criar "dois, três, muitos Vietnãs" — pareceu-me completamente correta. O que eu estivera criando e sofrendo nos últimos quatro anos era um Vietnã em minha mente, sob minha pele, no fundo de meu estômago. Contudo esse Vietnã, sobre o qual eu pensara durante anos, dificilmente estava preenchido. Era, realmente, apenas o molde que o selo americano estava cortando. Meu problema não era tentar sentir mais dentro de mim. Em vez disso, eu (mais afortunada que Godard) estava agora efetivamente no Vietnã por algum tempo; e, todavia, de certa forma, via-me incapaz de realizar as conexões intelectuais e emocionais plenas que minha solidariedade política e moral com o Vietnã implicava.

A maneira mais econômica, segundo penso, de transmitir essas dificuldades iniciais é transcrever apontamentos de um diário que fiz durante a primeira semana após a nossa chegada, em 3 de maio.

5 DE MAIO

A diferença cultural é o mais difícil de estimar, de ultrapassar. Uma diferença de maneiras, de estilo, portanto de substância. (E quanto do que me choca é asiático ou especificamente vietnamita é difícil saber em minha primeira viagem à Ásia.) Nitidamente, eles têm aqui um modo diferente de tratar o convidado, o estranho, o estrangeiro, para não mencionar o inimigo. Além disso, estou convencida, o vietnamita tem uma relação diferente com a linguagem. A diferença não pode se dever apenas ao fato de que minhas sentenças, já pronunciadas devagar e simplificadas, em geral tenham de ser mediadas por um intérprete. Pois, mesmo quando mantenho um diálogo com alguém que fala inglês ou francês, parece-me que ambos estamos empregando um linguajar de bebês.

A tudo isso se acrescenta o constrangimento de ser reduzido à condição de uma criança: planejada, conduzida a passeio, a ouvir explicações, cumulada de atenções e de mimos, enquanto se é mantida sob benigna vigilância. Não somente uma criança individualmente, mas, o que é ainda mais exasperante, uma de um grupo de crianças. Os quatro vietnamitas do Comitê de Paz que cuidam de nós agem como nossas enfermeiras, nossos professores. Tento descobrir as diferenças entre cada um deles, no entanto não sou capaz; e me pergunto se veem o que há de diferente ou especial em minha pessoa. Com excessiva frequência, surpreendo-me procurando agradá-los, tentando causar uma boa impressão — tirar a melhor nota da classe. Apresento a mim mesma como uma pessoa inteligente, de boas maneiras, cooperativa, despida de complicações. Assim, não somente me sinto como uma criança bastante venal como, não sendo nem uma criança, nem, de fato, alguém tão simples e fácil de conhecer como o meu modo de me comportar indicaria, sinto-me um pouco trapaceira. (Não é atenuante que essa pessoa legível e aberta seja talvez aquela que eu gostaria de ser.)

Quem sabe, se estou enganando, com as melhores intenções, procurando tornar as coisas mais fáceis para eles, eles estão fazendo o mesmo conosco. É por isso que, embora eu saiba que devem ser diferentes entre si, não consigo ir além dos sinais de superfície? Oanh tem a autoridade mais pessoal, caminha e senta com a charmosa má postura "americana" e, às vezes, parece amuado e distraído. (Soubemos que sua mulher tem estado doente desde que foi capturada e torturada pelos franceses durante um ano, no início da década de 1950; ele tem vários filhos pequenos.) Hieu alterna a puerilidade — ri tolamente — com a compostura aprumada de um burocrata menor. Phan tem as maneiras mais afáveis; parece em geral sem fôlego quando fala, o que adora fazer; é também um dos raros vietnamitas gordos que vi. Toan em geral parece ansioso e ligeiramente intimidado, e nunca fala a menos que se lhe dirija uma pergunta. Mas o que mais? Phan é o mais velho, em minha opinião. Hoje soubemos, para nossa grande surpresa, que Oanh tem 46 anos. Não ajuda muito que todo vietnamita (em especial os homens, que dificilmente ficam calvos ou grisalhos) pareça pelo menos dez anos mais jovem do que é.

O que torna árduo ver as pessoas como indivíduos é que todos aqui parecem falar no mesmo estilo e ter as mesmas coisas a dizer. Essa impressão é reforçada pela exata repetição do ritual de hospitalidade em cada lugar que visitamos. Um cômodo simples, uma mesa baixa, cadeiras de madeira, talvez um sofá. Todos nos apertamos as mãos, então sentamos ao redor de uma mesa, que exibe várias travessas de bananas verdes, cigarros vietnamitas, biscoitos úmidos, um prato com doces de fabricação chinesa embrulhados em celofane, xícaras de chá. Somos apresentados. Dizem-nos seus nomes. Trocamos cumprimentos outra vez. Pausa. O porta-voz de seu grupo, seja qual for o local que estamos visitando (uma fábrica, uma escola, um ministério governamental, um museu), olha-nos fixa e afavelmente, sorri. *"Cac ban..."* ("Amigos..."). Ele iniciou seu discurso de boas-vindas. Alguém atravessa uma cortina e começa a servir chá.

6 DE MAIO

Por certo, não lamento ter vindo. Estar em Hanói é no mínimo um dever, para mim um ato importante de afirmação pessoal e política. Apenas não me reconciliei ainda com o fato de que é também um exemplo de teatro político. Eles desempenham seus papéis, nós (eu) devemos (devo) representar os nossos (o meu). O difícil nisso tudo vem do fato de que o *script* é totalmente escrito por eles, que também dirigem a peça. Embora tenha aparência natural — é o país deles, é sua luta de vida ou morte, ao passo que nós somos voluntários, extras, figurantes que detêm a opção de deixar o palco e sentar-se seguramente na plateia —, isso faz com que meus atos aqui pareçam amplamente obrigatórios e o conjunto do desempenho, um pouco triste.

223

Temos um papel: amigos americanos da luta vietnamita. (Cerca de quarenta norte-americanos, de algum modo vinculados ao movimento contra a guerra, nos Estados Unidos, fizeram essa viagem antes de nós.) A viagem a Hanói é uma espécie de recompensa ou patrocínio. Somos convidados a uma recepção, recebemos os agradecimentos por nossos esforços não solicitados; e então devemos voltar para casa com um senso de solidariedade reforçado, para continuar nossas maneiras separadas de oposição à política americana vigente.

Há, sem dúvida, uma polidez refinada nessa identidade incorporada. Não fomos solicitados, individual ou coletivamente, a dizer por que merecemos essa viagem. O fato de sermos recomendados (por americanos que foram convidados antes e que retêm a confiança dos vietnamitas) e nossa disposição a vir (de fato, às nossas próprias custas, e enfrentando o risco de perseguição quando retornarmos aos Estados Unidos) parecem situar os esforços de Bob, de Andy e os meus no mesmo plano. Ninguém aqui levanta questões sobre o que fazemos especificamente pelo movimento contra a guerra, ou nos convida a justificar a qualidade de nossas atividades; parece estar suposto que cada um de nós faz o que pode. Ainda que nossos anfitriões vietnamitas saibam que não somos comunistas, e efetivamente não pareçam ter ilusões quanto ao Partido Comunista Americano — "Sabemos que nossos amigos comunistas nos Estados Unidos não são muito numerosos", disse secamente um funcionário do governo —, ninguém indaga sobre nossas crenças políticas. Todos somos *cac ban*.

Todo mundo diz: "Sabemos que o povo norte-americano é nosso amigo. Somente o governo atual do país é nosso inimigo". Um jornalista que encontramos elogiou nossos esforços para "salvaguardar a liberdade e o prestígio dos Estados Unidos". Conquanto eu reconheça a nobreza de tal atitude, fico indignada com sua ingenuidade. Eles realmente acreditam no que dizem? Não compreendem efetivamente nada da América? Uma parte de mim não pode deixar de enxergá-los como crianças — bonitas, pacientes, heroicas, martirizadas, obstinadas. E sei que não sou uma criança, embora o teatro desta visita exija que eu represente esse papel. O mesmo sorriso reluzente e suave aparece no rosto do soldado com quem cruzamos no parque, no do velho erudito budista e no da garçonete da sala de jantar do hotel, assim como nos semblantes dos meninos alinhados para saudar-nos na escola primária, evacuada, que visitamos hoje, nos arredores de Hanói; e estamos sorrindo para eles da mesma forma também. Recebemos pequenos presentes e lembranças onde quer que andemos, e no final de cada visita Bob distribui um punhado de broches contra a guerra (foi sorte ele ter se lembrado de trazer uma sacola cheia deles). Os mais impressionantes dessa estranha coleção são os volumosos *buttons* azuis e brancos da última marcha sobre o Pentágono, em outubro, que guardamos para ocasiões especiais. Como não ficar tocados no momento em que afixamos seus frágeis distintivos vermelho e ouro, enquanto colocam no peito nossos colossais broches contra a guerra? Por que não poderíamos estar também de má-fé?

A raiz de minha má-fé: que eu anseie pelo mundo tridimensional, complexo e "adulto" em que vivo nos Estados Unidos — enquanto cuido do que é da minha conta (da conta deles) neste mundo bidimensional de conto de fadas ético onde estou pagando uma visita e em que efetivamente acredito.

Parte do papel (deles e meu) é a estilização da linguagem: expressar-se basicamente em sentenças afirmativas claras, fazendo todo discurso expositivo ou interrogativo. Tudo aqui está no mesmo plano. Todas as palavras pertencem ao mesmo vocabulário: luta, bombardeios, amigo, agressor, imperialista, patriota, vitória, irmão, liberdade, unidade, paz. Embora meu impulso mais forte seja resistir a sua horizontalização da linguagem, compreendi que preciso falar dessa maneira — com moderação —, se devo dizer algo que lhes seja útil. Isso inclui até o emprego dos epítetos locais mais carregados, como "tropas-fantoche" (para as forças do governo de Saigon) e "o movimento americano" (querem dizer, nós!). Por sorte já estou acostumada a algumas de suas palavras-chave. No decorrer do último ano, de volta aos Estados Unidos, passei a dizer a "Frente" (em vez de

Vietcong) e "povo negro" (em vez de os negros) e "zonas libertadas" (para os territórios controlados pela Frente Nacional de Libertação — FNL). Mas estou longe de fazê-lo bem, do ponto de vista deles. Noto que, quando digo "marxismo", nosso intérprete geralmente o transforma em "marxismo-leninismo". E embora possam falar de "campo socialista", para mim é difícil dizer outra coisa que não "os países comunistas".

Não é que julgue falsas suas palavras. Por essa vez, segundo penso, a realidade política e moral é tão simples como a retórica comunista a colocaria. Os franceses *foram* "os colonialistas franceses"; os americanos *são* "agressores imperialistas"; o regime de Thieu/Ky *é* um "governo fantoche". Então, que exigente padrão privado ou que más vibrações me fazem torcer o nariz? É apenas a velha convicção da inadequação dessa linguagem, à qual fui pela primeira vez apresentada durante minha precoce infância política quando li *PM* e Corliss Lamont e os Webb sobre a Rússia, bem como, depois, no tempo em que era uma colegial na escola secundária de North Hollywood, quando trabalhei na campanha de Wallace e assisti a projeções dos filmes de Eisenstein na Sociedade para a Amizade Americano-Soviética? Mas seguramente nem a fraude filistina do PC norte--americano, nem o *pathos* especial dos companheiros de jornada na década de 1940 são relevantes aqui: no Vietnã do Norte, primavera de 1968. Todavia, uma vez traídas as palavras, como é difícil levá-las a sério outra vez. Somente no decorrer dos últimos dois anos (e isso em grande parte pelo impacto da Guerra do Vietnã) tornei-me capaz de pronunciar outra vez palavras como "capitalismo" e "imperialismo". Por mais de quinze anos, embora o capitalismo e o imperialismo dificilmente tenham deixado de existir como fatos no mundo, as palavras em si me pareceram apenas inutilizáveis, sem vida, desonestas (instrumentos na mão de gente desonesta). Há muita coisa envolvida nessas recentes decisões linguísticas: um novo vínculo com minha memória histórica, minha sensibilidade estética, minha própria noção de futuro. Que eu tenha usado alguns elementos da linguagem marxista ou neomarxista outra vez parece quase um milagre, uma remissão inesperada de mutismo histórico, uma nova oportunidade de enfrentar problemas que eu renunciara a um dia entender.

Contudo, quando ouço esses chavões aqui, ditos pelos vietnamitas, não posso deixar de experimentá-los como elementos de uma linguagem *oficial* e tornam-se de novo uma forma estranha de falar. Não me refiro agora à verdade dessa linguagem (a realidade para a qual as palavras apontam), que efetivamente reconheço; mas ao contexto e ao âmbito de sensibilidade que ela pressupõe. O que me é dolorosamente exposto, pelo modo que os vietnamitas falam, é a lacuna entre ética e estética. Até onde posso afirmar, eles possuem — mesmo no quadro da existência de austeridade terrível e materialmente privada em que são forçados a viver — um senso estético vívido e mesmo apaixonado. Inúmeras vezes, por exemplo, as pessoas expressaram bastante sinceramente sua indignação e tristeza pelo desfiguramento da *beleza* da área rural vietnamita pelos bombardeios norte-americanos. Alguém chegou a comentar "os muitos nomes bonitos", como Quedas do Cedro e Cidade-Entroncamento, que os americanos deram a suas "selvagens operações no Sul". Mas a forma dominante de pensar e falar no Vietnã é de uma moral irrestrita. (Suspeito que isso lhes seja bastante natural, um traço cultural que precede qualquer enxerto do quadro moralizante da linguagem comunista.) E talvez seja tendência geral da consciência estética, quando desenvolvida, elaborar julgamentos mais complexos e mais altamente qualificados, enquanto a própria natureza da consciência moral seja a simplificação, mesmo o caráter simplista e o fato de soar — pelo menos ao ser traduzida — canhestra e antiquada. Há aqui um comitê (alguém deixou algum material no saguão do hotel), para a manutenção do contato com os intelectuais sul-vietnamitas, denominado "Comitê de Luta contra a Perseguição dos Imperialistas e dos Capangas aos Intelectuais do Vietnã do Sul". Capangas! Mas eles realmente não o são? Nas agências noticiosas do Vietnã atual os boletins chamam os soldados norte-americanos de "sicários cruéis". Embora ainda uma vez a singularidade da frase me faça sorrir, é isso justamente o que são — do ponto de vista dos camponeses desamparados sobre os quais os mergulhos das metálicas aves de rapina fazem cair bombas de napalm. No entanto, deixando de lado a singularidade de termos particulares, essa linguagem realmente não me deixa à vontade. Talvez porque eu seja demorada ou dissociada, ao mesmo tempo consinto no juízo moral sem reservas e fujo dele. Acredito que estão certos. Contudo nada, aqui, pode me fazer esquecer que os fatos são muito mais complicados do que os vietnamitas os representam. Mas, exatamente, quais complexidades eu gostaria que reconhecessem? Não basta que sua luta seja, objetivamente, justa? Podem se permitir sutilezas quando precisam mobilizar cada gota de energia para continuar resistindo ao Golias americano...? Qualquer que seja minha conclusão, parece-me que termino por apoiá-los.

É possível que tudo que estou exprimindo se resuma à diferença entre ser um ator (eles) e ser uma espectadora (eu). Porém essa é uma grande diferença, e não vejo como possa superá-la. Meu senso de solidariedade com os vietnamitas, por mais genuíno e sincero, é uma abstração moral desenvolvida (e destinada a sobreviver) a uma grande distância deles. Desde minha chegada a Hanói, devo manter esse sentido de solidariedade lado a lado com novos sentimentos inesperados, os quais indicam que, infelizmente, ele sempre permanecerá uma abstração moral. De meu ponto de vista — de espectadora? —, tudo aqui é monocromático, e sinto-me oprimida por tal fato.

7 DE MAIO

Agora, penso, realmente sou capaz de entender — pela primeira vez — a diferença entre história e psicologia. É do mundo da psicologia que sinto falta. (O que quis dizer com mundo "adulto".) Eles vivem exclusivamente no mundo da história. Uma história monotemática à qual as pessoas aludem mais ou menos nos mesmos termos seja qual for o lugar. Hoje pudemos percebê-lo plenamente, durante um longo *tour* pelo Museu Histórico: quarenta séculos de história contínua, mais de duzentos anos de devastação causada por agressores estrangeiros. O primeiro levante vietnamita bem-sucedido contra a dominação estrangeira, no ano 40, foi chefiado por duas mulheres generais, as irmãs Trung. Isso ocorreu mais de mil anos antes de Joana d'Arc, acrescentou a nossa guia no museu, como para indicar que não havíamos registrado a surpresa adequada à ideia de uma mulher general. "E vocês tiveram duas delas", brinquei em resposta. Ela sorriu levemente e continuou: "A tradição das duas irmãs permanece até hoje. Na luta atual muitas mulheres mostraram-se de grande valor". Não se trata de um gracejo. Oanh, que soubemos ser um dos principais compositores do Vietnã do Norte, compôs uma canção sobre as duas irmãs e muitos templos em Hanói e arredores são dedicados a elas. [...] Da forma como os vietnamitas entendem sua história, ela consiste essencialmente em um cenário, no qual as peças são representadas repetidas vezes. As identidades históricas particulares se dissolvem em equivalências instrutivas. Os americanos são iguais aos franceses (que chegaram ao Vietnã em 1787, com missionários, e invadiram oficialmente o país em 1858), que são iguais aos japoneses (na Segunda Guerra Mundial), por sua vez iguais aos "senhores feudais do Norte" (a fórmula habitual em que nossa guia se referia aos milênios de invasões chinesas — suponho que por polidez aos aliados nominais de hoje). O general que repeliu as invasões chinesas de 1075-6, Ly Thuong Kiet, foi igualmente um poeta e usou e utilizou seus poemas para sublevar o povo vietnamita em armas — tal como Ho Chi Minh, salientou a guia. Relatou-nos que os generais que defenderam o país contra três invasões dos "mongóis" (outro eufemismo para os chineses?), no século XIII — em 1257, 1284-5 e 1287-8 —, originaram as técnicas básicas de guerrilha que o general Giap empregou sucessivamente contra os franceses entre 1946 e 1954 e utiliza agora contra os americanos. Em uma das salas, examinando um mapa em relevo do teatro de batalha, aprendemos que o ponto crucial em uma luta contra uma invasão por 200 mil soldados da dinastia Manchu, em 1789, foi uma ofensiva surpresa no Tet. Conforme ela descreveu, com o auxílio de mapas e dioramas, as grandes batalhas navais no rio Bach Dang em 938 e 1288, que puseram fim com sucesso a outras guerras de resistência, percebo paralelos inequívocos com as estratégias empregadas em Dien Bien Phu. (Na noite anterior assistimos a um filme de uma hora sobre a campanha de Dien Bien Phu, em parte filmagens no local, em parte reconstrução. Hoje, por falar nisso, é o aniversário daquela vitória, embora eu não tenha visto nenhum indício em Hanói de quaisquer festividades.)

Minha primeira reação ao modo didaticamente positivo dos vietnamitas recontarem sua história é achá-lo simplório ("infantil", ainda uma vez). Devo lembrar a mim mesma que a compreensão histórica pode ter outros propósitos além daqueles que tomo como seguros: a objetividade e a inteireza. Essa é a história para uso (para a sobrevivência, mais precisamente) e completamente *sentida* — não a reserva de preocupação intelectual separada. O passado continua na forma do presente, e o presente se prolonga retrospectivamente no tempo. Vejo que não há nada de arbitrário ou meramente singular (como pensei) no epíteto-padrão para os americanos que vi em cartazes de rua e em pôsteres nas paredes: *"giac My xan luoc"* ("agressores piratas norte-americanos"). Os primeiros invasores estrangeiros eram piratas. Assim como os chineses, os franceses, os japoneses, agora os americanos e qualquer outro povo que invada o Vietnã sempre serão, da mesma forma, piratas.

Ainda mais do que os judeus, os vietnamitas parecem sofrer de uma assustadora falta de variedade em sua existência coletiva. A história é um longo martírio: no caso do Vietnã, a cadeia de episódios de vitimação em mãos de grandes potências. E um de seus maiores motivos de orgulho é que as pessoas aqui tenham conseguido reter "características vietnamitas, embora vivamos ao lado da superpotência chinesa e tenhamos sofrido a dominação total dos franceses por oitenta anos", nas palavras de nossa guia de hoje. Talvez somente um povo mártir, que conseguiu sobreviver em condições de esmagadora inferioridade, desenvolva uma preocupação histórica tão aguda e pessoal. E tal sentido extraordinariamente vivo da história — de estar ao mesmo tempo no passado, no presente e no futuro — deve ser uma das maiores fontes da energia vietnamita.

Mas a decisão de sobreviver a qualquer custo no sofrimento impõe, obviamente, sua própria sensibilidade peculiar e (para as pessoas não conscientemente movidas pelo imperativo de sobrevivência) enlouquecedora. O senso histórico vietnamita, sendo, acima de tudo, de uniformidade, reflete-se, naturalmente, na monotonia do que eles dizem — daquilo que sentem que nós devemos ouvir. Somente aqui tomei consciência de como é apreciado, e tomado como suposto, o valor da *variedade* na cultura ocidental. No Vietnã, aparentemente, uma coisa não se torna menos valiosa ou útil porque foi feita (ou dita) antes. Ao contrário, a repetição confere valor às coisas. É um estilo moral positivo. Daí, os sumários compactos da história vietnamita que recebemos da maioria das pessoas que visitamos, um aspecto quase tão importante do ritual quanto o chá, e as bananas verdes, e as expressões de amizade pelo povo americano, o qual supostamente representamos.

Mas, além disso, essas orações de recital histórico que escutamos quase diariamente são apenas um dos sintomas da predileção geral dos vietnamitas pela inserção de todas as informações em uma narrativa histórica. Notei que, quando estamos discutindo ou levantando questões sobre o país atual, cada relato que nos apresentam é formulado em torno de uma data-pivô: em geral, o agosto de 1945 (vitória da Revolução Vietnamita, fundação do Estado por Ho Chi Minh), ou o ano de 1954 (expulsão dos colonialistas franceses), ou o de 1965 (início da "escalada", como denominam o bombardeio americano). Tudo se situa antes ou após alguma outra coisa.

O quadro de referência deles é cronológico. O meu é, ao mesmo tempo, cronológico e geográfico. Estou continuamente recorrendo a comparações transculturais, e elas dão o contexto da maior parte de minhas indagações. Mas, como eles não compartilham esse contexto, parecem confundidos por muitas questões que levanto. Por exemplo, foi extremamente difícil, ontem, conseguir que o ministro do Ensino Superior, educado na França, professor Ta Quang Buu, explorasse as diferenças entre o currículo do segundo grau francês, vigente até 1954, e o programa que os vietnamitas desenvolveram para substituí-lo. Embora tenha ouvido minha pergunta, por um momento simplesmente não a compreendeu. Tudo o que ele queria era descrever o sistema vietnamita (jardim de infância mais dez séries), relatar como eram poucas as escolas antes de 1954 e quantas foram abertas desde então (com exceção de uma boa faculdade de medicina herdada dos franceses, quase todas as instalações de nível universitário tiveram de ser desenvolvidas a partir da estaca zero), citar estatísticas de elevação dos níveis de alfabetização, contar como um número crescente de professores foi formado e como se possibilitou o acesso dos jovens à educação superior, além da participação dos mais velhos nos cursos para adultos desde aquela data. O mesmo ocorreu quando conversamos com o ministro da Saúde Pública, dr. Pham Ngoc Thach, em seu escritório em Hanói, e quando encontramos o jovem médico do minúsculo povoado de Vy Ban, na província de Hoa Binh. Após explicar que a maioria da população vietnamita não tinha acesso a nenhuma espécie de serviço médico quando sob os franceses, mostraram-se ávidos por nos expor quantos hospitais e enfermarias tinham sido construídos e quantos médicos treinados, bem como por descrever os programas executados desde 1954, que colocaram a malária sob controle e virtualmente eliminaram o vício do ópio. Mas ficaram completamente confusos quando quis saber se a medicina vietnamita era inteiramente de inspiração oriental, ou se, como suspeitávamos, as técnicas ocidentais eram combinadas com os métodos chineses, como as ervas medicinais e a acupuntura. Eles devem nos achar diletantes e mesmo considerar tais questões como um meio de recusar a solidariedade emocional plena com a unidade e a urgência de sua luta. Talvez. É também verdade que, uma vez que Andy, Bob e eu não partilhamos uma história com os vietnamitas, a visão histórica efetivamente estreita a nossa compreensão. A fim de conseguir enxergar o que os vietnamitas estão procurando construir, precisamos relacionar o que nos contam ao conhecimento e às perspectivas com os quais já contamos. Mas aquilo que conhecemos, por certo, é justamente o que eles não conhecem. E dessa forma, a maior parte de nossas perguntas compõe um tipo de rudeza, à qual respondem com inabalável cortesia e paciência, porém, às vezes, de modo obtuso.

8 DE MAIO

A julgar por estes primeiros dias, acho que não há esperança. Existe uma barreira que não posso cruzar. Sou vencida pelo modo como os vietnamitas são exóticos — é impossível para nós entendê-los, nitidamente impossível para eles nos compreenderem. Não, estou sendo evasiva. A verdade é a seguinte: sinto que *posso* de fato compreendê-los (quando não, me relacionar com eles, exceto em seus termos simplistas). Contudo me parece que, enquanto a minha consciência realmente inclui a deles, ou poderia, a deles jamais poderá abranger a minha. Podem ser mais nobres, mais heroicos, mais generosos do que eu, mas tenho mais em minha mente do que eles — sendo isso, talvez, justamente o que me impede de ser tão virtuosa. A despeito de minha admiração pelos vietnamitas e minha vergonha diante dos feitos de meu país, ainda me sinto como alguém proveniente de uma "grande" cultura que visita uma "pequena" cultura. Minha consciência, educada nessa "grande" cultura, é uma criatura com muitos órgãos acostumada a ser nutrida por uma torrente de bens culturais, e contagiada pela ironia. Embora não sinta estar perdendo em seriedade moral, recuso-me a ter minha seriedade aplainada; sei que me sentiria reduzida se não houvesse lugar para suas contradições e paradoxos, para não mencionar suas diversões e distrações. Assim, os hábitos insaciáveis de minha consciência impedem-me de estar à vontade com aquilo que mais admiro e — apesar de todo o meu rancor contra a América — unem-me firmemente àquilo que condeno. "Amiga americana", deveras!

Evidentemente, eu *poderia* viver no Vietnã, ou numa sociedade ética igual a esta — mas não sem perder uma boa parte de mim. Embora acredite que a incorporação a um tal tipo de sociedade iria melhorar grandemente a vida da maioria das pessoas do mundo (e, portanto, defenda o advento dessas sociedades), imagino que, de várias maneiras, empobreceria a minha. Vivo em uma sociedade não ética que torna ásperas as sensibilidades e frustra as capacidades para a benevolência da maior parte das pessoas, mas que possibilita a uma minoria o consumo de uma estonteante variedade de prazeres intelectuais e estéticos. Aqueles que não gozam (em ambos os sentidos) de meus prazeres têm todo o direito, por seu lado, de enxergar minha consciência como deteriorada, corrupta, decadente. E, por outro lado, não posso negar a imensa riqueza desses prazeres, ou meu vício por eles. O que me veio à mente esta tarde foi a frase de Talleyrand que Bertolucci utilizou como tema de seu belo e triste filme: "Aquele que não viveu antes da revolução jamais conheceu a doçura da vida". Contei a Andy, que conhece o filme, o que estive pensando e ele confessou sentimentos similares. Caminhávamos sós por um bairro de Hanói afastado do hotel e, como cabuladores de aula, começamos a falar — nostalgicamente? — sobre os grupos de rock de San Francisco e *The New York Review of Books*.

Será que todo esse apetite mental e essa ânsia de variedade desqualificam-me para penetrar, ainda que parcialmente, na realidade singular do Vietnã do Norte? Suspeito que sim, que já o fizeram, como indicam minhas reações contrariadas e frustradas aos vietnamitas até agora. Talvez eu seja apenas apta a partilhar as aspirações revolucionárias de um povo a uma distância confortável dele e de sua luta — uma voluntária a mais no exército da poltrona dos intelectuais burgueses com simpatias radiais na cabeça. Antes de desistir, no entanto, preciso ter certeza de que interpretei tais sentimentos corretamente. Meu impulso é seguir a antiga e severa norma: se você não pode

234

colocar sua vida onde sua cabeça (seu coração) está, então o que você pensa (sente) é um logro. Contudo é prematuro falar de fraude e hipocrisia. Se o teste é saber se posso ou não colocar minha vida (mesmo imaginariamente) no Vietnã, o momento de efetivá-lo não é este, mas quando eu tiver uma visão um pouco menos escassa do país.

Mesmo se eu não passar no teste de estar apta a me identificar com os vietnamitas, o que eu teria conseguido realmente provar? Talvez eu não tenha experimentado os constrangimentos, reais ou imaginários, das sociedades éticas — ou revolucionárias — em geral, somente desta em particular. Talvez eu esteja apenas dizendo que encontro algo de incompatível quanto ao Vietnã do Norte. [...] E, no entanto, de fato, gosto dos vietnamitas, respondo a eles, sinto-me bem com eles e, às vezes, efetivamente feliz aqui. Será que tudo isso não se resume à queixa absurda — a queixa de uma verdadeira criança, eu mesma — de que as pessoas aqui não estão tornando mais fácil para mim percebê-las, o desejo de que os vietnamitas "exibam-se" a mim claramente de modo que eu não possa achá-los opacos, simplórios e ingênuos? Agora estou de volta ao ponto de partida. Ao senso de barreira entre eles e eu. Meu não entendimento deles, sua não compreensão de mim. Nada de julgamentos agora (pelo menos de julgamentos em que realmente acredite).

9 DE MAIO

Que estranho sentir-me alheia ao Vietnã aqui, quando ele esteve presente em meus pensamentos todos os dias na América. Mas se o Vietnã que transportei como uma ferida em meu coração e em minha mente não foi invalidado pelo que vejo em Hanói, tampouco parece relacionado a este lugar neste instante. Tendo chegado depois de 31 de março, não estamos sob bombardeio, embora, juntamente com todos em Hanói, procuremos abrigo ao menos uma vez por dia quando os aviões de reconhecimento americanos aproximam-se. Aos locais onde os civis estão sendo chacinados, as aldeias queimadas e as plantações envenenadas não nos permitiram ir. (Não por razões de segurança militar, uma vez que outros visitantes americanos foram levados a áreas sob bombardeio, mas em virtude de preocupação com a nossa segurança: onde está havendo bombardeamentos agora, eles ocorrem quase ininterruptamente. A tonelagem média diária de bombas despejadas no Vietnã do Norte a partir de 31 de março, ainda que confinada à área abaixo do paralelo 19, *excede* a média diária descarregada no conjunto do país antes da "pausa de bombardeio limitada".) Vemos apenas uma bela, uniformemente empobrecida e limpa cidade asiática; vemos pessoas bonitas e dignas vivendo em meio a uma áspera escassez material e às mais rigorosas exigências sobre suas forças e sua paciência. As aldeias e a vilas da zona rural, às quais fomos levados em curtas viagens, constituem um retrato do passado, um ambiente completamente *aceito*, no qual as pessoas continuam a funcionar, a trabalhar rumo à vitória, a fazer sua revolução. Não estava preparada para toda essa calma. Ao pensar sobre o Vietnã nos Estados Unidos, parece natural insistir na destruição e no sofrimento. Mas não aqui. No Vietnã, há também um presente pacífico e tenazmente laborioso ao qual um visitante deve se vincular; e eu não o faço. Anseio por sua vitória. Porém não entendo sua revolução.

Está tudo a minha volta, sem dúvida, mas sinto-me como se estivesse em uma cúpula de vidro. Supõe-se que estamos aprendendo sobre isso através das "atividades" que Oanh & Cia. estabeleceram, após consultar-nos, desde nossa chegada. Em princípio, queríamos ver toda e qualquer coisa, e isso é o que está acontecendo — embora os interesses pessoais sejam prontamente atendidos. (Foi a meu pedido que gastamos uma tarde assistindo a um filme que estava sendo rodado no principal estúdio cinematográfico de Hanói; como Bob queria encontrar alguns matemáticos, arranjou-se um encontro com seis docentes de matemática da Universidade de Hanói, ao qual todos acabamos por ir.) Estamos realmente vendo e fazendo bastante coisa: pelo menos uma visita ou encontro são planejados para cada tarde e manhã e, às vezes, também para a noite, embora tenhamos uma hora e meia tanto para o almoço como para o jantar e sejamos encorajados a descansar após o almoço até as três horas; quando o calor mais forte do dia termina. Em outras palavras, estamos nas mãos de exímios burocratas especializados em relações com estrangeiros. (Sim, especialmente Oahn, de quem gosto cada vez mais. Especialmente ele.) Muito bem, sei que isso é inevitável. Quem mais poderia cuidar de nós? Entretanto, mesmo dentro desse quadro, não seria possível irmos além disso? Não acho que eu consiga. Estou obcecada pelo protocolo de nossa situação, que me torna incapaz de acreditar que eu esteja vendo uma amostra genuína daquilo que é este país. Isso sugere que a viagem não irá me ensinar algo de útil sobre as sociedades revolucionárias, como supus que iria — a menos que eu conte ficar tão abalada, como ocorreu ontem, a ponto de questionar meu direito de professar qualquer política radical.

Mas talvez não exista muito que um radical americano *possa* aprender com a revolução vietnamita, pois os próprios vietnamitas são tão estrangeiros, em contraste com o montante considerável que penso ser possível aprender com a Revolução Cubana — porque, principalmente desta perspectiva, os cubanos são muito mais parecidos conosco. Ainda que isso seja um erro, não posso evitar a comparação da revolução vietnamita com a cubana: vale dizer, minha experiência desta durante a minha estada de três meses em Cuba, em 1960, além dos relatos de como o processo revolucionário se desenvolveu, fornecidos por amigos que estiveram ali mais recentemente. (É provável que eu não entenda nada aqui até conseguir tirar Cuba da mente. Contudo não posso ignorar uma experiência que me parece comparável a esta que senti entender e à qual tenho acesso imaginário.) E quase todas as minhas comparações revelam-se favoráveis aos cubanos, desfavoráveis aos vietnamitas — segundo o padrão do que é útil, instrutivo, imitável e relevante ao radicalismo americano.

Tome-se, por exemplo, os modos populistas da Revolução Cubana. Os cubanos, como me lembro bem, são informais, impulsivos, de intimidade fácil, conversadores maníacos e mesmo incansáveis. Esses traços nem sempre são virtudes, no entanto parecem sê-lo no contexto de uma bem-sucedida e entrincheirada sociedade revolucionária. No Vietnã, tudo se assemelha ser formal, medido, controlado, planejado. Anseio por alguém daqui que pareça indiscreto, que fale sobre sua vida pessoal, suas emoções, que seja levado pelos sentimentos. Em vez disso, todos são refinadamente polidos, embora de forma afáveis. Isso se adapta à impressão que o Vietnã dá de ser uma cultura quase assexuada, a partir de tudo que observei e da evidência de três filmes a que assisti até agora em Hanói, durante a semana, bem como do romance que li na noite passada, em tradução inglesa. (Hieu confirmou, quando lhe perguntei sobre o assunto, que não existem beijos nas peças e nos filmes vietnamitas; é óbvio que também não ocorrem nas ruas e parques. Não vi ninguém se tocar, mesmo de uma forma casual.) Como Cuba mostrou, um país não tem que adotar o estilo puritano quando se torna comunista. E, provavelmente, as atitudes vietnamitas frente ao sexo e à expressão de sentimentos privados faziam parte desta cultura muito antes do advento do ideal revolucionário marxista. Não obstante, elas efetivamente causam desconforto a uma neorradical ocidental como eu, para quem a revolução significa não somente criar a justiça política e econômica, como liberar e validar as energias pessoais (e as sociais) de todos os tipos, inclusive as eróticas. E *é* isso o que a revolução significou em Cuba — a despeito de algumas ondas de interferência, em especial por parte de burocratas ortodoxos do velho estilo comunista, que foram contestados por Fidel exatamente nesse ponto.

Não posso evitar a comparação do igualitarismo casual que observei entre os cubanos, independente de sua posição ou grau de responsabilidade, com os traços fortemente hierárquicos da sociedade daqui. Ninguém no Vietnã do Norte é um mínimo servil, mas as pessoas sabem o seu lugar. Ainda que a deferência dada a alguns por parte de outros seja sempre graciosa, é evidente o sentimento de que certas pessoas são mais importantes ou valiosas e merecem uma parcela maior dos deploravelmente limitados confortos disponíveis. Daí, o armazém ao qual fomos levados no terceiro dia a fim de conseguir sandálias de pneu e para que cada um de nós experimentasse um par de calças vietnamitas: Hieu e Pahn nos disseram, quase com orgulho de proprietários, que aquela era uma loja especial, reservada para estrangeiros (pessoal diplomático, hóspedes) e para os funcionários importantes do governo. Pensei que eles deviam reconhecer que a existência de tais facilidades contraria o "comunismo". Mas talvez esteja mostrando aqui o quanto sou "americana".

Embaraço-me também com as refeições no Thong Nhat. Enquanto todo almoço e todo jantar consistem em vários pratos deliciosos de carne e peixe (comemos apenas a culinária vietnamita) e sempre que uma das grandes tigelas fica vazia a garçonete instantaneamente aparece para substituí-la por outra, noventa e nove por cento dos vietnamitas terão arroz e coalho de feijão para o jantar e podem se sentir afortunados por comer carne ou peixe uma vez por mês. É provável que se sentiriam mistificados, mesmo insultados, se eu sugerisse que não devíamos estar desfrutando tanto a mais que a ração do cidadão comum. É bastante conhecido que a hospitalidade pródiga e (que seria para nós) autossacrificada aos convidados é um elemento importante da cultura oriental. Realmente espero que violem o seu próprio senso de decoro? Ainda assim, isso me incomoda. [...] Também me exaspera que nos levem de carro mesmo às distâncias mais curtas; o Comitê de Paz reservou dois automóveis — Volga —, que esperam com seus motoristas em frente ao hotel sempre que devemos ir a alguma parte. O escritório da delegação da FNL em Hanói que visitamos ontem fica a apenas dois quarteirões do hotel. E alguns de nossos destinos mostraram estar a não mais que quinze ou vinte quadras dali. Por que não nos deixam caminhar, como Bob, Andy e eu concordamos entre nós que seria mais confortável fazer? Será que têm uma regra: só o melhor para os hóspedes? Mas esse tipo de polidez, parece-me, poderia ser abolido em uma sociedade comunista. Ou precisamos ir de carro porque pensam que somos estrangeiros (ocidentais? americanos?) fracos e combalidos, que também precisam ser lembrados para evitar o sol? Inquieta-me pensar que os vietnamitas possam encarar o fato de andar a pé como abaixo de nossa dignidade (enquanto convidados oficiais, celebridades ou coisa do gênero). Sejam quais forem suas razões, não há por que incomodá-los com isso. Rodamos pelas ruas apinhadas, em nossos feios carrões escuros — os motoristas tonitruando as buzinas para que os pedestres e os ciclistas prestem atenção e abram passagem... Sem dúvida, seria melhor se nos emprestassem ou alugassem bicicletas. Mas, como brincamos com Oanh mais de uma vez, está claro que não levariam nosso pedido a sério. Quando fazemos isso, ao menos se divertem? Ou simplesmente pensam que estamos sendo tolos ou rudes?

Tudo o que pareço ter decifrado neste lugar é que um americano traz um eu muito complexo para Hanói. Pelo menos esta americana! Por vezes tenho o sentimento miserável de que minha estada aqui (não falaria por Andy e Bob) é uma grande perda do tempo de nossos anfitriões. Oanh poderia estar usando esses dias escrevendo música. Phan poderia reler Molière (ensinava literatura, antes de começar a trabalhar em tempo integral para o Comitê de Paz) ou visitar suas filhas adolescentes, que foram evacuadas para a zona rural. Hieu, cuja profissão revelou ser o jornalismo, poderia estar utilmente compondo artigos na horrível prosa da imprensa norte-vietnamita. Apenas Toan, que tem aparentemente algum emprego de escritório, não estaria perdendo algo; pois, seguir de perto os outros três, para entreter e manter ocupados os crescidos e obtusos hóspedes estrangeiros, é provavelmente mais divertido que aquilo. O que os vietnamitas imaginam que esteja acontecendo conosco aqui? De fato percebem quando compreendemos e quando não o fazemos? Penso particularmente em Oanh, que é obviamente muito perspicaz e viajou bastante pela Europa, mas também em todas as sorridentes pessoas que conversam conosco, que nos encorajam ("Sabemos que sua luta é difícil", disse-me hoje alguém), ou nos explicam alguma coisa. Receio que não notem a diferença. São apenas demasiado generosos, demasiado crédulos.

Por outro lado, também sou cativada por essa gentil credulidade. Gosto de como as pessoas nos fitam, com frequência boquiabertas, em qualquer parte a que vamos em Hanói. Sinto que nos apreciam, que ver-nos é para eles uma experiência agradável. Perguntei a Oahn hoje se ele pensava que as pessoas nas ruas davam-se conta de que éramos americanos. Ele disse que a maioria não. "Então, quem pensam que somos?", indaguei. "Provavelmente russos", foi sua resposta; e, na verdade, diversas pessoas pronunciaram *tovarich* ou algum outro termo russo a nossa passagem. A maioria, no entanto, não diz nada em nossa direção. Observa-nos calmamente, aponta, então discute sobre nós com seus vizinhos. Hieu diz que o comentário mais frequente que provocamos quando a passeio ou no cinema é — expresso com espanto bem-humorado — como somos altos.

Saio a passeio sozinha com mais frequência agora, sempre que não está muito quente — procurando relacionar-me com os olhares que as pessoas me dirigem, gozando as ambiguidades de minha identidade, protegida pelo fato de que não falo vietnamita e posso apenas olhar para trás e sorrir. Não mais fico surpresa, como ocorria no início, com a facilidade com que ando desacompanhada, mesmo quando me perco em bairros obscuros, distantes do hotel. Embora tenha consciência da possibilidade de um incidente desagradável que possa ocorrer quando estou em outra parte da cidade, incapaz de explicar quem sou ou mesmo de ler avisos, sinto-me ainda assim inteiramente segura. Deve haver muito poucos forasteiros em Hanói — exceto no raio de algumas quadras do Thong Nhat, não vi ninguém nas ruas que não fosse vietnamita; todavia caminho sem companhia, em meio a essas pessoas, como se tivesse o direito acabado de andar a esmo por Hanói e de esperar que todos eles, até o último ancião acocorado perto do meio-fio vendendo flautas de madeira, compreendam isso e me ignorem de sua forma amigável. A impressão de civilidade e de ausência de violência que se

241

tem em Hanói é estarrecedora, não somente em comparação com qualquer grande cidade norte-americana mas com Phnom Penh e Vientiane também. As pessoas aqui são animadas, francamente gregárias e notavelmente pacíficas entre si. Até mesmo quando as ruas estão cheias, é difícil se ouvir algum ruído estridente. Embora eu veja muitas crianças pequenas e bebês não muito bem alimentados, estou ainda para ouvir um grito.

Talvez me sinta tão segura porque não leve os vietnamitas totalmente a sério como "gente real", de acordo com a sinistra visão popular de meu país de que a "gente real" é perigosa, volátil; nunca se está a salvo, por completo, com ela. Espero que não seja isso. Sei que não preferiria que os vietnamitas fossem geniosos ou intratáveis. Contudo, na mesma medida em que amo o doce e profundo silêncio de Hanói, sinto efetivamente falta entre eles de um certo elemento de abrasividade, um grau maior — não necessariamente mais alto — em seus sentimentos.

Por exemplo, parece-me um defeito que os norte-vietnamitas não saibam ser suficientemente inimigos. De que outra forma explicar o fato singular de parecerem, na verdade, ser bastante amigos da América? Um dos temas recorrentes da conversação do dr. Thach conosco foi sua fervorosa admiração pela eminência americana na tecnologia e na ciência. (Isso partiu de um dos ministros do país que está sendo devastado pelas armas cruéis e perfeitas produzidas exatamente por essa ciência e tecnologia.) E suspeito que a extensão em que os vietnamitas estão tão interessados nos Estados Unidos e bem-informados sobre a política americana — como pude verificar ao responder algumas questões que me foram colocadas nos últimos dias sobre as eleições primárias do Nebraska, a influência de Lindsay no Harlem e o radicalismo estudantil americano — não seja mero expediente, parte da política de conhecer seu inimigo, mas deriva apenas da simples fascinação pela América. Os funcionários governamentais e os profissionais daqui que dispõem de aparelhos de rádio ouvem regularmente a Voz da América e, certamente, exultam ante à versão americana da guerra: esta semana é a negativa de que estejam ocorrendo enfrentamentos militares sérios em Saigon. Mas, ao mesmo tempo, parecem bastante respeitosos diante do processo político americano e mesmo um pouco simpáticos aos problemas que a América enfrenta como principal potência do globo. Poetas leem-nos versos sobre o *"seu* Walt Whitman" e o *"seu* Edgar Allan Poe". No Sindicato dos Escritores alguém me indagou esta noite se eu conhecia Arthur Miller e corou de prazer quando disse que sim e poderia entregar-lhe uma cópia da tradução vietnamita de *A morte do caixeiro-viajante* que eu acabara de ver. "Conte-nos sobre o *seu* Normam Mailer", pediu-me um jovem romancista, desculpando-se então porque Mailer não fora ainda traduzido para o vietnamita. E todos queriam saber que espécie de livros escrevo, e fizeram-me prometer que lhes enviaria cópias quando retornasse aos Estados Unidos. "Temos muito interesse na literatura americana", repetiu alguém. Hoje em dia, publicam-se poucas traduções de ficção em Hanói, mas uma das raras foi uma antologia de contos norte-americanos: Mark Twain, Jack London, Hemingway, Dorothy Parker, além de alguns dos escritores "progressistas" da década de 1930 admirados na Europa Oriental. Quando mencionei que os americanos não consideravam Howard Fast e Albert Maltz com o mesmo nível da maioria dos outros da coletânea, um escritor vietnamita assegurou-me que eles sabiam disso. O problema é que realmente têm muito poucos livros — sua principal biblioteca, na Universidade de Hanói, sofreu bombardeio — e a maioria dos volumes de literatura norte-americana em Hanói constitui seleções e edições das Publicações em Língua Estrangeira, de Moscou. "Nos países socialistas com os quais temos relações normais, não podemos achar escritores norte-americanos modernos"; acrescentou com um sorriso. Um outro escritor que estava escutando nossa conversa riu mostrando os dentes.

É evidente que estou encantada por saber que alguns vietnamitas não deixam de ter consciência de que pertencer ao "campo socialista" tem suas desvantagens — entre elas, o isolamento cultural e o provincianismo intelectual. No entanto é triste pensar que carregam o peso dessa consciência tão bem, quando têm uma percepção tão aguda do Vietnã como um país isolado e provinciano por seus próprios méritos. Médicos, escritores e acadêmicos com quem conversamos falaram do sentimento de estarem desesperadamente deserdados. Como afirmou um professor, após descrever a expansão das faculdades de ciências a partir de 1954: "Mas nós ainda não conseguimos apreender as principais tendências de pesquisa em desenvolvimento no restante do mundo. O material que recebemos é atrasado e inadequado". Apesar de todo seu orgulho com o progresso realizado desde a expulsão dos franceses, as pessoas frequentemente nos mencionam, como se desculpando do país "atrasado" que o Vietnã ainda é. E então me dou conta de como têm consciência de que somos originários do país mais "avançado" do mundo; seu respeito pelos Estados Unidos está sempre presente, verbalizado ou não.

É nesses momentos que também me sinto como a visitante da América, embora de outra maneira. Deve ser porque sou tão americana afinal, tão profundamente uma cidadã da nação que se pensa a maior em tudo, que me sinto na realidade embaraçada pela modesta (embora orgulhosa) autoafirmação de cidadãos de uma nação pequena e frágil. Seu cordial interesse pela América é tão evidente e sincero, que seria grosseiro não responder a ele. Todavia, de alguma forma, isso me abate, pois parece um pouco indecente. Tenho consciência agora de como sua relação inesperadamente complexa, contudo engenhosa, com os Estados Unidos, sobrepõe-se a toda situação entre os vietnamitas individuais e Bob, Andy e eu. Mas não tenho a perspectiva ou a autoridade moral para despir-nos até nossa situação "real", além do *pathos*. Sendo minhas simpatias políticas o que são, talvez não haja lugar para que eu, ou qualquer pessoa parecida comigo, esteja aqui, a não ser em alguma condição estereotipada (como uma "amiga americana"), nenhuma forma de evitar ser auto-ofuscada ou passiva, sentimental ou protetora — simplesmente como não há maneira de um americano, inclusive eu mesma, não medir uns bons quinze centímetros a mais que o vietnamita médio.

244

* * *

Há páginas do mesmo teor na primeira metade do diário que mantive durante minha estada, intercaladas com páginas e páginas de notas detalhadas sobre cada uma de nossas visitas e encontros. O corpo estritamente descritivo de meu diário, repleto de informação factual, descrições físicas e sumários de conversações, transmite uma atitude de concentração intensa, marcada por uma atenção sem complicações. Porém os interlúdios subjetivos, que transcrevi parcialmente, comunicam alguma coisa a mais: a bisonhice e avareza de minha resposta.

Não é que tenha esperado sentir-me à vontade no Vietnã do Norte, ou achar os vietnamitas como povo exatamente iguais aos europeus ou americanos. Tampouco esperei ficar tão atarantada, tão desconfiada de minhas experiências ali — e incapaz de dominar o repuxo de minha ignorância. Minha compreensão do país era limitada à escolha do Vietnã como alvo do que há de mais medonho na América: o princípio de "vontade", o gosto direto pela violência, o prestígio insensato das soluções tecnológicas para os problemas humanos. Tinha algum conhecimento do estilo da vontade americana, a partir de minha vivência, em ocasiões diversas, no Sudoeste, na Califórnia, no Meio-Oeste, na Nova Inglaterra e, nos anos recentes, em Nova York, e da observação de seu impacto sobre a Europa Ocidental durante a última década. O que não compreendia, não tinha mesmo uma pista para entender, era a natureza da vontade vietnamita — seus estilos, seu alcance, suas nuances. Breton distinguiu duas formas de vontade na luta revolucionária autêntica: a "paciência revolucionária" e o "clamor". Entretanto não podem ser confrontadas sem antes se apreender algo da qualidade específica de um povo — justamente o que eu estava achando tão difícil no Vietnã do Norte. Não importava se concluísse que minhas limitações, ou as deles, estavam sendo expostas por minha inabilidade para manter um contato satisfatório com os vietnamitas: o impasse era o mesmo. Por volta do quinto dia, como os trechos de meu diário indicam, eu estava pronta a renunciar — a mim mesma, o que significava também aos vietnamitas.

E então, subitamente, minha experiência começou a mudar. A paralisia psíquica com a qual me afligira na fase inicial de minha estada começou a afrouxar e os vietnamitas como gente real, o Vietnã do Norte como um lugar real, vieram à luz.

O primeiro indício foi que me tornei mais à vontade ao conversar com as pessoas: não somente com Oanh, nosso guia principal — falava com ele mais do que com qualquer outro vietnamita naqueles dias —, mas também com uma miliciana, um operário fabril, um professor, um médico, ou um líder de aldeia, com os quais passamos uma hora e a quem nunca mais vimos. Tornei-me menos preocupada com as constrições de sua linguagem (boa parte das quais sabia que podiam ser atribuídas àquele caráter "abstrato" ou "vago" do discurso salientado por visitantes ocidentais em todo país do Oriente) e com a redução de meus próprios recursos de expressão, bem como mais sensível às distinções na maneira como os vietnamitas falavam. Como início, podia diferenciar o nível propagandístico da linguagem (que ainda pode transmitir a verdade, mas não obstante soa opressivo e incorreto) de um tipo meramente simples de linguagem. Aprendi, igualmente, a prestar mais (em vez de menos) atenção ao que quer que fosse constantemente reiterado, e descobri que as palavras e frases padronizadas são mais ricas do que pensara.

Tome-se, por exemplo, a noção de respeito. "Nós respeitamos o *seu* Norman Morrison", era uma frase frequentemente usada nos discursos cerimoniais de saudação que nos dirigiam em cada uma de nossas visitas em Hanói e na zona rural. Soubemos que Oanh escrevera uma popular "Canção para Emily" — a filha mais nova de Norman Morrison, que ele levou consigo quando se dirigiu ao portão do Pentágono para se imolar. No Sindicato dos Escritores, alguém nos recitou um belo poema (que eu já lera antes nas traduções inglesa e francesa) intitulado "A chama de Morrison". É provável que os motoristas de caminhão que levam mantimentos ao longo da arriscada

246

rota em direção ao paralelo 17 portem um retrato de Norman Morrison na pala de seus bonés, talvez lado a lado com uma fotografia de Nguyen Van Troi, o jovem de Saigon que foi executado vários anos atrás por tramar o assassinato de McNamara durante a visita deste ao Vietnã do Sul. De início, um visitante está sujeito a ficar ao mesmo tempo tocado e incomodado com este culto a Norman Morrison. Embora a emoção das pessoas seja nitidamente sincera, parece excessiva, sentimental e cheira a hagiografia dos heróis exemplares de cartolina, que tem sido um traço regular da cultura stalinista e maoista. Mas, após a vigésima vez que o nome de Norman Morrison foi evocado (com frequência acanhadamente, sempre de maneira apaixonada, com um desejo evidente de se ser amigável e gracioso *conosco*, que éramos americanos), comecei a compreender a relação muito específica entre os vietnamitas e aquela figura. Os habitantes do Vietnã acreditam que a vida de uma pessoa, sua própria vontade, é nutrida e sustentada pelos heróis. E Norman Morrison é realmente um herói, num sentido preciso. (Ao contrário do que eu suspeitara inicialmente, os vietnamitas não superestimam o impacto real desse sacrifício sobre a consciência da América; muito mais que sua eficácia prática, o que lhes interessa é o sucesso moral do feito, sua *inteireza* como um ato de autotranscendência.) Portanto estão se expressando bastante acuradamente quando declaram seu "respeito" por ele e quando o chamam, como o fazem inúmeras vezes, seu "benfeitor". Norman Morrison tornou-se genuinamente importante para os vietnamitas, de tal modo que não são capazes de compreender que ele não possa ser um alimento igualmente importante para a nossa consciência, de três de seus "amigos americanos".

Essa própria definição de nós três como amigos, a princípio uma fonte de algum embaraço e mal-estar, agora parecia — outro sinal de minha mudança — mais compreensível. Enquanto no início me sentiria simultaneamente comovida, às vezes até as lágrimas, e constrangida pela afabilidade que nos demonstravam, ao final podia apenas apreciá-la, tornando-me mais verdadeira e flexível em minha resposta. Seguramente não tenho motivos para suspeitar de dubiedade nos vietnamitas, ou para desconsiderar sua atitude como ingênua. Desde que, afinal de contas, eu era uma amiga, por que seria inocente ou tolo da parte deles reconhecê-lo? Em vez de ficar tão surpresa diante da capacidade deles em transcender sua situação de vítimas dos norte-americanos e nossa identidade de cidadãos da nação inimiga, passei a avaliar concretamente como era na verdade possível para os vietnamitas, neste momento de sua história, receber cidadãos norte-americanos como amigos. Era importante, compreendi, não me desconcertar por todos os pequenos presentes e pelas flores que nos confiavam onde quer que fôssemos. Preocupava-me o fato de não nos deixarem pagar nada durante nossa estada — nem mesmo os numerosos livros que solicitei ou os telegramas que enviei a meu filho em Nova York, a cada poucos dias, para avisá-lo que tudo estava bem (apesar de minha insistência em que eu deveria poder pagar ao menos por eles). Gradativamente, enxergava que era simplesmente sovina de minha parte resistir, ou me sentir oprimida pela generosidade material de nossos anfitriões.

Mas a transformação não consistiu somente em me tornar uma beneficiária mais graciosa da generosidade vietnamita, um público melhor para a sua elaborada cortesia. Aqui, também, havia algo mais a ser entendido; e, através de um contato maior com as pessoas no Vietnã, descobri que sua polidez era bastante diversa da "nossa", e não apenas porque era mais frequente. Nos Estados Unidos e na Europa, ser polido (seja em doses limitadas ou amplas) sempre traz consigo um indício latente de insinceridade, uma tênue atribuição de coerção. Para nós, a educação significa certas convenções de comportamento amigável que as pessoas concordaram em praticar, sintam ou não "realmente" o que dizem ou fazem, porque seus sentimentos "reais" não são consistentemente civilizados ou generosos o bastante para garantir uma ordem social equilibrada. Por definição, a polidez jamais é verdadeira e honesta; ela testemunha a disparidade entre o comportamento social e o sentimento autêntico. Talvez essa disparidade, aceita nesta parte do mundo como um artigo de fé que diz respeito à condição humana, seja o que nos fornece o gosto pela ironia, que se torna essencial como um modo de indicar a verdade; uma completa verdade vital: notadamente, que ao mesmo tempo conferimos e não conferimos significado ao que estamos dizendo ou fazendo. A princípio fiquei desconcertada pela ausência de ironia entre os vietnamitas. Mas, se eu pudesse renunciar, pelo menos imaginariamente, à minha convicção da inevitabilidade da ironia, os vietnamitas de súbito pareceriam muito menos indecifráveis. Também sua linguagem não pareceria tão coercitiva e simplista. (Para o desenvolvimento de verdades irônicas, necessita-se de grande quantidade de palavras. Na ausência da ironia, nem tantas palavras são necessárias.)

Os vietnamitas operam com outra noção de civilidade que aquela à qual estamos acostumados, e isso implica uma mudança no sentido de honestidade e sinceridade. A honestidade, tal como ela é compreendida no Vietnã, traz pouca semelhança com o senso de honestidade que foi elevado pela cultura secular ocidental a um lugar muito mais alto do que todos os outros valores. No Vietnã, a honestidade e a sinceridade são funções da dignidade do indivíduo. Um vietnamita, ao ser sincero, reforça e enraíza sua dignidade pessoal. Em nossa sociedade, ser sincero amiúde significa precisamente perder o direito à dignidade, a uma apresentação agradável; significa desejar ser desavergonhado. A diferença é aguda. Nossa cultura subscreve uma noção empírica ou descritiva de sinceridade, que mede se um homem é sincero avaliando em que medida e quão acuradamente suas palavras espelham seus pensamentos e sentimentos ocultos. Os vietnamitas possuem uma noção normativa ou prescritiva de sinceridade. Enquanto o nosso objetivo é efetuar o alinhamento correto — a correspondência — entre as palavras e o comportamento de uma pessoa e a sua vida interior (com o pressuposto de que a verdade expressa por quem fala é eticamente neutra, ou então é tornada eticamente neutra, ou mesmo louvável, pelo desejo de quem fala em admiti-la), o deles é construir uma relação apropriada entre as palavras e o comportamento de quem fala e a sua identidade social. A sinceridade, no Vietnã, significa comportar-se de uma maneira *merecedora* do papel de alguém; é um modo de aspiração ética.

Assim, é fora de propósito especular se a cordialidade de Pham Van Dong, durante o diálogo de uma hora que Bob, Andy e eu tivemos com ele, no final da tarde de 16 de maio, era sincera em nosso sentido, ou se o primeiro-ministro "realmente" queria abraçar-nos quando deixamos seu escritório, antes de nos acompanhar até a porta da frente e guiar-nos, ao longo do caminho de cascalho, até o local onde nos esperavam os carros. Ele era sincero no sentido vietnamita: seu comportamento era simpático, decoroso e visava o bem. Assim como não é completamente correto indagar se os vietnamitas "realmente" odeiam os americanos, ainda que digam que não; ou imaginar por que não os odeiam, se na verdade não o fazem. Um elemento básico da cultura vietnamita é o gesto belo, extraordinário. Mas não devemos interpretá-lo em nosso sentido — algo impostado, teatral. Os gestos que um vietnamita faz não são uma *performance* externa a sua personalidade. Por meio de gestos, esses atos levados a cabo de acordo com qualquer que seja o padrão que ele afirma, o seu eu é constituído. E, em certos casos, a personalidade pode ser totalmente redefinida por um único e singular gesto: para uma pessoa, fazer algo melhor do que jamais fez pode promovê-la, sem resíduo, a um novo nível no qual tais atos são regularmente possíveis. (No Vietnã, a ambição moral é uma verdade — uma realidade já confirmada — de uma forma em que não o é entre nós, por causa de nossos critérios psicológicos do "típico" e do "coerente". Tal contraste lança luz ao papel bastante diferente que a exortação política e moral desempenha em uma sociedade como a do Vietnã. Boa parte do discurso que desconsideraríamos como propagandístico ou manipulatório possui uma profundidade para os vietnamitas à qual somos insensíveis.)

O Vietnã — ao menos em sua visão oficial de si mesmo — pode chocar o olho secular ocidental como uma sociedade tremendamente superdimensionada no plano ético, vale dizer, psicológico. Entretanto esse juízo depende inteiramente de nossos padrões modestos vigentes sobre quanta virtude um ser humano é capaz de conter. E o Vietnã é, de muitas maneiras, uma afronta a esses padrões. Lembro-me de me ter sentido desse modo, afrontada, quando, durante a primeira tarde de um passeio de dois dias à província montanhosa de Hoa Binh, ao norte de Hanói, paramos brevemente em um ponto qualquer na zona rural para visitar o túmulo de um piloto americano. Enquanto deixávamos os carros e andávamos para fora da estrada cruzando uns dez metros de capim alto, Oanh contou-nos que aquele era o piloto de um F-105 derrubado por um lavrador com um fuzil, havia cerca de um ano. O piloto não conseguira ejetar-se e espatifou-se com o avião naquele exato local; alguns aldeãos recuperaram seu corpo dentre os destroços. Ao alcançar uma clareira, vimos não um simples túmulo, mas um talude adornado com peças do motor do avião e um pedaço amarrotado de asa, como uma escultura de Chamberlain, enfeitada com flores, tudo isso encimado por um marco de madeira no qual se viam o nome do piloto e a data de sua morte. Fiquei ali alguns minutos sentindo-me assombrada, praticamente incapaz de compreender esse ato inicial de sepultamento, atônita pela aparência do local e pela evidência de que ainda estava sendo cuidado. E posteriormente, quando o vice-presidente do conselho administrativo da província, que viajava em meu carro, explicou que o piloto fora enterrado "num caixão de boa madeira" de forma que sua família nos Estados Unidos pudesse vir, depois da guerra, para levá-lo de volta a seu país, senti que me desfazia. O que se pretende com um ato tão surpreendente? Como podiam aquelas pessoas, que tiveram suas mulheres, seus pais e seus filhos assassinados por esse piloto e seus companheiros (a carga de um F-105, quatro caixas de metralha de CBU, mata toda criatura viva desabrigada dentro de uma área de um quilômetro quadrado), tomar calmamente suas pás e arranjar meticulosamente a sepultura dele? O que sentiam? Compreendiam que, qualquer que fosse sua culpa objetiva, ele, tal como a maioria de seus mortos, era um ser humano, insubstituível e precioso que não deveria ter morrido? Podiam apiedar-se dele? Chegaram a perdoá-lo? Mas talvez tais questões sejam equivocadas. O mais provável é que os aldeãos tenham pensado que enterrar o piloto era um belo ato (certamente diriam "humano") — um padrão que ao mesmo tempo supera e transforma seus pensamentos pessoais, até onde estes podem estar em questão.

Tais gestos transpessoais são algo difícil para um visitante acreditar em seus próprios termos. Sem dúvida, não estava completamente apta a colocar de lado meu próprio entendimento habitual de como as pessoas funcionam. Ao longo daquelas duas semanas, vi-me continuamente tentada a colocar indagações psicológicas sobre os vietnamitas — sabendo, durante todo o tempo, como tais questões estão carregadas de pressupostos éticos arbitrários do Ocidente. Se é que faz sentido interrogar, por exemplo, o que é o "ego" para os vietnamitas, eu poderia observar que ele não assume muitas das formas expressivas que nos são familiares. As pessoas no Vietnã do Norte parecem espantosamente calmas e, embora seja raro falarem de outra coisa que não da guerra, seu discurso é singular e isento da marca do ódio. Até mesmo quando usam a melodramática linguagem comunista de denúncia, esta se revela zelosa e quase uniforme. Falam de atrocidades, a essência de sua história, com um pesar quase dócil e, todavia, com espanto. Será possível que tais coisas realmente aconteceram? — eis o que parecem dizer. Será verdade que os franceses evisceraram aquela fileira de trabalhadores rurais algemados que tinham entrado em greve, como mostra a fotografia que vimos no Museu da Revolução? Como podem os norte-americanos não se *envergonharem* do que estão fazendo aqui? — era a indagação não pronunciada que ecoava por toda a visita que fizemos a um outro "museu" menor, em Hanói, dedicado a exibir os vários armamentos genocidas utilizados pelos americanos no Vietnã do Norte, nos últimos três anos. Na verdade, penso que eles não chegam a entender completamente — o que, afinal de contas, constitui apenas a incapacidade de entendimento que se poderia esperar em uma cultura erigida sobre a noção de vergonha, atualmente atacada por uma cultura cujas energias provêm do emprego de enormes incrementos de culpa.

O fato de o Vietnã ser uma cultura fundada na noção de vergonha explica, provavelmente, a maior parte do que se vê (ou do que não se vê) ali na gama de expressividade das pessoas. E minha formação em uma cultura fundada na culpa é seguramente uma das razões pelas quais achei difícil entendê-los. Arriscaria dizer que as culturas da culpa são tipicamente propensas à dúvida intelectual e à circunvolução moral, de modo que, do ponto de vista da culpa, todas as culturas fundamentadas na vergonha são na verdade "ingênuas". A relação com as exigências morais tende a ser sentida de forma muito menos ambivalente nas culturas da vergonha, e a ação coletiva, bem como a existência de padrões públicos possuem uma validade inerente que não têm para nós.

No Vietnã, possui lugar de destaque entre esses padrões públicos a noção de decoro — de modo mais genérico, a preocupação com manter em todos os intercâmbios entre as pessoas uma tonalidade moral rigorosa. Eu podia ter imaginado que tal preocupação fosse simplesmente asiática, se não tivesse visto alguma coisa dos cambojanos e dos laocianos, em comparação com os quais os vietnamitas são muito dignos e reservados, chegando a ser puritanos em seus modos, além de mais discretos em suas roupas. Não importa quanto aumente o terrível calor, em nenhuma parte se vê, no Vietnã (como ocorre no Camboja e no Laos), um homem de calção ou sem camisa. Todos estão caprichosa, embora pobremente, vestidos do pescoço aos tornozelos — tanto as mulheres como os homens usam calças compridas e se dá grande valor a estar limpo. O orgulho da população de Na Phon quando nos mostraram seu banheiro público construído de cimento e tijolos, a primeira instalação desse tipo no povoado, terminada justamente no dia anterior, tinha a ver com algo a mais do que a simples higiene e conveniência. O novo banheiro constituía uma espécie de vitória moral. "Toda a água do mar do Oriente não poderia lavar a sujeira deixada pelo inimigo", é uma frase que data de uma das inumeráveis lutas vietnamitas contra os chineses, uma guerra que teve início em 1418 e chegou ao fim com a vitória, em 1427. Não restam dúvidas de que os norte-vietnamitas encaram com uma angústia semelhante os três anos de ataque americano: uma vez mais, e de forma mais horrenda, seu país foi destruído. A metáfora moral da limpeza e da sujeira é encontrada, evidentemente, quase em toda a parte, em todas as culturas; no entanto senti que em especial é poderosa no Vietnã. Sua força é notavelmente expressa no épico do século XVIII, *Kieu*, a obra mais famosa da literatura vietnamita. (O poema é estudado em detalhe nas escolas e declamado com frequência no rádio; praticamente todo vietnamita sabe de cor longas passagens.) Quando a história começa, a heroína, Kieu, é ainda menina. Um jovem rapaz a vê, apaixona-se por ela, secretamente, e com paciência a corteja; mas obrigações familiares subitamente o afastam, sem que haja tempo para explicações. Acreditando-se abandonada e enfrentando uma crise em sua própria família, Kieu vende a si mesma como concubina para um homem rico, a fim de salvar seu pai da prisão, por dívidas. Somente após vinte anos de maus-tratos e degradação, em que ela acaba em um bordel e daí escapa para se tornar um bonzo, Kieu vê-se capaz de voltar para casa, onde encontra de novo o homem que amava. Ele a pede em casamento. Na longa cena final, que tem lugar em sua noite de núpcias, Kieu diz a seu marido que, embora o ame profundamente e nunca tenha apreciado relações com qualquer outro homem, seu casamento não pode ser consumado. Ele protesta que sua vida desafortunada durante a longa separação nada significa a seus olhos; contudo ela insiste que não é limpa. Precisamente por amarem-se, argumenta, eles devem fazer esse sacrifício. Finalmente, pelo respeito e amor que devota a ela, seu esposo concorda. O poema termina com uma descrição da harmonia e alegria de sua vida de casados. Para uma sensibilidade ocidental, um final feliz como esse dificilmente seria considerado muito feliz. Provavelmente faríamos Kieu morrer de tuberculose nos braços de seu verdadeiro amor, logo depois de se reencontrarem, ao invés de premiá-los com uma vida comum de renúncia. Mas, para os

254

vietnamitas, mesmo hoje, a resolução da história é não apenas satisfatória como justa. O que pode parecer a nossos olhos como o seu modo de ser "fechado", discreto ou inexpressivo deve-se, segundo penso, em parte ao fato de ser um povo surpreendentemente fastidioso.

Não é preciso dizer que os modelos atuais não são os mesmos que aqueles apresentados em "Kieu". O autocontrole sexual, entretanto, ainda é muito admirado. No Vietnã de hoje, os homens e as mulheres trabalham, comem, lutam e dormem juntos sem levantar nenhum tema de tentação sexual. No presente, os vietnamitas entendem que os ocidentais não possuem os mesmos padrões de propriedade sexual. Oanh, quando me disse que era bastante incomum os maridos e as mulheres vietnamitas serem infiéis uns com os outros, mesmo em circunstâncias de prolongada separação em virtude da guerra, afirmou saber que a fidelidade conjugal "não era comum" no Ocidente. Com um fio de autozombaria, mencionou como ficou chocado, em uma de suas primeiras viagens à Europa — para a Rússia —, ao ouvir as pessoas nas festas contando piadas "indecentes" umas às outras. E assegurou-me que isso o incomoda menos agora. Com sua incorrigível polidez, os vietnamitas concluíram que cuidamos desses assuntos de modo diferente. Assim, sempre que Andy Kopkind, Bob Greenblatt e eu viajávamos pela zona rural, não importa quão primitivas e limitadas fossem as acomodações, nunca deixavam de dar-nos quartos separados (ou algo que passasse por isso); entretanto, em uma dessas viagens, quando fomos acompanhados por uma enfermeira porque Bob estivera ligeiramente indisposto em Hanói, no dia anterior a nossa partida, notei que a jovem e bela enfermeira dormiu no mesmo quarto que nossos guias e motoristas, que eram todos homens. [...] A autodisciplina sexual, imagino, deve ser tomada como um fato no Vietnã. É apenas um único aspecto da exigência geral de que o indivíduo mantenha sua dignidade e se coloque à disposição dos outros para o bem comum. Em contraste com o Laos e o Camboja, com sua atmosfera "indiana" ou "sulina" que deriva de uma combinação eclética de influências hindus e budistas, o Vietnã apresenta o paradoxo de um país que partilha o mesmo clima severamente tropical mas que vive pelos valores clássicos (trabalho árduo, disciplina, seriedade) de um país de clima temperado ou frio. Essa atmosfera "setentrional" é indubitavelmente o legado daquelas hordas de "senhores feudais do Norte". (Também concluí que é mais atenuada na região meridional do país. As pessoas em Hanói descrevem os saigoneses como mais sociáveis, mais emocionais, mais atraentes, mas também como menos honestos e sexualmente mais licenciosos — em resumo, os clichês convencionais empregados pelos setentrionais para descrever os meridionais.)

Desse modo, embora as exigentes demandas que os vietnamitas colocam a si próprios, em sua forma presente, sejam inegavelmente reforçadas pela ética paramilitar de uma sociedade revolucionária esquerdista sob invasão, sua forma básica tem profundas raízes históricas, em particular nos elementos confucianos, enquanto distintos dos budistas, na cultura vietnamita. Em certas sociedades, notavelmente a chinesa, essas duas tradições foram experimentadas como agudamente antagônicas. Mas no Vietnã, desconfio, isso não ocorreu. A maioria dos vietnamitas, por certo, sem contar uma minoria católica, é budista. Ainda que vejamos em geral pessoas idosas rezando nos pagodes, uma dose apreciável de ritual doméstico ainda existe (vimos altares em muitos lares); além disso, parece haver uma considerável continuidade secular com os valores budistas. Não obstante, seja o que for que persista do *ethos* budista no Vietnã — com seu fatalismo, sua espirituosidade intelectual, sua ênfase na caridade —, ele parece bastante compatível com o *ethos* de disciplina característico do confucionismo. O comportamento dos vietnamitas reflete a ideia confuciana de que tanto o corpo político como o bem-estar do indivíduo dependem de se cultivar as leis do comportamento justo e adequado. Também permanece intacta a visão confuciana expressa por Hsün Tzu: "Todas as regras de decoro e de retidão são o produto da virtude adquirida do sábio e não o produto da natureza do homem". Tal ideia confuciana da dependência de um povo diante de seus sábios explica parcialmente a veneração sentida pelos vietnamitas por Ho Chi Minh, seu líder-sábio-poeta. Mas apenas parcialmente. Como de fato os próprios vietnamitas insistem, seu apreço por Ho nada tem em comum com a insensata adulação que cerca hoje em dia Mao. O aniversário de Ho é uma ocasião anual para os habitantes do Vietnã do Norte demonstrarem seu bom gosto, a delicadeza de seu sentimento em relação a ele. "Nós amamos e respeitamos nosso líder", comentou o jornal mensal *Hoc Tap* no aniversário de Ho, no ano passado, "mas nós não o deificamos." Longe de tratá-lo como o líder comumente sobrenatural, heroico e que tudo sabe, as pessoas que encontrei falaram de Ho como se o conhecessem pessoalmente, e o que os fascina e comove é o sentirem como um homem real. Há uma boa quantidade de anedotas que ilustram sua modéstia e sua reserva. As pessoas o acham atraente e mesmo um pouco excêntrico. E ficam comovidas quando falam de Ho, lembrando seus anos de privação no exílio e seus sofrimentos nas prisões chinesas durante toda a década de 1930, ao mesmo tempo que se preocupam com sua debilidade física. *Bac Ho* (tio Ho) não é um título especial, com tonalidades do Grande Irmão orwelliano, mas uma cortesia comum; um vietnamita de qualquer idade dirige-se a qualquer pessoa de uma geração mais velha que a dele e com quem não tenha parentesco por "tio" ou "tia". (Os suecos têm o mesmo costume, exceto pelo fato que *tant* e *farbror* são usados somente por crianças e jovens para dirigirem-se a adultos estranhos, e não seriam ditos por uma pessoa de meia--idade para uma de setenta anos.) O sentimento por Ho Chi Minh, um afeto e uma gratidão profundos, é apenas o ápice do sentimento existente entre o povo em uma nação pequena, sitiada, onde se é capaz de encarar as pessoas como membros de uma grande família. Na verdade, quase todas as virtudes admiradas pelos vietnamitas — tais como frugalidade, lealdade, autossacrifício e fidelidade sexual — têm, como sua metáfora sustentadora básica, a autoridade da vida em família. Aqui está mais um traço que remonta ao confucionismo — enquanto distinto do budismo, que atribui o prestígio mais elevado à separação monástica em relação à sociedade e à renúncia aos laços familiares — e nos afasta da consideração da austeridade e do "puritanismo" dos vietnamitas como algo relativamente novo, resultado do enxerto da ideologia revolucionária. (Apresentado como *pensamento* marxista-leninista", o comunismo vietnamita parece convenientemente vago e surpreendentemente banal.) Embora um visitante seja tentado a atribuir a extraordinária disciplina do país em larga medida à influência da ideologia comunista, é provável que ocorra o inverso: que a influência das exigências morais comunistas tenham derivado sua autoridade do respeito nativo dos vietnamitas por uma ordem social e pessoal altamente moralizada.

Mas estou fazendo os vietnamitas parecerem mais solenes do que são, quando na realidade é, em particular, notável a graça com a qual esses fins são perseguidos. Na conversação, falam baixo; mesmo nas reuniões públicas, são lacônicos e não se demonstram exortatórios. É difícil reconhecer a consciência apaixonada quando ela não mostra os sinais de paixão conforme os conhecemos — tal como a agitação e o *pathos*. Damo-nos conta que se trata de pessoas atravessando o momento mais exaltado de suas consciências, o clímax de mais de um quarto de século de luta contínua. Já venceram os franceses em condições de incrível inferioridade. (Foram os franceses os primeiros a trazer o napalm ao Vietnã. Entre 1950 e 1954, oitenta por cento do orçamento francês para a guerra era custeado pelos Estados Unidos.) Agora, de forma ainda mais incrível, demonstraram que podem suportar qualquer punição que os americanos possam lhes infligir, e ao mesmo tempo se manterem coesos e prosperarem enquanto povo, ao passo que no Sul, a Frente Nacional de Libertação estende constantemente seu apoio e seu controle sobre o território. Todavia, na maior parte do tempo, tal estado de espírito de exaltação tem de ser inferido pelo observador simpático — não porque os vietnamitas não sejam emocionais, mas devido a seus hábitos de tato emocional, um princípio cultural de conservação da energia emotiva. Contaram-nos que nos locais de pesado bombardeio da zona rural é comum que os lavradores levem consigo seus caixões a cada dia quando saem para os arrozais, de modo que, se alguém morrer, possa ser enterrado convenientemente depois, enquanto os outros continuam a trabalhar. Nas escolas evacuadas, as crianças arrumam seus objetos pessoais e sua roupa de cama antes de deixar a tenda-dormitório, a cada manhã, para se dirigirem às aulas, e empilham as frágeis trouxas ordeiramente no abrigo de areia mais próximo, para o caso de que ocorra um ataque aéreo durante o dia e as barracas sejam derrubadas; todo final de tarde elas tiram suas trouxas do abrigo, retiram tudo de novo e arrumam outra vez o dormitório. [...] Mais de uma vez, observando o incrível caráter prosaico dos vietnamitas, pensei no estilo mais dispendioso e mais brilhante dos judeus quando enfrentam seu destino histórico de sofrimento e luta crônicos. Uma vantagem dos vietnamitas sobre os judeus como um povo mártir é, talvez, simplesmente a de qualquer cultura dominada pelo tipo camponês sobre uma cultura que se cristalizou em uma burguesia urbana. Ao contrário dos judeus, os vietnamitas pertencem a uma cultura cujos vários tipos psíquicos ainda não atingiram um alto grau de articulação (forçando-os a refletir sobre *si mesmos*). É também a vantagem de se ter uma história, embora de cruel perseguição, que está ancorada em uma terra com a qual as pessoas se identificam, em vez de simplesmente (e, portanto, complicadamente) ter uma "identidade".

A maneira de os judeus experimentarem seu sofrimento era direta, emocional, persuasiva. Cobria toda a escala da pura arenga à autozombaria irônica. Buscava engajar a simpatia de outros. Ao mesmo tempo, projetava um desespero sobre as dificuldades de fazê-lo. A fonte da pertinácia judia, de seu miraculoso talento para a sobrevivência, é a sua rendição a um complexo tipo de pessimismo. Talvez algo parecido com o estilo judeu (e também "ocidental") de sofrimento expressivo aberto fosse o que eu de modo inconsciente esperasse encontrar quando cheguei ao Vietnã. Isso explicaria por que de início tomei por opacidade e inocência a maneira diversa que os vietnamitas têm de experimentar uma história comparavelmente trágica.

Custou-me um certo tempo, por exemplo, para compreender que os vietnamitas ficam genuinamente constrangidos por uma espécie de modéstia quanto a mostrar-nos os indizíveis sofrimentos que suportaram. Mesmo quando descrevem as atrocidades americanas, apressam-se a enfatizar — quase como se fosse de mau gosto não fazê-lo — que todo o horror da guerra dos Estados Unidos no Vietnã não pode ser visto em nenhuma parte no Norte. Para isso, dizem, é preciso ver "o que está acontecendo com os nossos irmãos no Sul". Ouvimos as estatísticas de baixas civis desde 7 de fevereiro de 1965: sessenta por cento do total de pessoas mortas são mulheres e crianças; vinte por cento dos mortos e gravemente feridos são idosos. Fomos levados a cidades onde viviam anteriormente não menos que 20 mil e às vezes até 80 mil indivíduos, e onde não restou em pé um único prédio. Vimos fotografias de corpos crivados de chumbo das bombas de fragmentação ou carbonizados por armas incendiárias (além do napalm, os norte-americanos também despejam fósforo branco, termita e magnésio sobre os vietnamitas). Mantivemos rápidos encontros com algumas miseráveis vítimas da "escalada", entre elas uma moça de 24 anos cujo marido, sogra e filhos tinham sido mortos em um único ataque, bem como uma velha madre e duas jovens freiras que foram as únicas sobreviventes do bombardeio de um convento localizado logo ao sul de Hanói. Não obstante, nossos anfitriões vietnamitas não pareciam nem um pouco ávidos por cumular-nos com atrocidades. Mostravam-se mais satisfeitos em contar-nos, conforme visitávamos ruína após ruína, os casos em que não existira nenhuma vítima — como ocorreu quando o novo hospital de 170 leitos nos arredores da cidade de Hoa Binh foi destruído. (O hospital fora evacuado um pouco antes do primeiro ataque, em setembro de 1967; foi bombardeado inúmeras vezes depois e, evidentemente, nunca mais foi reocupado.) A impressão que os vietnamitas preferem passar, e com efeito o fazem, é a de uma sociedade pacífica, viável, otimista. Ho Chi Minh chegou mesmo a fornecer, num discurso pronunciado depois de agosto de 1945, uma receita de cinco pontos "para fazer a vida otimista": cada pessoa deve (1) ser boa em política, (2) capaz de desenhar ou pintar, (3) conhecer música, (4) praticar algum esporte e (5) saber pelo menos uma língua estrangeira. Assim, por otimismo entre os vietnamitas pretendo dizer não apenas a implacável convicção de que irão vencer, mas sua aceitação do otimismo como uma forma de entendimento, a ênfase colocada por todo o conjunto da sociedade no aperfeiçoamento contínuo.

Na verdade, um dos aspectos mais notáveis do Vietnã é a positividade de sua abordagem de quase qualquer problema. Como salientou o professor Buu, o ministro da Educação Superior, sem o mínimo indício de ironia: "Os americanos nos ensinaram muito. Por exemplo, vimos que aquilo que é necessário para a educação não são prédios bonitos, como a novíssima Escola Politécnica em Hanói, que tivemos de abandonar em 1965, com o início da escalada. Quando ingressamos na mata e construímos escolas descentralizadas, a educação melhorou. Gostaríamos de ter comida melhor, roupas mais coloridas, não há dúvida, mas nestes anos aprendemos que se pode fazer muita coisa sem isso. Não as vemos como fundamentais, ainda que sejam muito importantes mesmo assim". Uma das vantagens, disse ele, de terem sido forçados a evacuar os colégios de Hanói para a zona rural foi a de que os estudantes tiveram de levantar eles mesmos os prédios de suas novas escolas e aprender como plantar a sua própria comida (toda escola ou fábrica evacuada forma uma nova comunidade e dela se exige que não seja parasitária em relação à aldeia mais próxima, devendo em vez disso tornar-se autossuficiente no nível de uma economia de subsistência). Através dessas provações, um novo homem está se formando. De alguma forma, incrivelmente, os vietnamitas apreciam as vantagens de sua situação, em particular seu efeito sobre o caráter. Quando Ho Chi Minh afirmou que os bombardeios elevam o "espírito" do povo, queria dizer algo mais que um mero reforço do moral. Existe a crença de que a guerra efetuou um permanente melhoramento no nível moral das pessoas. Por exemplo, no Vietnã o fato de uma família ser desarraigada e ter todos os seus bens destruídos (muitas delas guardam relíquias que remontam a dez séculos) sempre significou a pior sina possível, mas agora, que isso aconteceu para muitas dezenas de milhares de famílias, as pessoas descobriram as vantagens positivas de serem privadas de tudo: que se tornam mais generosas, menos apegadas a "objetos". (Esse é o tema de um filme que vi, *O bosque da srta. Tham*, em que, no final, a fim de facilitar o reparo de uma rota de caminhões após seu bombardeio, um velho camponês se oferece para cortar as duas árvores que ele passou a vida inteira vendo crescer.) As bombas foram também a oportunidade, para citar um exemplo, para o desenvolvimento do equilíbrio, da articulação e dos talentos administrativos dos indivíduos. Cada vila ou povoado, através de uma equipe eleita, faz seus próprios relatórios sobre os bombardeios; em Hanói e em Haiphong, vários moradores de cada rua recebem a incumbência de elaborar relatórios minuciosos. Em uma inspeção que fizemos às áreas bombardeadas de Hanói, lembro--me de ter recebido um relato desse tipo do líder da "equipe de investigação" da rua Quan Than (a dois quilômetros de nosso hotel), um velho trabalhador sem instrução que, desde que fora eleito para essa função por seus vizinhos, aprendera toda uma série de novas habilidades. A guerra tornou as pessoas mais inteligentes, uma vez que todos têm essencialmente a mesma tarefa: proteger o país, repelir os agressores. Por todo o Vietnã do Norte, o autoauxílio ao lado da cooperação tornaram-se a forma regular da vida social e econômica. Isso pode soar parecido ao código convencional de uma economia socialista aplicado a um país subdesenvolvido. Mas o Vietnã do Norte não é apenas mais um membro pequeno e economicamente atrasado do Terceiro Mundo, afligido com os obstáculos comuns de uma economia superespecializada (imposta pelo domínio colonial), analfabetismo, doenças e populações tribais de difícil assimilação, culturalmente anteriores à população majoritária. (O Vietnã possui sessenta "minorias étnicas"). Trata-se de um país que foi literalmente ferido, envenenado e arrasado por aço, produtos químicos, tóxicos e fogo. Sob tais circunstâncias, a autossuficiência dificilmente seria o bastante — não fosse pela capacidade notável dos vietnamitas de se nutrirem, de algum modo, do desastre.

Ali, as pessoas colocam as coisas de forma muito mais simples: é apenas uma questão de ser suficientemente engenhoso. A esmagadora superioridade dos Estados Unidos em efetivos, armamentos e recursos, além da extensão da devastação já causada em seu país, coloca um "problema" definitivo, como os vietnamitas amiúde dizem, mas que esperam resolver plenamente graças a sua ilimitada e "criativa" devoção ao trabalho. Em todas as partes a que fomos, pudemos observar evidências do tremendo esforço de trabalho necessário para manter o Vietnã do Norte em funcionamento. O trabalho é, de modo geral, igualmente distribuído sobre toda a superfície do país — como os enormes caixotes de madeiras que descansam, sem vigilância, à beira das calçadas em muitas ruas de Hanói ("nossos depósitos evacuados", disse Oanh) e nas estradas rurais, ou as pilhas de ferramentas e outros materiais deixados, ao ar livre, ao longo das rotas de caminhões, de modo que os reparos dos veículos possam ser iniciados instantes após o bombardeio. Não obstante, desejosos como são os vietnamitas de reconstruir o país palmo a palmo com pá e martelo, têm um senso bastante delicado de prioridades. Por exemplo, era comum que os lavradores enchessem em poucos dias as crateras abertas nos arrozais pelos B-52. Contudo vimos várias crateras, feitas por bombas de 2 mil e 3 mil toneladas, tão grandes que se considerou que o tempo necessário para enchê-las seria proibitivo; essas foram convertidas em tanques de criação de peixes. Embora o trabalho contínuo e infindável de reparação dos locais ou instalações danificados por bombas, bem como o de construir novos e mais bem protegidos, consuma a maior parte das energias no momento, os vietnamitas pensam consideravelmente sobre o futuro. Cônscios da necessidade de pessoas com habilidades sofisticadas no pós-guerra, não mobilizaram professores e instrutores ou qualquer dos 200 mil alunos dos colégios e das escolas vocacionais; na verdade, o número de estudantes matriculados em programas de educação superior tem crescido constantemente, a partir de 1965. Arquitetos já desenharam plantas para cidades inteiramente novas (incluindo Hanói, que os norte-vietnamitas preveem que será arrasada antes da retirada final dos americanos), que precisam ser construídas após a guerra.

Um visitante pode concluir que esse trabalho, com toda sua ingenuidade, é basicamente conservador em seus propósitos — os meios através dos quais a sociedade pode sobreviver — e apenas secundariamente expressam uma visão revolucionária (o instrumento de uma sociedade comprometida com a transformação radical). No entanto os dois objetivos, segundo penso, não podem ser separados. A guerra parece ter democratizado o Vietnã do Norte mais profunda e radicalmente do que qualquer das reformas econômicas socialistas empreendidas entre 1954 e 1965. Por exemplo, a guerra derrubou uma das poucas articulações poderosas da sociedade vietnamita: entre a cidade e o campo. (Os camponeses ainda constituem oitenta por cento da população norte-vietnamita.) Quando o bombardeio americano teve início, mais de 1 milhão e meio de pessoas deixaram Hanói, Haiphong e outras cidades menores, dispersando-se por toda a zona rural, onde tem vivido agora há vários anos; somente a população de Hanói caiu de cerca de 1 milhão de habitantes, antes de 1965, para menos de 200 mil. E essa migração, como me contaram diversos vietnamitas, já causou uma alteração pronunciada nas maneiras e na sensibilidade, tanto entre os camponeses, que tiveram que absorver uma colônia de heterogêneos refugiados com hábitos e gostos urbanos, quanto entre as pessoas de Hanói ou Haiphong, muitas das quais nada sabiam sobre as condições singularmente primitivas da existência cotidiana que ainda prevalecem nas vilas e nos povoados, porém viram-se desenvolver psiquicamente na austeridade física e na mentalidade comunitária da vida rural.

A guerra também democratizou a sociedade, ao destruir muito dos modestos meios físicos, bem como ao restringir o espaço social que o Vietnã tem a sua disposição para tipos diferenciados de produção (incluo aqui toda a sorte de coisas, da indústria às artes). Dessa maneira, um número cada vez maior de pessoas trabalha em todas as espécies de atividades no mesmo nível — contando apenas com as próprias mãos. Cada prédio baixo e pequeno nos complexos, de escolas evacuadas que foram estabelecidos por toda a zona rural teve de ser levantada da forma mais simples possível: paredes de barro e telhado de palha. Todos esses quilômetros de caprichadas trincheiras ligando e permitindo a saída de cada prédio, para retirar as crianças em caso de ataque, precisaram ser laboriosamente cavados na terra vermelha. Os onipresentes abrigos contra bombas — por toda Hanói, em cada vila e povoado, a intervalos à beira de cada estrada, em todo campo de cultivo — foram construídos, um por um, pelas pessoas das vizinhanças, em seu tempo de folga. (Desde 1965, os vietnamitas cavaram mais de 50 mil quilômetros de trincheiras e construíram, para uma população de 17 milhões de pessoas, mais de 21 milhões de abrigos contra bombas.) Em uma noite, quando fazíamos o caminho de volta a Hanói vindos de uma viagem ao norte, visitamos uma fábrica descentralizada abrigada na rocha pura, no sopé de uma montanha. Enquanto várias centenas de mulheres e de jovens operavam as máquinas, à luz de lamparinas de querosene, um grupo de homens, lançando mão apenas de martelos, ampliava as paredes de uma escavação adjacente a fim de fazer um refúgio seguro contra bombardeios para a maquinaria maior. Quase tudo no Vietnã do Norte tem de ser feito manualmente, com um mínimo de ferramentas. Tivemos tempo bastante para imaginar a que equivale a alardeada ajuda da Rússia e da China: por mais que ela esteja presente, dificilmente é suficiente. O país carece de forma deplorável de equipamentos hospitalares elementares, como esterilizadores e aparelhos de raios X, máquinas de escrever, ferramentas básicas, como tornos mecânicos e furadeiras pneumáticas e instrumentos de solda; parece haver uma boa quantidade de bicicletas e muito poucos radiotransístores; mas livros de todos os tipos, papel, canetas, fonógrafos, relógios e câmeras fotográficas são muito raros; os mais modestos bens de consumo são virtualmente inexistentes. Também o vestuário existe somente em estoques limitados. Um vietnamita pode considerar-se feliz se possui dois pares de roupa e um par de sapatos; o racionamento reserva a cada pessoa seis metros de tecido de algodão por ano. (O algodão é feito apenas em poucas cores e a maioria das vestimentas são cortadas quase identicamente: calças pretas e blusas brancas para as mulheres; calças castanhas, cinzas ou beges e blusas castanhas e brancas para os homens. Nunca se portam gravatas, e paletós muito raramente.) Mesmo as roupas dos funcionários mais graduados são puídas, sombriamente tingidas e brilham das repetidas lavagens. O Dr. Thach, primo do ex-imperador fantoche Bao Dai e, antes de dividir sua sorte com a revolução, um dos mais ricos proprietários de terras no Vietnã, mencionou que não tinha roupas novas havia dois anos. A comida é também muito escassa, embora ninguém passe fome. Os trabalhadores industriais recebem uma ração mensal de 24 quilos de arroz; os demais, inclusive os mais altos funcionários governamentais, recebem 13,5 quilos por mês.

Como tudo é escasso, os vietnamitas são forçados a colocar todas as coisas que têm em uso, por vezes em múltiplo uso. Parte dessa inventividade é tradicional; por exemplo, fazem uma espantosa quantidade de coisas de bambu — casas, pontes, instrumentos de irrigação, andaimes, varas para transporte, cachimbos, móveis. E há muitas invenções novas. Assim, os aviões americanos tornaram-se verdadeiras minas no céu. (O suprimento está longe de ser interrompido. Durante nossa estrada em Hanói, os vietnamitas capturaram uma série de aviões de reconhecimento não tripulados que estavam sobrevoando a cidade repetidas vezes desde 31 de março; e conseguem mais aviões abaixo do paralelo 19, onde o ataque aéreo é agora mais intenso que em qualquer outra fase antes da "pausa de bombardeio limitada".) Cada avião abatido é metodicamente desmontado. Os pneus são cortados para fabricar as sandálias de borracha que a maioria das pessoas calça. Todo componente do motor ainda intacto é modificado para ser reutilizado como peça de motor de caminhão. O corpo do avião é desmantelado e o metal é fundido para fazer ferramentas, pequenas peças de máquinas, instrumentos cirúrgicos, fios elétricos, aros de bicicletas, pentes, cinzeiros e, certamente, os famosos anéis numerados ofertados aos visitantes. O avião é aproveitado até o último pino, parafuso ou porca. O mesmo ocorre com qualquer outra coisa que os americanos despejam. Em vários povoados que visitamos, os sinos pendentes de uma árvore que convocavam as pessoas para as reuniões ou soavam o alarme contra os ataques aéreos eram feitos do invólucro de bombas não detonadas. Quando nos mostraram a enfermaria de um povoado do Thai, vimos que a cobertura de proteção da sala de operações, recolocada desde o bombardeio em uma gruta de pedra, era um cintilante paraquedas.

Nessas circunstâncias, a noção de uma "guerra popular" não é um mero lema propagandístico, mas assume uma concretude real, assim como acontece com essa esperança favorita dos planejadores sociais modernos, a descentralização. Uma guerra popular significa a mobilização total, voluntária e generalizada de toda pessoa fisicamente capaz do país, de modo que todos estão disponíveis para qualquer tarefa. Significa também a divisão do país em um número indefinido de comunidades pequenas e autossuficientes que podem sobreviver ao isolamento, tomar decisões e continuar a contribuir para a produção. Da população num nível *local* espera-se, por exemplo, que resolva qualquer espécie de problema que se lhe coloque como consequência de um bombardeio inimigo.

Observar, em alguns aspectos de seu funcionamento cotidiano, uma sociedade baseada no princípio do uso total é particularmente impressionante para uma pessoa proveniente de uma sociedade que se baseia no máximo desperdício. Uma dialética perversa entra em funcionamento, em que a grande sociedade do desperdício despeja seu lixo, seus recrutas proletários praticamente não empregáveis, seus venenos e suas bombas sobre uma sociedade diminuta, virtualmente indefesa e frugal, cujos cidadãos, os bastante afortunados para sobreviver, saem então à busca dos escombros, a partir dos quais moldam materiais para o uso diário e a autodefesa.

O princípio do uso total aplica-se não somente a coisas, como também a pensamentos, e compreendê-lo ajudou-me a deixar de me impacientar mecanicamente com a uniformidade intelectual do discurso vietnamita. Da mesma forma que todo objeto material precisa ser feito para durar um longo tempo, assim deve ocorrer com as ideias. Os líderes vietnamitas especializam-se em uma sabedoria econômica e de poucas palavras. Tome-se o dito de Ho, que nos foi repetido frequentemente: "Nada é mais precioso que a independência e a liberdade". Não foi senão depois de ouvir a citação muitas e muitas vezes que eu realmente a levei em consideração. Mas uma vez o fazendo, pensei que, de fato, efetivamente diz muito. É possível mesmo, como acontece com os vietnamitas, viver espiritualmente dessa simples sentença por um longo tempo. Os vietnamitas encaram Ho não como um pensador, mas como um homem de ação; suas palavras são para o uso. O mesmo modelo se aplica à iconografia da luta vietnamita, que dificilmente se destaca seja pela sutileza visual, seja pela ideológica. (Por certo, o princípio utilitário não funciona igualmente bem em todos os contextos, como o evidencia o nível bastante baixo da arte visual vietnamita, com exceção dos cartazes. Em contraste com o precário desenvolvimento não apenas da pintura como do cinema, da prosa de ficção e também da dança, a poesia e o teatro pareceram-me as únicas artes em uma condição sofisticada, enquanto artes, no Vietnã de hoje.) O princípio de extrair o uso máximo de todas as coisas pode explicar em parte porque existem ainda alguns poucos retratos de Stálin no Vietnã do Norte, pendurados na parede de uma ou outra repartição do governo, fábrica ou escola. Stálin é a figura tradicional à direita do panteão em ferrotipo de Marx-Engels-Lênin-Stálin, e os vietnamitas não dispõem nem de tempo, nem de motivação para controvérsia simbólica. A composição desse quarteto representa uma forma de polidez ao país-líder e ao dirigente titular do "campo socialista", instalado no poder quando à época do presente governo, em 1954. As pessoas no Vietnã estão perfeitamente cônscias de que o retrato está fora de moda em 1968, e muitos norte-vietnamitas pareceram-me ter graves reservas sobre a política interna e externa da União Soviética, e mesmo sobre o caráter de seu povo. (Ho Chi Minh, cujo retrato raramente é visto em prédios públicos, recusou delicadamente o Prêmio Lênin, alguns anos atrás.) Mas seja o que for que os vietnamitas possam pensar, especialmente em Hanói, ou mesmo possam expressar privadamente sobre os russos — que eles estão colaborando com os americanos, abandonaram os ideais do verdadeiro comunismo e da revolução mundial, são propensos à bebida e ao caráter rústico — não invalida o antigo ícone. Ele persiste, pelo menos até o presente, como um tributo polido à *ideia* de unidade e de solidariedade entre os países comunistas.

Tudo faz parte do estilo vietnamita, que parece guiado por uma preocupação de evitar, quase por princípio, o "excesso de peso", o fazer mais complicações que o necessário. Ninguém pode deixar de creditar aos vietnamitas a sutileza no planejamento de ações de larga escala, como se evidenciou no fabuloso senso estratégico do general Giap. Mas o traço direto e plano continua a ser a regra, quando se trata de expressar alguma coisa ou de fazer algum gesto, e não por qualquer profundidade de astúcia. Foi minha impressão que os vietnamitas enquanto cultura acreditam genuinamente que a vida é simples. Também creem, por mais inacreditável que possa parecer dada a sua situação presente, que a vida é plena de alegria. Esta deve ser discernida por trás do que já é tão notável: a facilidade e a completa ausência de autopiedade com que as pessoas trabalham um número opressivo de horas, ou enfrentam diariamente a possibilidade de sua própria morte e da morte daqueles que amam. O fenômeno de agonia existencial, da alienação, simplesmente não aparece entre os vietnamitas — é provável que em parte porque carecem de nosso tipo de "ego" e de nosso dom da culpa livre-circulante. Certamente, é difícil para um visitante tomar tudo isso por seu valor nominal. Gastei boa parte de meu tempo inicial no Vietnã imaginando o que estaria "por trás" do aparente equilíbrio psíquico dos vietnamitas. O tipo de seriedade (identificada, no estilo confuciano, com altruísmo) entranhada na cultura vietnamita é algo que os visitantes do mundo capitalista ocidental, equipados com seus artefatos de desmascaramento psicológico, dificilmente são capazes de reconhecer, muito menos de acreditar plenamente. De imediato, o porte delicado dos vietnamitas e a sua pura graça física podem deixar nervoso um americano ossudo e desajeitado. Os vietnamitas comportam-se com uma resoluta dignidade pessoal que tendemos a achar suspeita, ou então ingênua ou postiça. E parecem tão singular e diretamente envolvidos com a virtude da coragem e com o ideal de uma vida nobre e admirável. Vivemos numa época marcada pelo descrédito do esforço heroico; daí a percepção que tem a maioria das pessoas nesta sociedade de sua vida como banal e uniforme, fique ou não consternada por isso. Mas no Vietnã se é confrontado com um povo inteiro possuído por uma crença naquilo que Lawrence chamou "a sutil e perene validade do impulso heroico". Os americanos educados e urbanos, imbuídos de um sentimento do declínio do espírito heroico, devem achar especialmente árduo perceber o que anima os vietnamitas, correlacionar o dossiê histórico "conhecido" de sua longa e paciente luta para libertar seu país com aquilo em que se pode realmente "acreditar" sobre as pessoas.

Em última instância, a dificuldade encontrada ao se visitar o Vietnã do Norte reflete a crise de credulidade endêmica na sociedade pós-industrial do Ocidente. Não se trata apenas de que os vietnamitas tenham virtudes em que as pessoas desta parte do mundo simplesmente não acreditam mais. Também misturam virtudes que consideramos incompatíveis. Por exemplo, pensamos que a guerra é, por sua própria natureza, "desumanizadora". Mas o Vietnã do Norte é simultaneamente uma sociedade marcial, inteiramente mobilizada para o conflito armado, e uma sociedade profundamente civil, que atribui grande valor à gentileza e às exigências do coração. Um dos exemplos mais surpreendentes da preocupação deles com os sentimentos, que me foi relatado por Phan, é o tratamento concedido a milhares de prostitutas recolhidas após a libertação de Hanói das mãos dos franceses, em 1954. Elas foram postas sob os cuidados do Sindicato das Mulheres, que estabeleceu centros de reabilitação na zona rural, onde as ex-prostitutas passaram inicialmente vários meses sendo mimadas. Liam-lhes contos de fadas; ensinavam-lhes jogos infantis e elas podiam brincar. "Isso", explicou Phan, "foi para restaurar sua inocência e fazer com que recuperassem sua confiança no homem. Veja você, tinham conhecido um lado tão terrível da natureza humana. A única maneira que tinham para perdoá-lo era se tornarem crianças de novo." Somente depois desse período de cuidados maternais, ensinaram-lhes a ler e a escrever, foram instruídas em um ofício por meio do qual poderiam se sustentar, e ganharam dotes para melhorar suas chances de finalmente casar. Parece não haver dúvidas de que um povo que pode inventar uma tal terapia tem realmente uma imaginação moral diferente da nossa. E como a qualidade de seu amor difere da nossa, assim também ocorre com a natureza de seu ódio. Obviamente, eles odeiam, em algum sentido, os americanos, mas não do modo como estes o fariam, se tivessem sido sujeitos a uma punição equivalente em mãos de uma potência superior. Os norte-vietnamitas preocupam-se genuinamente com o bem-estar de centenas de pilotos americanos capturados e lhes fornecem rações mais amplas que as da população do país, "porque eles são maiores", como me disse um oficial do Exército vietnamita, "e estão acostumados a mais comida do que nós". O povo do Vietnã do Norte de fato acredita na bondade do homem ("O povo é bom em todos os países", disse Ho em 1945, "só os governos são maus.") e na perene possibilidade de reabilitação dos moralmente decaídos, entre os quais incluem os inimigos implacáveis, até mesmo os americanos. A despeito de todas as palavras formais distribuídas pelos vietnamitas, é impossível não sermos convencidos pelo caráter verdadeiro de tais preocupações.

Todavia, à parte o problema geral da credulidade que um visitante ocidental traz ao Vietnã, pode-se ser duplamente prudente quanto a qualquer reação profundamente positiva aos vietnamitas. No momento em que se começa a ser afetado por sua beleza moral, para não mencionar sua graça física, uma voz interior zombeteira passa a chamar isso de falso sentimentalismo. É compreensível que se possa temer sucumbir a essa simpatia barata por lugares como o Vietnã, que, na ausência de qualquer compreensão histórica ou psicológica real, tornam-se mais um exemplo da ideologia do primitivismo. A política revolucionária de muitas pessoas nos países capitalistas é apenas uma nova roupagem para a antiga crítica cultural conservadora: afirmar, em contraposição à sociedade urbana supercomplexa, hipócrita, desvitalizada e asfixiada pela abundância, a ideia de um povo simples, que vive a existência simples de uma sociedade descentralizada, não coercitiva, ardente e com meios materiais modestos. Assim como os *philosophes* do século XVIII pintaram um ideal pastoral como esse nas ilhas do Pacífico ou entre os índios americanos, e os poetas românticos alemães imaginaram que ele existira na Grécia antiga, os intelectuais do século XX, em Nova York e Paris, provavelmente o localizariam nas exóticas sociedades revolucionárias do Terceiro Mundo. Se algo do que escrevi evoca exatamente o clichê do intelectual esquerdista do Ocidente idealizando uma revolução agrária, que eu estava tão determinada a não ser, devo retrucar que um clichê é um clichê, a verdade é a verdade e a experiência direta é, claramente, alguma coisa que se repudia ao próprio risco. Por fim, posso apenas admitir que, armada dessas mesmas autodesconfianças, achei o Vietnã do Norte, por meio da experiência direta, um lugar que em muitos aspectos *merece* ser idealizado.

Mas, uma vez tendo afirmado minha admiração pelo povo e pela sociedade vietnamitas de forma tão clara e vulnerável quanto possível, devo enfatizar que nada disso equivale a dizer que o Vietnã do Norte é um modelo de Estado justo. Basta recordar os crimes mais notórios cometidos pelo presente governo: por exemplo, a perseguição da facção trotskista e a execução de seus líderes em 1946, e a coletivização forçada da agricultura em 1965, cujas brutalidades e injustiças foram recentemente admitidas por altos funcionários do governo. No entanto, um estrangeiro deveria evitar tagarelar sobre os fatos lamentáveis com uma reação reflexa às palavras. Ao saber que no Vietnã do Norte de hoje todos pertencem a pelo menos uma "organização" (em geral, a várias), um visitante não comunista provavelmente assumirá que os vietnamitas são submetidos a uma disciplina rígida e privados de liberdade pessoal. Com a ascensão da ideologia burguesa nos últimos dois séculos, as pessoas da Europa e dos Estados Unidos aprenderam a associar o fato de ser membro de uma organização pública com o de se tornar "despersonalizado", bem como a identificar a realização dos objetivos humanos mais valiosos com a autonomia da vida privada. No entanto não é esse o modo como a ameaça de despersonalização surge no Vietnã; ali, as pessoas parecem sentir-se desumanizadas e despersonalizadas quando não têm vínculos entre si, em formas regulares de coletividade. De novo, um visitante da esquerda independente talvez estremeça toda vez que os vietnamitas mencionem "O Partido". (A Constituição de 1964 efetivamente permite pluralidade de agrupamentos políticos, e há um Partido Socialista e um Partido Democrático, os quais publicam jornais semanais e contam com alguma representação no governo. Mas o Partido dos Trabalhadores [*Lao Dong*], com aproximadamente cem membros em seu Comitê Central, é o "Partido"; ele cobre todo o país e os candidatos que propõe são esmagadoramente favorecidos pelo sistema eleitoral.) Todavia a preferência pelo governo de partido único nos países recém-independentes, que nunca conheceram a democracia multipartidária, é um fato que merece mais uma resposta minuciosa que a desaprovação automática. Diversos vietnamitas que encontrei trouxeram eles próprios à baila os riscos do domínio de um partido único e alegaram que, a despeito desses riscos, o Partido dos Trabalhadores mostrou merecer o poder por se mostrar sensível às demandas locais concretas do povo. Para os vietnamitas, "o Partido" significa simplesmente a liderança efetiva do país — de Ho Chi Minh, fundador da nação independente e do Partido (em 1930), aos jovens quadros saídos da Escola do Partido, que vão a uma aldeia sob bombardeio a fim de mostrar a seus habitantes como construir abrigos, ou se apresentam como voluntários para viver nas altas montanhas, entre as minorias

Meo ou Muong, e as ensinam a ler e a escrever. Certamente, tal concepção do Partido como um vasto corpo de servidores habilidosos, eticamente impecáveis e basicamente não pagos, ensinando e trabalhando ao lado do povo em todas as suas atividades, partilhando suas agruras, não isenta o sistema vietnamita de terríveis abusos. Tampouco impede a possibilidade de que o presente sistema funcione humanamente, com verdadeira democracia substantiva, a maior parte do tempo.

Em todo o caso, notei que a palavra "democracia" era muitas vezes invocada no Vietnã, com muito mais frequência do que em qualquer outro país comunista que visitei, incluindo Cuba. Os vietnamitas alegam que a democracia tem profundas raízes em sua cultura, especificamente nos costumes de um campesinato muito independente. ("A lei do monarca deve se subordinar à lei da aldeia", reza um antigo provérbio.) Mesmo no passado, disse o dr. Tach, a forma do regime — reis e mandarins — era autoritária, mas seu conteúdo (as tradições da vila aldeã) era democrático. Independentemente desse relato resistir ou não a um escrutínio objetivo, é interessante que os vietnamitas *pensam* que é verdadeiro o fato de seu país ser, e sempre ter sido, democrático. O Vietnã do Norte é o único país comunista que conheço no qual as pessoas louvam regularmente os Estados Unidos por ser, a despeito e acima de tudo, "uma grande democracia". (Como sugeri, os vietnamitas não mostram um domínio muito aprimorado do pensamento e da análise crítica marxistas.) Tudo isso, o mito e a realidade, deve ser tomado em consideração quando se avalia a natureza das instituições públicas no Vietnã do Norte e seu papel na promoção ou no desestímulo à individualidade. A vida de uma instituição não pode ser aquilatada através do exame de um esquema de sua estrutura; operadas sob os auspícios de sentimentos diferentes, estruturas semelhantes podem ter uma qualidade bastante diversa. Por exemplo, quando o amor penetra a substância das relações sociais, a vinculação das pessoas com um partido único não precisa necessariamente ser desumanizadora. Embora, para mim seja natural desconfiar que o governo de um país comunista pode ser opressivo e rígido, se não pior, a maioria de meus preconceitos sobre os maus usos do poder estatal no Vietnã do Norte eram realmente uma abstração. Contra essa suspeição abstrata devo colocar (e ser superada por) aquilo que realmente vi quando lá estava — que os norte-vietnamitas amam e admiram genuinamente seus líderes; e, o que é mais ainda inconcebível para nós, o governo ama o povo. Lembro-me do tom pungente e profundo na voz de Pham Van Dong conforme descrevia os sofrimentos que os vietnamitas suportaram no último quarto do século, bem como seu heroísmo, sua decência e sua inocência essencial. O fato de presenciar, pela primeira vez em minha vida, um primeiro-ministro louvando o caráter moral do povo de seu país, com lágrimas nos olhos, modificou minhas ideias sobre as relações concebíveis entre governantes e governados, e me conferiu uma reação mais complexa àquilo que comumente descartaria como simples propaganda.

Pois, embora não seja escassa a propaganda desenvolvida pelos norte-vietnamitas, o que causa desespero é que essa propaganda transmita de modo tão pobre, insensível e inconvincente as qualidades mais admiráveis da sociedade construída a partir de 1954. Qualquer um que consulte as publicações sobre o Vietnã do Norte (sobre a educação, a saúde pública, o novo papel da mulher, a literatura, os crimes de guerra etc.) publicadas, em inglês e francês, pela Editora em Línguas Estrangeiras, em Hanói, não apenas não aprenderá virtualmente nada da delicada textura da sociedade vietnamita, como se verá positivamente desorientado pelo caráter bombástico, estridente e genérico desses textos. Perto do final de minha estada, mencionei a vários funcionários do governo que os estrangeiros, ao ler tais livros e informes para a imprensa, dificilmente poderiam formar uma ideia de como é o Vietnã do Norte, e expliquei minha visão geral de que sua revolução está sendo traída por sua linguagem. Ainda que os vietnamitas com quem conversei tenham me parecido conscientes do problema — indicaram que eu não era o primeiro visitante estrangeiro a lhes dizer isso —, senti que estão longe de saber como resolvê-lo. (Eu soube que Pham Van Dong fez um discurso, três anos atrás, criticando o "mal da retórica", que acusava ser frequente entre os quadros políticos, e apelando a um "aperfeiçoamento" da linguagem vietnamita. Mas o único conselho concreto que deu foi o de que as pessoas gastassem menos tempo conversando sobre a política e mais tempo lendo os clássicos da literatura vietnamita.)

Pode realmente o Vietnã do Norte ser um lugar tão excepcional? Essa é uma pergunta que não tenho como responder. Entretanto, tenho certeza de que aquele país, embora em definitivo não seja nenhuma Xangrilá, é uma nação verdadeiramente notável; que o norte-vietnamita é um ser humano extraordinário, e de uma forma que não se esgota no fato bem conhecido de que qualquer luta intensa, uma crise realmente desesperada, geralmente revela o melhor (quando não o pior) nas pessoas, e promove uma euforia de companheirismo. O que é admirável nos vietnamitas é mais profundo que isso. São seres humanos "completos", e não "divididos" como nós. Inevitavelmente, tal povo dá aos forasteiros a impressão de grande "simplicidade". Mas, quando os vietnamitas são despidos, dificilmente se revelam simples, em qualquer sentido que nos garanta o direito de tratá-los com condescendência.

Não parece simples ser capaz de amar tranquilamente, de confiar sem ambivalência, de ter esperança sem autozombaria, de agir corajosamente, de desempenhar tarefas árduas com ilimitados recursos de energia. Em nossa sociedade, poucas pessoas são capazes de imaginar apenas debilmente todas essas metas como alcançáveis — ainda que somente em suas vidas privadas. Mas no Vietnã, a própria distinção, vista aqui como segura, entre o público e o privado não foi fortemente desenvolvida. A separação indistinta entre essas duas esferas, naquele país, também informa o seu estilo pragmático, verbal e conceitualmente rarefeito, de fazer sua revolução. À guisa de comparação, o agudo senso de descontinuidade do público e do privado, no Ocidente, pode explicar parcialmente a quantidade de conversa, de um palavrório muito interessante, que acompanha todo gesto revolucionário.* Nessa sociedade, o falar é talvez a expressão mais intrincadamente desenvolvida de individualidade privada. Conduzida a esse alto ponto de desenvolvimento, a conversa torna-se uma atividade dupla: ao mesmo tempo um ato agressivo e uma tentativa de abraço. Assim, ela muitas vezes testemunha a pobreza ou a inibição de nossos sentimentos; floresce como um substituto de vinculações mais orgânicas entre as pessoas. (Quando efetivamente se amam, ou estão verdadeiramente ligadas umas às outras, tendem a se calar.) Mas o Vietnã é uma cultura em que as pessoas não atingiram o ponto final devastador quanto à fala, não estimaram os recursos sutis e ambivalentes da linguagem — porque não experimentam como nós o isolamento do "eu privado". A fala é ainda para eles um meio menos importante de vinculação com seu meio ambiente do que o sentimento direto, o amor.

A ausência da aguda distinção entre público e privado também possibilita aos vietnamitas uma relação com seu país que

---

* O que traz à luz a transformação revolucionária autêntica é a experiência compartilhada de *sentimentos* revolucionários — não é a retórica, a descoberta de injustiças sociais, nem mesmo a análise inteligente, ou qualquer ação considerada em si própria. E, na verdade, pode-se perder revoluções por excesso de tagarelice, por uma desproporção entre consciência e verbalização, por um lado e o total de *vontade* revolucionária, por outro. (Daí o fracasso da recente revolução na França. Os estudantes franceses tagarelaram — e com muita beleza — ao invés de reorganizar a administração das universidades ocupadas. Sua montagem das manifestações e dos confrontos de rua com a polícia era concebida como um ato retórico ou simbólico, em vez de um ato prático; não deixava de ser um ato de tagarelice.)

Em nossa sociedade, "idealista" tende a significar "desorganizado"; "militante" tende a significar simplesmente "emocional". A maioria dos indivíduos, na Europa e nas Américas, que são tão vociferantes em suas denúncias sobre a sociedade em que vivem, mostra-se profundamente confusa e insensata não apenas sobre o que preferiria no lugar, mas sobre qualquer projeto para a tomada real do poder, de modo que a transformação radical pudesse ser efetuada. Na realidade, a revolução nos países capitalistas ocidentais parece, com mais frequência do que nunca, ser uma atividade expressamente destinada a jamais ter sucesso. Para muitas pessoas, é uma atividade *associal*, uma forma de ação destinada à asserção da individualidade contra o corpo político. É a atividade ritual dos marginais, e não de um povo unido a seu país por um laço de paixão.

pode parecer-nos exótica. Está aberto ao vietnamita amar seu país apaixonadamente, cada centímetro dele. Não se pode exagerar o fervor de sua paixão patriótica e de seu intenso apego aos lugares específicos. A maioria das pessoas, pude notar, apresenta-se rapidamente como voluntária, independente de seu lugar de origem, com uma melancolia especial se nasceu no Sul e foi, portanto, impedida de retornar para lá por muitos anos. E lembro-me de Oanh descrevendo sua infância no barco de pesca de seu tio, na Baía de Ha Long, uma famosa área de veraneio durante o período colonial francês. (Oanh recordou o excitamento que sentiu, quando menino, no final dos anos 1920, numa ocasião em que Paulette Godard passou ali um feriado.) Contudo, no momento em que, continuando, falava sobre os esplendores da formação rochosa na baía, hoje em dia pesadamente bombardeada, ele parou, quase pedindo desculpas, para dizer alguma coisa como: "Sem dúvida, suas Montanhas Rochosas devem ser igualmente muito bonitas".

Entretanto é possível sentir-se assim quanto aos Estados Unidos atualmente? Esse era um ponto que debati frequentemente com os vietnamitas. Asseguraram-me que eu devia amar a América tanto quanto eles amavam o Vietnã. A razão de minha oposição à política externa americana seria o meu patriotismo, meu desejo de preservar a honra do país que eu amava acima de todos os outros. Havia alguma verdade no que eles diziam: todos os americanos, incrível!, creem que os Estados Unidos são especiais, ou deveriam ser. Mas eu sabia não sentir a emoção positiva que os vietnamitas me atribuíam. Indignação e desapontamento, sim; amor, de forma alguma. Traduzindo para a linguagem de bebês que eles e eu compartilhávamos (na qual me tornara bastante hábil), expliquei: é difícil amar os Estados Unidos neste momento, por causa da violência que a América esta exportando para todo o mundo; e, visto que os interesses da humanidade vêm antes daqueles de qualquer povo em particular, um americano honesto, hoje em dia, deve ser primeiramente um internacionalista e, depois, um patriota. Antes, no Sindicato dos Escritores, quando expus esse ponto (e não pela primeira vez, de modo que minha voz pode ter soado um pouco enfadonha), um jovem poeta respondeu-me brandamente em inglês: "Nós somos patriotas, mas de uma maneira alegre. Vocês têm mais sofrimento em seu patriotismo". Às vezes, pareciam compreender, mas com mais frequência parecia ocorrer o contrário. Talvez a dificuldade esteja em que, como já mencionei, eles próprios admiram os Estados Unidos. As pessoas no Vietnã parecem supor que nosso país *é*, em diversos aspectos, o maior do mundo: o mais rico, o de maior avanço tecnológico, o dono de uma cultura mais viva, o mais poderoso e, até mesmo, o mais livre. Não existe apenas uma curiosidade infinita sobre a América — Oanh disse várias vezes o quanto ansiava visitar os Estados Unidos tão logo a guerra terminasse —, mas admiração genuína. Descrevi em outra parte a avidez dos poetas e romancistas pela literatura norte-americana. Pham Van Dong mencionou respeitosamente a "Declaração de Independência de vocês", citada por Ho Chi Minh quando declarou a independência do Vietnã frente aos franceses, em 2 de setembro de 1945. Hoang Tung, editor do principal jornal diário, *Nhan Dan*, falou de seu "amor" pelos Estados Unidos e louvou-nos a "tradição de liberdade de vocês", que tornou possível atos tão criativos como o *sit-in* e o *teach-in*.* Os Estados Unidos, disse ele, dispõem de possibilidades para o bem que não têm paralelo em qualquer outro país do mundo.

Se a visão deles sobre os Estados Unidos parece, de início, improvável e, em seguida, inocente e tocante, a emoção que os vietnamitas sentem por seu próprio país parece inteiramente estranha, e mesmo arriscada. De todo modo, ao final de minha visita, passei a me sentir menos desconcertada. Descobrir a pureza essencial de seu patriotismo mostrou-me que um tal sentimento não é necessariamente idêntico a chauvinismo. (A sensibilidade dos vietnamitas a essa diferença ficou clara na desaprovação apenas levemente escondida das pessoas que

---

* Formas de manifestação pública desenvolvidas pelo movimento pacifista norte-americano nos anos 1960. (N. T.)

encontrei em Hanói aos acontecimentos recentes na China, como o culto a Mao e a Revolução Cultural.) Se os vietnamitas podiam fazer essas distinções, por que eu não poderia? Por certo, sabia perfeitamente bem o motivo pelo qual a atitude que esperavam de mim era, de fato, tão difícil. Desde a Segunda Guerra Mundial, em meu país, a retórica do patriotismo tem estado em mãos de reacionários e matutos; ao monopolizá-la, foram bem-sucedidos em tornar a ideia de amar a América um sinônimo de fanatismo, de provincianismo e de egoísmo. Mas talvez não se deva desistir tão facilmente. Quando o presidente do Sindicato dos Escritores, Dang Thai Mai, afirmou em seu discurso de boas-vindas a Bob, a Andy e a mim, "vocês são o próprio retrato da verdadeira América", por que deveria me esquivar? Se sinto que os fanáticos ex-combatentes, os tiras irlandeses e os corretores de automóveis interioranos que votam em George Wallace são os verdadeiros americanos, e não eu (e temo que parte de mim sinta exatamente isso), por que isso não seria covarde, insípida e meramente falso? Por que não deveria (não deveríamos) pensar em mim mesma (em nós mesmos) como verdadeira (os) americana (os)? Com um pouco mais de pureza de visão (mas seria preciso impedir o extravazamento de desespero privado em agravos públicos) talvez um americano inteligente que se preocupa com os outros 96 por cento da população humana e com o futuro bioecológico do planeta pudesse também amar a América. É provável que um movimento radical sério não tenha futuro em nosso país, a menos que possa revalidar a noção empanada de patriotismo. Uma de minhas reflexões, nos últimos dias de minha estada no Vietnã do Norte, foi a de que eu gostaria de tentar.

Desafortunadamente, o primeiro teste de meu voto veio muito mais cedo do que eu esperava, quase de imediato, nas primeiras horas após deixarmos Hanói, na noite de 17 de maio, e fracassei prontamente. Seria bom se fosse possível fazer alguma coisa para assegurar uma "adaptação" adequada para os visitantes do Vietnã do Norte, nos primeiros dias após sua partida. Despreparado, o ex-hóspede da República Democrática do Vietnã fica exposto a uma série de choques brutais. A trinta minutos de Hanói, foi o espetáculo dos embriagados poloneses, membros da Comissão de Controle Internacional, que se sentaram a uma mesa na parte dianteira do avião manuseando um maço de cartas de baralho pornográficas. Quando fizemos nossa aterrissagem inicial, no pequeno campo de pouso de Vientiane, foi a visão da pista apinhada de aviões com o símbolo da Air America (a linha aérea particular pertencente à CIA), que levantam voo dali diariamente para despejar napalm nas aldeias do Laos setentrional dominadas pelo Pathet Laos. Então, veio o percurso de táxi através da própria Vientiane, River City, USA (como Andy a batizou), sórdida cabeça de ponte do império norte-americano. Laocianos servis e agressivos tentando roubar passageiros para seus *jinriquixás*, uma turista de meia-idade, um *hippie* drogado, um recruta norte-americano, serpeando entre Cadillacs dirigidos por empresários americanos e funcionários do governo do Laos. Passamos por salas de cinema que exibiam filmes de sexo explícito para os pracinhas, por *american bars*, por espeluncas de *strip-tease*, por lojas de jornais e revistas que bem podiam ter sido diretamente transportadas de Times Square, pela Embaixada dos Estados Unidos, pela Air France, por avisos da reunião semanal do Rotary Club. No saguão do Lane Xang, o único hotel "moderno" em Vientiane, compramos exemplares de *Newsweek* e *Time* para nos colocarmos em dia com o que acontecera em nosso mundo, durante nossa ausência de duas semanas. Minutos depois, Bob, Andy e eu estávamos sentados em bancos forrados de plástico vermelho, no bar com ar-condicionado do hotel, bebendo e sorvendo *Muzak*, a ler absortos, desamparados, incrédulos e ávidos, as revistas americanas. Passamos a fazer brincadeiras histéricas, com Andy estendendo ainda mais sua imitação de Zorro e Tonto, que fora a minha delícia e a de Bob desde o início da viagem — apenas agora não havia graça. Discutimos sobre sair para comprar algum fumo (o que mais fazer ali?), mas decidimos pela negativa, principalmente por relutarmos em ir à rua e ficar ainda mais deprimidos. Por volta da meia-noite estávamos todos positivamente enjoados.

Quando o dia chegou, após quatro horas de insônia, eu podia ver pela janela de meu quarto o rio Mecong uniforme e quase seco. Seu leito é uma fronteira desguarnecida, pois na outra margem há a Tailândia, outra colônia norte-americana, muito mais importante, berço das bases de onde decolam diariamente os aviões que irão bombardear o país do qual acabamos de sair. (...) E assim por diante, cada vez mais longe do Vietnã do Norte.

Devido a uma das desventuras típicas dos voos da CCI, já havíamos gasto quatro dias em Vientiane antes de chegarmos a Hanói, ficando nesse mesmo hotel, andando por toda a cidade que havia pouco atravessamos. E, embora tivéssemos sido sacudidos por sua sordidez naquela ocasião, parecia agora que não podíamos avaliar toda sua extensão. No entanto, por certo, estava tudo ali antes, e nós o vimos. Em contraste com suas relações mais sutis com a Europa Ocidental, a América exporta para o Sudeste Asiático somente os aspectos mais degradados de sua cultura. E nessa parte do mundo não existem disfarces ou meios de esconder os sinais aparentes da pujança americana. Se bem pudesse ser útil abster-se de *Time* e *Newsweek* por ao menos dez dias após uma visita ao Vietnã do Norte, um norte-americano deve se preparar para um grande choque cultural — o deslocamento cultural ao inverso, suponho — quando o primeiro ambiente que vê, após deixar Hanói, é um lugar como Vientiane.

Lembrando-me das sugestões que me foram feitas no Vietnã do Norte sobre a possibilidade de amar meu próprio país, eu me empenhava em não reagir crua e moralisticamente, não resvalar na velha postura da alienação. E, depois de algum tempo, a parte mais aguda de minha repulsa efetivamente cedeu. Pois a ira que um americano pode dirigir aos símbolos da dominação imperial de seu país não se funda simplesmente no caráter repulsivo que lhes é inerente, que não permite outra reação senão a repulsa, mas principalmente na desesperada convicção de que o poder americano, em sua forma presente e guiado por seus propósitos atuais, é *invencível*. Talvez não seja esse o caso, e provavelmente não é. Os vietnamitas, por exemplo, não pensam dessa maneira. E seus juízos mais amplos, nessa altura, ganharam o direito de serem levados a sério. Afinal, quem (exceto os próprios vietnamitas) teria previsto, em 7 de fevereiro de 1965, que essa nação pobre e diminuta poderia suportar a espantosa crueldade e o alcance do poderio militar americano? Entretanto, eles o fizeram. Três anos atrás, a opinião mundial esclarecida se apiedava dos vietnamitas, reconhecendo que possivelmente não resistiriam aos Estados Unidos; e o lema da gente que protestava contra a guerra era "Paz no Vietnã". Três anos depois, a única palavra de ordem confiável é "Vitória para o Vietnã". Os vietnamitas não querem a piedade de ninguém, como me disseram várias pessoas em Hanói; querem a solidariedade. A "tragédia" é de Johnson e do governo americano, por continuar a guerra, disse-nos Hoang Tung. "Existem muitas dificuldades antes que a guerra termine", acrescentou ele, "mas nós permanecemos otimistas." Para os vietnamitas, a vitória é um "fato necessário".

As consequências para o Vietnã da derrota final da invasão americana não são difíceis de visualizar. Consistirão, em sua maior parte, em inestimáveis melhorias sobre a situação atual: cessação de todos os bombardeios, retirada das tropas norte-americanas do Sul, colapso do governo de Thieu Kye ascensão ao poder de um governo controlado pela Frente de Libertação Nacional, que algum dia, mas não no futuro próximo (de acordo com a liderança da FLN no momento), unir-se-á com o governo de Hanói, de modo que, a longo prazo, o país dividido possa ser reunificado. Entretanto é possível apenas especular sobre os efeitos de tal derrota para os Estados Unidos. Ela poderia significar um ponto crucial em nossa história, para o bem ou para o mal. Ou então, simplesmente não significaria nada — apenas a liquidação de um mau investimento, que deixa o sistema industrial-militar de mãos livres para outras aventuras, em condições mais favoráveis. Acreditar que as coisas pudessem se passar de um ou de outro modo na América não me parece uma opção francamente otimista. Mas então, se existe pelo menos alguma esperança para os Estados Unidos, 1968 seria o momento errado para que a gente que anseia por uma mudança radical nesse país perca suas esperanças.

Como disse Hegel, o problema da história é o problema da consciência. A jornada interior que realizei durante minha recente estada em Hanói fez a verdade dessa máxima grandiosa parecer-me aguda e concreta. Lá, no Vietnã do Norte, o que era aparentemente uma experiência de certa forma passiva de educação histórica tornou-se, como agora vejo que deveria ser, um confronto ativo com os limites do meu próprio pensar.

Antes de minha ida a Hanói, o Vietnã com o qual eu me supunha ligada mostrou, quando eu ali estava, que não tinha realidade. Durante esses últimos anos, o Vietnã permaneceu estacionado no íntimo de minha consciência como uma imagem essencial de sofrimento e de heroísmo do "fraco". Entretanto era efetivamente a América poderosa que me obcecava — os contornos do poder dos Estados Unidos, de sua crueldade e hipocrisia. Para finalmente encontrar o que havia no Vietnã, tive de esquecer a América; de forma ainda mais ambiciosa, tive de me lançar contra os limites do conjunto da sensibilidade ocidental, da qual deriva a minha sensibilidade norte-americana. No entanto, eu sempre soube que apenas fazia uma incursão ligeira e amadorística na realidade vietnamita. E qualquer coisa de realmente sério que tenha conseguido de minha viagem me levaria de volta a meu ponto de partida: os dilemas de ser uma americana, de ser uma americana radical sem filiação partidária e de ser uma escritora americana.

Pois, feitas as contas, um norte-americano não pode de forma alguma incorporar o Vietnã em sua consciência. Este pode brilhar na distância remota como a estrela-guia de um navegador, pode ser o local de tremores geológicos que fazem o solo político tremer sob nossos próprios pés. Mas as virtudes dos vietnamitas, por certo, não são diretamente imitáveis pelos americanos; são mesmo difíceis de descrever plausivelmente. E a revolução que resta por fazer nesse país deve ser efetuada em termos norte-americanos, não nos de uma sociedade camponesa asiática. Os americanos radicais se aproveitaram da Guerra do Vietnã, da possibilidade de ter um nítido tema moral em que mobilizar os descontentes e expor as contradições camufladas no sistema. Além do desencanto isolado e individual quanto à traição dos ideais da América, o Vietnã ofereceu a chave para uma crítica sistemática dela. Nesse esquema, tornou-se um "outro" ideal. Porém tal *status* apenas faz o Vietnã, já tão estranho culturalmente, ainda mais afastado do nosso país. Daí a tarefa que espera todo simpatizante que ali chegue: compreender aquilo que, não obstante, se está impedido de compreender. Quando os radicais americanos visitam o Vietnã do Norte, tudo é posto em questão — suas atitudes necessariamente norte--americanas face ao comunismo, à revolução, ao patriotismo, à violência, à linguagem, à cortesia, a Eros, para não mencionar os traços ocidentais mais gerais de sua identidade. Posso testificar que, no mínimo, o mundo parece muito maior do que antes, desde que fui ao Vietnã.

Voltei de Hanói consideravelmente depurada. A vida aqui parece ao mesmo tempo mais feia e mais promissora. Para descrever o que é promissor, talvez seja imprudente invocar o ideal promíscuo da revolução. Todavia seria um erro subestimar o total de rendimentos difusos para a mudança radical que pulsa nesta sociedade. Um número cada vez maior de pessoas efetivamente se dá conta de que precisamos alcançar uma maneira de ser mais generosa e mais humana; e, para criar essas transformações psíquicas, são necessárias mudanças sociais imensas e provavelmente convulsivas. Preparar-se inteligentemente para a mudança radical requer mais do que a análise social lúcida e verdadeira: por exemplo, entender melhor as realidades da distribuição do poder político e econômico mundial que assegurou aos Estados Unidos a sua presente hegemonia. Uma arma igualmente relevante é a análise da geografia e da história psíquicas: por exemplo, adquirir uma perspectiva mais ampla sobre o tipo humano que de maneira gradual se tornou ascendente no mundo ocidental, do tempo da Reforma à sociedade pós-industrial moderna, passando pela Revolução Industrial. Praticamente toda pessoa concordaria em que essa não é a única forma com a qual os seres humanos podiam se desenvolver, mas muitas poucas pessoas na Europa e nos Estados Unidos real e organicamente *acreditam* que exista qualquer outro modo de ser, ou podem *imaginar* como poderia ser. Como deveriam ser capazes se, afinal, é isso o que são, de uma maneira ou de outra? É difícil caminhar com nossos próprios pés.

E, no entanto, acredito, o caminho não está totalmente bloqueado. É improvável que a maior parte das pessoas chegue a uma consciência direta de quanto é local o tipo humano que corporifica, e ainda menos provável que avalie como este é arbitrário, drasticamente empobrecido e necessita com urgência de substituição. Mas essas pessoas realmente sabem alguma coisa mais: que são infelizes e que suas vidas são confinadas, insossas e amarguradas. Se esse descontentamento não for canalizado e reformado pelo tipo de percepção psicoterapêutica que lhe tira toda a dimensão social, política e histórica, a ampla predominância de uma infelicidade difusa na cultura ocidental moderna poderia constituir o início do *real* conhecimento — pelo qual entendo o conhecer que conduz simultaneamente à ação e à autotranscendência, aquele que levaria a uma nova versão da natureza humana nesta parte do mundo.

De maneira geral, as transformações no tipo humano (vale dizer, na qualidade das relações humanas) evoluem de modo bastante vagaroso, quase imperceptível. Infelizmente, sendo as exigências da história moderna o que são, não podemos nos contentar em aguardar o curso da libertação natural. Talvez não haja tempo suficiente, dada a forte predileção desta sociedade pela autodestruição. E, mesmo que o homem ocidental refreie o impulso de se autoexplodir, o fato de ele apenas continuar como é torna isso terrivelmente difícil, quiçá em pouco tempo intolerável para o restante do mundo — isto é; a maior parte do globo, os mais de 2 bilhões de pessoas que não são nem brancas, nem ricas, tampouco tão expansionistas como nós. Muito possivelmente, o processo de remodelação da forma histórica particular de nossa natureza humana dominante, na Europa e nos Estados Unidos, pode ser apressado um pouco, à medida que mais pessoas se tornam conscientes de capacidades para o sentimento e o comportamento que os valores dessa cultura obscureceram e difamaram.

Um acontecimento que torna conscientes novos sentimentos é sempre a experiência mais importante que uma pessoa pode ter. Em nossos dias, é também um imperativo moral premente. Penso que tive muita sorte: minha ignorância, meus talentos empáticos e o hábito de estar insatisfeita comigo mesma trabalharam juntos para permitir uma experiência como essa no final de minha viagem ao Vietnã do Norte, em maio. (Embora os novos sentimentos que me foram revelados sejam inquestionavelmente velhos num sentido histórico, eu, pessoalmente, nunca antes os experimentara, jamais fora capaz de nomeá-los, ou de acreditar neles.) Agora, estou novamente longe do Vietnã, procurando fazer esses sentimentos se manterem vivos, aqui, em uma forma adequada e autêntica. Isso pode parecer difícil. Mas duvido de que necessário seja um grande esforço de "persistência". Em si e por si, tal experiência é transformadora. Suas marcas são indeléveis.

Reconheci uma analogia limitada com meu estado presente em Paris, no início de julho, quando, ao conversar com conhecidos que estiveram nas barricadas em maio, descobri que realmente não aceitam o fracasso de sua revolução. A razão para sua falta de "realismo", segundo penso, é que ainda estão possuídos pelos novos sentimentos que lhes foram revelados durante aquelas semanas — essas preciosas semanas em que imensos contingentes de seres urbanos comumente desconfiados e cínicos, trabalhadores e estudantes, comportaram-se com uma generosidade, uma espontaneidade e um calor sem precedentes, uns frente aos outros. Em um certo sentido, portanto, os jovens veteranos das barricadas estão corretos em não reconhecer completamente a sua derrota, em se mostrarem incapazes de crer com plenitude que as coisas voltaram a sua normalidade do pré-Maio, se não a uma situação pior. A verdade é que estão sendo realistas. Qualquer pessoa que tenha experimentado novos sentimentos dessa espécie (uma comutação, ainda que breve, das inibições ao amor e à confiança que essa sociedade impõe) jamais será a mesma. Nela, a "revolução" apenas começou, e continua. Assim, descobri que o que ocorreu comigo no Vietnã do Norte não terminou com meu regresso à América, mas ainda continua ocorrendo.

SUSAN SONTAG nasceu em Nova York em 1933 e morreu em 2004. Cursou filosofia na Universidade de Chicago e pós graduou-se em Harvard. Seus livros foram traduzidos para mais de trinta línguas. Além de ensaios, escreveu também romances e dirigiu cinema e teatro.

COMPANHIA DE BOLSO

Jorge AMADO
  Capitães da Areia
  Mar morto
Carlos Drummond de ANDRADE
  Sentimento do mundo
Hannah ARENDT
  Homens em tempos sombrios
  Origens do totalitarismo
Philippe ARIÈS, Roger CHARTIER (Orgs.)
  *História da vida privada 3 — Da Renascença
  ao Século das Luzes*
Karen ARMSTRONG
  Em nome de Deus
  Uma história de Deus
  Jerusalém
Paul AUSTER
  O caderno vermelho
Ishmael BEAH
  Muito longe de casa
Jurek BECKER
  Jakob, o mentiroso
Marshall BERMAN
  Tudo que é sólido desmancha no ar
Jean-Claude BERNARDET
  *Cinema brasileiro: propostas para uma
  história*
Harold BLOOM
  Abaixo as verdades sagradas
David Eliot BRODY, Arnold R. BRODY
  *As sete maiores descobertas científicas da
  história*
Bill BUFORD
  Entre os vândalos
Jacob BURCKHARDT
  A cultura do Renascimento na Itália
Peter BURKE
  Cultura popular na Idade Moderna
Italo CALVINO
  Os amores difíceis
  O barão nas árvores
  O cavaleiro inexistente
  Fábulas italianas
  Um general na biblioteca
  Os nossos antepassados
  Por que ler os clássicos
  O visconde partido ao meio
Elias CANETTI
  A consciência das palavras
  O jogo dos olhos
  A língua absolvida
  Uma luz em meu ouvido
Bernardo CARVALHO
  Nove noites
Jorge G. CASTAÑEDA
  Che Guevara: a vida em vermelho

Ruy CASTRO
  Chega de saudade
  Mau humor
Louis-Ferdinand CÉLINE
  Viagem ao fim da noite
Sidney CHALHOUB
  Visões da liberdade
Jung CHANG
  Cisnes selvagens
John CHEEVER
  A crônica dos Wapshot
Catherine CLÉMENT
  A viagem de Théo
J. M. COETZEE
  Infância
  Juventude
Joseph CONRAD
  Coração das trevas
  Nostromo
Mia COUTO
  Terra sonâmbula
Alfred W. CROSBY
  Imperialismo ecológico
Robert DARNTON
  O beijo de Lamourette
Charles DARWIN
  *A expressão das emoções no homem e nos
  animais*
Jean DELUMEAU
  História do medo no Ocidente
Georges DUBY
  Damas do século XII
  *História da vida privada 2 — Da Europa
  feudal à Renascença* (Org.)
  Idade Média, idade dos homens
Mário FAUSTINO
  O homem e sua hora
Meyer FRIEDMAN,
Gerald W. FRIEDLAND
  As dez maiores descobertas da medicina
Jostein GAARDER
  O dia do Curinga
  Maya
  Vita brevis
Jostein GAARDER, Victor HELLERN,
Henry NOTAKER
  O livro das religiões
Fernando GABEIRA
  O que é isso, companheiro?
Luiz Alfredo GARCIA-ROZA
  O silêncio da chuva
Eduardo GIANNETTI
  Auto-engano
  Vícios privados, benefícios públicos?

Edward GIBBON
Declínio e queda do Império Romano
Carlo GINZBURG
Os andarilhos do bem
História noturna
O queijo e os vermes
Marcelo GLEISER
A dança do Universo
O fim da Terra e do Céu
Tomás Antônio GONZAGA
Cartas chilenas
Philip GOUREVITCH
*Gostaríamos de informá-lo de que amanhã
seremos mortos com nossas famílias*
Milton HATOUM
A cidade ilhada
Cinzas do Norte
Dois irmãos
Relato de um certo Oriente
Um solitário à espreita
Patricia HIGHSMITH
Ripley debaixo d'água
O talentoso Ripley
Eric HOBSBAWM
O novo século
Sobre história
Albert HOURANI
Uma história dos povos árabes
Henry JAMES
Os espólios de Poynton
Retrato de uma senhora
P. D. JAMES
Uma certa justiça
Ismail KADARÉ
Abril despedaçado
Franz KAFKA
O castelo
O processo
John KEEGAN
Uma história da guerra
Amyr KLINK
Cem dias entre céu e mar
Jon KRAKAUER
No ar rarefeito
Milan KUNDERA
A arte do romance
A brincadeira
A identidade
A ignorância
A insustentável leveza do ser
A lentidão
O livro do riso e do esquecimento
Risíveis amores
A valsa dos adeuses
A vida está em outro lugar
Danuza LEÃO
Na sala com Danuza

Primo LEVI
A trégua
Alan LIGHTMAN
Sonhos de Einstein
Gilles LIPOVETSKY
O império do efêmero
Claudio MAGRIS
Danúbio
Naguib MAHFOUZ
Noites das mil e uma noites
Norman MAILER (JORNALISMO LITERÁRIO)
A luta
Janet MALCOLM (JORNALISMO LITERÁRIO)
O jornalista e o assassino
A mulher calada
Javier MARÍAS
Coração tão branco
Ian McEWAN
O jardim de cimento
Sábado
Heitor MEGALE (Org.)
A demanda do Santo Graal
Evaldo Cabral de MELLO
O negócio do Brasil
O nome e o sangue
Luiz Alberto MENDES
Memórias de um sobrevivente
Jack MILES
Deus: uma biografia
Vinicius de MORAES
Antologia poética
Livro de sonetos
Nova antologia poética
Orfeu da Conceição
Fernando MORAIS
Olga
Toni MORRISON
Jazz
V. S. NAIPAUL
Uma casa para o sr. Biswas
Friedrich NIETZSCHE
Além do bem e do mal
Ecce homo
A gaia ciência
Genealogia da moral
Humano, demasiado humano
O nascimento da tragédia
Adauto NOVAES (Org.)
Ética
Os sentidos da paixão
Michael ONDAATJE
O paciente inglês
Malika OUFKIR, Michèle FITOUSSI
Eu, Malika Oufkir, prisioneira do rei
Amós OZ
A caixa-preta
O mesmo mar

José Paulo PAES (Org.)
Poesia erótica em tradução
Orhan PAMUK
Meu nome é Vermelho
Georges PEREC
A vida: modo de usar
Michelle PERROT (Org.)
História da vida privada 4 — Da Revolução
Francesa à Primeira Guerra
Fernando PESSOA
Livro do desassossego
Poesia completa de Alberto Caeiro
Poesia completa de Álvaro de Campos
Poesia completa de Ricardo Reis
Ricardo PIGLIA
Respiração artificial
Décio PIGNATARI (Org.)
Retrato do amor quando jovem
Edgar Allan POE
Histórias extraordinárias
Antoine PROST, Gérard VINCENT (Orgs.)
História da vida privada 5 — Da Primeira
Guerra a nossos dias
David REMNICK (JORNALISMO LITERÁRIO)
O rei do mundo
Darcy RIBEIRO
Confissões
O povo brasileiro
Edward RICE
Sir Richard Francis Burton
João do RIO
A alma encantadora das ruas
Philip ROTH
Adeus, Columbus
O avesso da vida
Casei com um comunista
O complexo de Portnoy
Complô contra a América
A marca humana
Pastoral americana
Elizabeth ROUDINESCO
Jacques Lacan
Arundhati ROY
O deus das pequenas coisas
Murilo RUBIÃO
Murilo Rubião — Obra completa
Salman RUSHDIE
Haroun e o Mar de histórias
Oriente, Ocidente
O último suspiro do mouro
Os versos satânicos

Oliver SACKS
Um antropólogo em Marte
Enxaqueca
Tio Tungstênio
Vendo vozes
Carl SAGAN
Bilhões e bilhões
Contato
O mundo assombrado pelos demônios
Edward W. SAID
Cultura e imperialismo
Orientalismo
José SARAMAGO
O Evangelho segundo Jesus Cristo
História do cerco de Lisboa
O homem duplicado
A jangada de pedra
Arthur SCHNITZLER
Breve romance de sonho
Moacyr SCLIAR
O centauro no jardim
A majestade do Xingu
A mulher que escreveu a Bíblia
Amartya SEN
Desenvolvimento como liberdade
Dava SOBEL
Longitude
Susan SONTAG
Doença como metáfora / AIDS e suas metáforas
A vontade radical
Jean STAROBINSKI
Jean-Jacques Rousseau
I. F. STONE
O julgamento de Sócrates
Keith THOMAS
O homem e o mundo natural
Drauzio VARELLA
Estação Carandiru
John UPDIKE
As bruxas de Eastwick
Caetano VELOSO
Verdade tropical
Erico VERISSIMO
Clarissa
Incidente em Antares
Paul VEYNE (Org.)
História da vida privada 1 — Do Império
Romano ao ano mil
XINRAN
As boas mulheres da China
Ian WATT
A ascensão do romance
Raymond WILLIAMS
O campo e a cidade
Edmund WILSON
Os manuscritos do mar Morto
Rumo à estação Finlândia

1ª edição Companhia das Letras [1987]
1ª edição Companhia de Bolso [2015] 1 reimpressão

Esta obra foi composta pela Verba Editorial em
Janson Text e impressa pela Gráfica Bartira em ofsete
sobre papel Pólen Soft da Suzano S.A.

A marca fsc® é a garantia de que a madeira utilizada na fabricação do papel deste livro provém de florestas que foram gerenciadas de maneira ambientalmente correta, socialmente justa e economicamente viável, além de outras fontes de origem controlada.